U0899665

《国际关系研究》2010 年第 4 辑　总第 19 辑

New Powers and Traditional Leaders: Cooperation in Game

新兴大国与传统大国：博弈中的合作

上海社会科学院世界经济与政治研究院

时 事 出 版 社

图书在版编目（CIP）数据

新兴大国与传统大国：博弈中的合作/上海社会科学院世界经济与政治研究院. —北京：时事出版社，2010.12

ISBN 978-7-80232-395-7

Ⅰ.①新… Ⅱ.①上… Ⅲ.①国际政治—研究 Ⅳ.①D5

中国版本图书馆 CIP 数据核字（2010）第 224181 号

出 版 发 行：时事出版社
地　　　址：北京市海淀区万寿寺甲 2 号
邮　　　编：100081
发 行 热 线：(010) 88547590　88547591
读者服务部：(010) 88547595
传　　　真：(010) 68418647
电 子 邮 箱：shishichubanshe@sina.com
网　　　址：www.shishishe.com
印　　　刷：北京百善印刷厂

开本：787×1092　1/16　印张：24.25　字数：306 千字
2011 年 1 月第 1 版　2011 年 1 月第 1 次印刷
定价：62.00 元

丛书编辑委员会

目 录

新兴大国与传统大国的利益博弈

全球经济治理视角下的 G20:发展历程与
未来的挑战………………………………… 何 曜 (3)
国际经济协调的国际政治经济学解读——理论
与实践的考察………………………………… 黎 兵 (14)
国际货币体系改革:大国博弈与合作 …………… 姚大庆 (31)
七国集团与金砖四国在全球经济中的力量
对比变化分析………………………………… 吴雪明 (48)

新兴大国的发展走向

在博弈中求合作:新兴经济体利用 FDI 发展低碳
经济的战略选择………………………………… 赵蓓文 (67)
上海合作组织与新形势下中亚地缘
格局的重塑………………………………… 张屹峰 (76)
软实力与印度的阿富汗战略…………………… 赵国军 (90)
东亚地区主义的模式与路径分析……………… 罗 辉 (113)
俄伊能源合作态势及其对中伊能源
合作的启示………………………………… 丁佩华 (129)
新兴经济体承接海外代工的升级——理论梳理
与中国台湾的实践………………………………… 黄烨菁 (141)

中国的对外战略态势

"麻烦"的中美军事关系——结构性原因分析…… 张　茗（157）
上海合作组织安全机制的准联盟视角探析……… 孙德刚（183）
中国海洋问题现状与对策研究——以海洋
　政策与法制为视角……………………………… 金永明（202）
中国构建"印度洋战略"及其内涵……………… 胡志勇（220）
中国的跨国移民:模式类型与特征 …………… 吴前进（237）
中美非传统安全领域国际合作探析…………… 束必铨（259）
中亚的水资源博弈和对中国的影响…………… 李立凡（283）

专题讨论

日本经济"失去的20年"及其启示 ……………… 傅钧文（297）
日本争取安理会常任理事国席位的
　困境和前景……………………………………… 苏铁颖（313）
世界博览会与世界市场的二维度发展………… 乔兆红（337）
主权债务危机与欧洲的合作…………………… 徐乾宇（361）

Content

Beneficial Game between New Powers and Traditional Leaders

G20 Under the Perspective of Global Economic Governance: Development and Challenges ·················· *He Yao* (3)
International Economic Coordination Under an IPE Perspective: Theory and Practice ······ *Li Bing* (14)
Reform of the International Monetary System: Game and Cooperation between Powers ········· *Yao Daqing* (31)
Changing Power of G7 and BRICs in Global Economy ·································· *Wu Xueming* (48)

Development Trend of New Powers

Cooperation Behavior in Game: the Strategic Choice of Emerging Economies to Attract More FDI in Low-carbon Economy ················ *Zhao Beiwen* (67)
SCO and Geopolitical Reconfiguration in Central Asia ························· *Zhang Yifeng* (76)
India's Soft Power and its Afghanistan Strategy ································· *Zhao Guojun* (90)

East Asian Regionalism: Pattern and Path ······ *Luo Hui* (113)

Russian-Iranian Energy Cooperation and its Enlightenment to Sino-Iranian Energy Cooperation ······ *Ding Peihua* (129)

Updating of Emerging Economies Undertaking Overseas OEM: Theory and Practice in Taiwan ······ *Huang Yejing* (141)

China's Foreign Strategy

A Troublesome Sino-U. S. Military Relation: a Structural Analysis ······ *Zhang Ming* (157)

Quasi-alliance Theory and the Security Mechanism of Shanghai Cooperation Organization ······ *Sun Degang* (183)

On the Current Situation and its Measures of Chinese Ocean Issues: From the Perspective of Ocean Policy and Ocean Law ······ *Jin Yongming* (202)

China's Strategy for the Indian Ocean ······ *Hu Zhiyong* (220)

China's International Migration: Pattern and Characteristics ······ *Wu Qianjin* (237)

Sino-U. S. Cooperation in the Field of Non-traditional Issues ······ *Shu Biquan* (259)

Central Asia's Water Resources Game and its Impact on China ······ *Li Lifan* (283)

Theoretical Investigation

The "Lost 20 Years" of Japan's Economy and its Enlightenment ······ *Fu Junwen* (297)

Difficulties and Prospects of Japan's Bid for a Permanent Seat on the UN Security Council ········· *Su Yiying* (313)

European World Expo and the Two-dimensional Development of World Market ······ *Qiao Zhaohong* (337)

Sovereignty Debt Crisis and European Cooperation ···································· *Xu Qianyu* (361)

新兴大国与传统大国的利益博弈

全球经济治理视角下的G20：发展历程与未来的挑战

何 曜*

内容提要：在史无前例的金融危机威胁下，早在20世纪末就形成的二十国集团（G20）逐渐成为全球应对危机的主要机制。G20的发展历程体现了世界经济格局的演变趋势，已经举行的4次首脑峰会以及后续的联合行动为遭遇危机的主要国家避免陷入衰退的泥潭并逐渐走出危机奠定了基础，更重要的是，随着各主要经济体通过G20体制协调行动，G20体制已经逐渐取代G8在全球经济治理方面所起的协调功能，成为未来全球经济治理的首要平台。不过，在危机中迅速成长起来的G20体制，仍然面临着严峻的挑战：首先是合法性问题，解决这个问题的关键在于机制化的完善。其次是如何处理与G8的关系问题，这需要两者在未来的发展中明确自身的定位。此外还有如何处理数量与效率的平衡问题，利益迥异的各国要寻找平衡点则要求各国政治家从长远战略和合作共赢的角度来解决纠纷，而不能因为

* 何曜：上海社科院世界经济研究所国际政治经济学研究室助理研究员，博士。

一时之需采取以邻为壑的政策。

一、二十国集团（G20）机制形成的背景

二战后建立的国际机制基本上是在美欧发达国家主导下建立起来的，这一机制在世界经济领域的基本特征是美国主导，三大金融机构——国际货币基金组织、世界银行以及世界贸易组织（及其前身关贸总协定）为基本架构，七国集团（G7）为主要协调平台（俄罗斯加入后为G8）。而随着全球化进程的深化，发达国家与发展中国家之间的经济相互依存日益加深，伴随着这种国家间政治经济发展的不均衡状况，作为协调全球经济发展的八国集团（G8），由于缺乏具有代表性的新兴市场国家，在应对世界经济等一系列发展议题上显得捉襟见肘，面临着巨大的合法性危机。而另一方面，以“金砖四国”为代表的众多新兴市场国家综合国力不断增强，在世界范围内的影响力也日益上升。但要解决全球性经济难题，没有广泛的代表性则无从谈起。国际社会迫切需要制度创新，能构建一个超越G8的全新多边参与框架。

G20创建的直接诱因是1997年开始的亚洲金融危机，在这次危机中，由于国际社会缺乏有效的危机协调和应对机制，一场起源于泰铢贬值的东南亚货币危机逐渐演变为亚洲金融风暴，并直接拖累了全球的经济发展。发达国家也希望在领导人和部长级会议层次上建立一个有效且包容性更强的机制来应对经济全球化迅猛发展所带来的挑战。

1999年12月16日，二十国集团创始会议在德国柏林举行，参加者为八国集团成员国（美国、德国、英国、法国、日本、意大利、加拿大和俄罗斯）以及11个新兴工业化国家（中国、阿根廷、澳大利亚、巴西、印度、印度尼西亚、墨西哥、沙特阿拉伯、南非、韩国和土耳其）以及作为一个整体的欧盟。这一机制

最初只是一年一度的财长会议，主旨是应对国际金融危机的非正式协商论坛。随着国际形势的发展以及世界经济形势的演变，目前，二十国集团已经开始从一个协商论坛向着有明确宗旨、采取集体决定的国际机构发展，并作为在发达国家与发展中国家之间沟通的一个独特国际机构，成为布雷顿森林体系框架内非正式对话的一种新机制，其宗旨是推动发达国家和新兴市场国家之间就实质性问题进行讨论和研究，以寻求合作并促进国际金融稳定和经济持续发展。

二、历次首脑峰会及主要成果

虽然G20在20世纪末就已经建立，但此后却由于定位不清而日渐式微，出席G20会议的部长与官员级别也不断下降，但2008年爆发的金融危机却为本已边缘化的G20带来了至关重要的转变。2008年9月15日，拥有百年历史的美国老牌投资银行雷曼兄弟申请破产保护，这一事件标志着由美国次贷危机引发的全球金融危机到达顶峰。为了拯救市场信心，欧美各主要发达经济体纷纷出台相应的银行救助计划，以提振萎靡不振的金融体系。正是在这次被前美联储主席格林斯潘称为“百年一遇”的金融危机处于高潮的背景下，在华盛顿举行了第一次G20首脑峰会。

按照时任美国总统小布什的说法，首次G20峰会的主要任务包括：了解金融危机的成因；反思世界各国应对危机所采取措施的效果；为改革当前的金融和监管制度定下原则；制定相应的行动计划；确保自由市场原则。

根据会后发布的最终公报，二十国集团一致认为需要在加强宏观经济协作的基础上采取更广泛的政策行动，以恢复经济增长，承诺帮助发展中国家获得融资渠道。与会领导人达成了五项原则，包括提高透明度和可信度，改善监管，促进市场诚信，加强合作和改革国际机构。

各国在一些重大问题上取得了共识。例如，对于引发这次危机的原因，各国都认为宏观经济政策缺乏一致性，市场参与者过度追求高收益，缺乏风险评估，经济结构改革不充分阻碍了全球经济的可持续发展，导致风险过度。至于如何改革金融市场，虽然各国承诺要加强有效的管理和监督，但在具体问题上仍然存在分歧，如欧洲国家就主张更严厉的金融监管，而美国以维护市场自由为由对此提议态度消极。

与此后的伦敦峰会相比，G20 华盛顿峰会的成功在更大意义上是政治上的而非经济上的。因为虽然在一些重大原则性问题上取得了一致，但此次峰会缺乏具体的全球经济治理措施。之所以说它的政治意义更大，最重要的原因是这是发展中国家首次与发达国家平等讨论国际经济事务，在此之前，有关世界经济的重要问题都是通过 G8 体制来进行协调。虽然从 2003 年，几乎每年的 G8 首脑峰会都会邀请中国、印度、巴西、墨西哥和南非 5 个发展中国家参加，形成所谓的“8+5”体制，但发展中国家只是被邀请方，并无真正意义上的平等协商。G20 华盛顿峰会标志着发展中国家正式参与到全球经济治理中来。

2009 年 4 月 2 日，G20 第二次首脑峰会在伦敦举行。这次峰会的主要目的包括：复苏全球经济，增资 IMF，恢复放贷，加强金融监管，反对保护主义，帮助发展中国家。正如上文所述，这次峰会在各国联手采取一致行动上取得了成效。

首先，各国决定联手进行财政扩张行动，维持扩张性货币政策，确保金融机构的健康。同时加强金融监管，建立更加具有一致性和系统性的国际合作，扩大监管范围，包括对冲基金，信用评级机构以及企业高管薪酬，打击不合作的避税天堂。在 G20 内部建立金融稳定委员会，取代 G7 主导的金融稳定论坛。这次峰会的另一重要成果是各国同意改革国际金融机构，使新兴市场国家和发展中国家获得更大的话语权和代表权，并将IMF的可用资金提高两倍至7500亿美元，同时支持2500亿美元的最新特别提款权配额。

伦敦峰会虽然重申反对贸易保护主义，但正如会后有些英国媒体所分析的，在G20声明上签字的国家中，有17个国家先后采取了不同程度的保护主义措施。其实，所有领导人都明白保护主义是饮鸩止渴，但他们面临复杂的国内政治局势，需要安抚特定的利益集团，争取选票。因此伦敦峰会关于反对保护主义的声明只不过是防止保护主义膨胀成为各国公开政策的一种姿态而已。

2009年9月24日，第三次G20首脑峰会在美国匹兹堡举行。主要议题包括：确保国际经济稳定复苏，全球经济再平衡，刺激政策退出，抵制贸易保护主义，国际金融监管改革，限制金融高管薪酬，IMF改革与增资，汇率和储备货币问题。

各国承诺在长期复苏得到巩固之前，避免过早取消经济刺激政策。不过各国可以根据自身情况准备退出政策，并在合适的时候通过合作与协调退出各自的刺激经济政策。韩国总统李明博和时任澳大利亚总理陆克文联名撰文提醒，20世纪30年代，正是由于各国在退出机制上未能协调一致，结果破坏了复苏进程，并导致很多国家陷入“二次衰退”。

此外，各国承诺一致行动，执行强有力的国际薪酬标准，结束过度风险偏好的行为，完善柜台交易衍生品市场，创造更强有力的工具，使跨国大公司承担其所带来的风险。虽然在基本原则上欧洲大陆国家和英美达成共识，但具体如何实施，双方的分歧依然。例如，在双方分歧突出的银行业资本充足率和高管薪酬问题上，会后的声明都只是作了原则性表态，而未指出具体标准。

这次峰会的另一个重要成果是在推进国际金融机构的改革上达成共识。各国承诺将新兴国家和发展中国家在IMF的份额至少提高5%；决定让发展中国家和转型经济体在世界银行的投票权至少增加3%。此前，“金砖四国”提议IMF和世界银行分别转移7%和6%的份额和股权，以保证发达国家和发展中国家享有平等的投票权。虽然最终并未达到这个数字，但这一共识是一项历史性决定，将为新兴经济体与发达国家的合作奠定坚实基础。

这次峰会相比前两次峰会取得的另一个重要进展是各国承诺提高能源市场透明度和市场稳定性；合理调整并逐步取消化石燃料补贴；为应对气候变化，承诺推动对清洁能源、可再生能源和能源效率的投资。为实现有弹性、可持续和绿色的经济复苏，力争在哥本哈根世界气候大会上达成协议。第一次华盛顿首脑峰会后的宣言中只用了一个词象征性地提到气候问题，而第二次伦敦峰会用了三行字阐述气候问题，第三次峰会上各国同意在气候问题上加强国际合作，这标志着G20峰会开始从更广泛的意义上推动全球经济治理。

当然，正如许多评论家所指出的，匹兹堡峰会最重要的意义是G20正式取代G8成为全球经济治理的首要平台，美国总统奥巴马更是建议G20取代G8成为永久机构。在此之前，一些国家还在担心G20峰会只是这次金融危机的“救火队员”，危机过后就丧失作用。但事实证明，没有G20的协调一致行动，发达国家不可能在如此短的时间内就走出危机。正如上文在阐述G20的背景时所说，G20体制才是当前世界经济格局的合理反映，在新兴经济体成为推动全球经济增长的主要力量背景下（按购买力平价计算，2008年“金砖四国”对世界经济增长的贡献率超过50%），这些国家与老牌欧美发达国家共同参与全球经济治理，既是新兴经济体的责任，更是它们的权利。

2010年6月27日，第四次G20首脑峰会在加拿大多伦多举行，这次峰会主要讨论了世界经济形势，欧洲主权债务危机，强劲、可持续和平衡增长框架，国际金融机构改革，国际贸易和金融监管等议题。

由于各国各自国情差异、面临危机的不同程度以及经济刺激政策的强度各异，在这次峰会前，有些国家已经基本走出危机开始走上正规，而欧美主要发达国家只是避免了陷入大萧条的最坏局面，失业问题仍然困扰美国，而欧洲由于希腊主权债务危机的影响，各国开始讨论如何削减财政支出，避免希腊债务问题重演。而美国则无需担忧，因为它可以通过印钞机解决债务问题，因此，奥巴马才会在峰会前呼吁各国不要过快退出刺激政策，因为欧洲多增加投入刺激经济，美国才会增加出口。

由于欧美间存在明显的利益差别，相比于前三次峰会各国面临危机时的团结一致，多伦多峰会的分歧明显增多。不过，在会后发表的声明中，各国同意削减赤字的目标，发达国家同意在2013年前将赤字削减一半，并在2016年前稳定本国的债务与国内生产总值之间的比例。二十国集团同时承诺继续推动目前的经济刺激手段，并采取“协调一致的行动”来维持经济复苏。声明同时指出，必须建立“适当的分段的”计划来对抗赤字。根据声明，降低赤字和维持经济增长的目标将根据各国实际情况的不同有所区别。新兴市场国家也承诺采取措施加强社会保障网络，增加基础建设开支，并提高货币汇率的灵活性。

此外，各国领导人承诺，在2010年11月韩国峰会前，力争为新兴经济体在IMF等国际金融机构内获得更大投票权达成一致。[①] 各国领导人同意将致力于改革金融系统，要求银行提高资本额度，不过在是否征收银行税这一问题上，公报认为各国可以自行决定。

相对而言，多伦多峰会的分歧体现得更加明显，以至于很多媒体认为G20机制没有起到预期的作用，甚至认为G20会随着

---

① 在2010年10月23日闭幕的G20财长和央行行长会议上，与会者就IMF份额改革达成了历史性协议，确认向新兴经济体转让6%投票权。改革后，中国拥有的份额将仅次于美国和日本，“金砖四国”的另外3国印度、俄罗斯和巴西的份额将位居第8、9、10位，全球新兴经济体份额将升至42.29%。

危机的结束又被边缘化，“这次 G20 峰会是一次象征着主要经济体即将‘各行其是’的会议”。[①] 但 G20 成员的多样性就决定了它们利益诉求的多样性，在一些与国家利益攸关的实质性问题上，G20 肯定不如内部同质性更高的 G8 那样容易达成一致意见。至于 G20 被边缘化的担忧，正如有学者分析的，G20 的存在有其客观必然性，不但全球经济治理呼唤新的机制，美国也需要一个全球经济治理的新平台来重塑其全球领导力，而且 G20 体制在应对国际金融危机和推动全球经济复苏中发挥了重要作用。[②]

回顾历次首脑峰会，可以看出，经历了这次金融危机之后，发达国家力量有所削弱，但美国依然占据主导地位，新兴经济体地位有所上升，但话语权仍然有限。国际体系转型是一个漫长的历史过程。发达国家邀请新兴经济体参与全球经济治理，固然反映了世界经济格局的演变，同时意味着新兴经济体要在全球经济治理中承担更多责任和付出更多的代价。

三、未来的挑战

G20 体制要成为一种成熟并且得到世界上绝大多数国家认可的国际机制，还面临着众多的挑战。本文主要讨论以下三方面的挑战。

首先，任何一种国际机制要得到国际认可，必须考虑其合法性问题。这种合法性一方面取决于该机制的程序是否适当，即程序合法性，另一方面取决于其目标是否符合代表广泛主体的共同

---

① 《21 世纪经济报道》社论：“G20 多伦多峰会象征‘各行其是’的时代”，2010 年 6 月 30 日。

② 赵瑾：“G20：新机制、新议题与中国的主张和行动”，《国际经济评论》，2010 年第 5 期，第 10—16 页。

体价值，即实质合法性。正如有学者所归纳的，“政治系统的合法性主要依托于意识形态的训导性、政府治理的绩效性、政治过程的循规性、社会公众的满意性这四个方面的因素的综合，仅求助于任何单方面因素都不能维系持久的政治合法性”。[①] 从这个意义上说，要解决目前G20体制的合法性问题，最重要的途径就是加强制度化建设。这种制度化建设至少包括四点：

第一是明确G20的宗旨和定位，不能仅仅充当救急的“救火队员”，更应当成为未来全球经济治理的经常性国际协调机构。要实现世界经济的可持续增长，不能仅仅在出现危机时才团结一致，在经济全球化和各国相互依存度不断深化的背景下，加强国际合作与协调应该成为未来G20的主要宗旨。

第二是应当扩大合作机制的领域和层次。目前G20体制主要由两方面会议构成，即财长和央行行长会议以及首脑峰会。保持政府高级别的常态沟通机制当然很重要，但除了官方的定期磋商机制之外，为了能集思广益并提高效率，应当着眼于建立全方位、多层次的磋商机制，倾听更多来自企业界以及学术界的声音。

第三是应当考虑设置常设秘书处。由它来关注峰会以及相关会议所做的决议，并与其他重要国际机构保持联络。

第四是应当考虑建立合适的评估程序来加强G20机制决议的执行力。鉴于G20成员国内部巨大的差异性，这种执行力的加强并不具有强制效果，它一方面来自于具有领导力的大国应该具有的示范效应，另一方面来自于其他国家的相互监督与促进。

其次，如何处理与G8的关系。在匹兹堡峰会上，G20被正式确定为国际经济合作的首要论坛，但围绕着G20是否取代G8的争论也就由此展开。虽然欧美各发达经济体对外都宣称欢迎

---

① 杨宏山：《经济全球化与政治发展——以合法性为视角》，黑龙江人民出版社，2003年版，第74—81页。

G20 体制，但正如上文所指出的，G20 本身就是在原有体制难以应对全球治理带来的挑战下出现的，这必然意味着在某种程度上要打破原有的体制，这就必然影响到既得利益者的利益分配格局。因此我们看到 G8 总是倾向于用自身的利益偏好来影响 G20 的议题和程序。每次 G8 峰会都会在 G20 峰会前举行，并早早地为即将举行的 G20 会议主题定调。正如斯特兰奇所指出的，结构性权力越来越比联系性权力重要。而这种确定议事日程、设计支配国际经济关系惯例和规则的权力就是所谓的结构性权力。[①] 正是这个原因，还是有相当数量的发展中国家不信任 G20，仍然把它视为发达国家维护原有国际政治经济秩序的工具，而不是对原有秩序进行彻底的变革。

从目前来看，这两者不是取代与被取代的关系，而是它们承担的角色有所不同。G8 现在越来越多地讨论政治和安全议题，而 G20 则主要关注世界经济。从这个意义上而言，未来两者将并行不悖。短期来看，G8 仍然会影响甚至主导 G20 的议程。长期来看，随着新兴经济体实力的不断增强，G20 的议题不断多元化，更能客观反映国际力量对比变化的 G20 将更有可能成为未来全球治理的平台。

最后，在 G20 成员国的数量与效率之间还有待形成新的机制来达到平衡。例如有些人就认为，20 个国家的代表性仍然不够，应该增加一两个最贫穷国家来反映这些边缘国家的利益。印度等新兴国家就质疑为什么 G20 有那么多欧洲国家。此外，还应该在结构安排上更加灵活，如让 G20 成为南北方之间的沟通渠道，同时与全球市民社会形成制度化互动。G20 还应该包括更多的地区性组织，为什么有了欧盟不能有非盟、东盟以及南美洲国家联盟呢？此外，还应该以议题为纽带吸收一些国家作为观察

---

① ［英］苏珊·斯特兰奇著，杨宇光等译：《国际政治经济学导论——国家与市场》，经济科学出版社，1990 年版，第 29 页。

员参与进来，并在特定领域，如贫困、卫生和环境等问题上给予NGO更多的参与机会。但与此形成悖论的是，参与者越多，利益差别就越大，就越难达成共识，就必然牺牲效率，从而损害G20的生命力。如何找到这个平衡点呢？在目前的国际体系下，不可能采取一种放之四海而皆准的措施，只有在找到能为各国接受的基本原则前提下，尊重各国根据各自国情实施具体政策的选择权。

国际经济协调的国际政治经济学解读

——理论与实践的考察

黎　兵*

内容提要：在全球无政府状态的环境下，各国之间进行国际经济协调与合作，对于形成一定的国际经济秩序，保障世界经济平稳运行乃至维护世界和平都有着十分重要的意义。霸权稳定论、国际机制论都是在20世纪七八十年代美国霸权相对衰落的背景下提出的，具有很强的政策含义，对于我们理解二战后美国进行国际经济协调的实践，是很有启发意义的。二战后，尽管不同形式的国际经济协调在不同时期发挥的作用大小不一，但各种形式的国际经济协调结合在一起，从总体上维持了世界的和平与发展。面对变化了的新的国际经济格局，美国等发达国家应与新兴经济体和发展中国家平等协商，共同推动国际经济体系的顺利转型以及国际经济

* 黎兵，上海社会科学院世界经济研究所助理研究员，经济学博士。

新秩序的形成，以保证世界的和平与稳定。

国际经济协调（international economic coordination）作为国际经济关系中的重要现象，在世界经济的运行中扮演着重要的角色。所谓国际经济协调是指以各个国家或地区的政府或国际经济组织为主体，在承认世界经济相互依存的现实的前提下，就汇率政策、贸易政策、货币政策和财政政策等宏观经济政策在有关国家之间展开磋商、协调，或适当修改现行的经济政策，或联合采取干预市场的政策行动，以减缓各种突发事件和经济危机所形成的冲击，维持和促进各国经济的稳定增长。在全球无政府状态的环境下，各国之间进行国际经济协调与合作，对于形成一定的国际经济秩序，保障世界经济平稳运行乃至维护世界和平都有着十分重要的意义。

一、霸权稳定论、国际机制论与国际经济协调

国际经济体系需要一个占支配地位的经济大国担负起坚强的政治领导这个观点最初是由查尔斯·金德尔伯格（Charles P. Kindleberger）在《1929—1939 世界经济萧条》一书中阐明的。[1] 金德尔伯格认为，从范围、深度和持续时间来讲，20 世纪 30 年代的大萧条之所以特别严重，就是因为没有一个领导国来承担世界经济顺利运转所必需的几项责任。其中一些责任即使在正常时期也应当执行，另外几项是危机时期必须完成的。在正常时期，领导国必须：(1) 保持资本向贫困国家流动；(2) 至少使

① ［美］查尔斯·金德尔伯格：《1929—1939 世界经济萧条》，上海译文出版社，1986 年版。

几种主要货币的汇率井然有序；(3) 作出安排，使重要国家的宏观经济政策至少得到适度协调。在危机时期，领导国应当“为呆滞商品开放市场，并且在商品短缺时，成为额外供应的来源，例如1973年和1979年石油危机时的情况。一旦发生严重的国际金融危机，经济领导国还必须成为最后贷款者”。简而言之，领导国的责任是资本借贷、建立汇率制度、宏观经济协调、保持市场开放和充当“最后贷款者”。

金德尔伯格的理论一经提出，立即引起了那些对国际经济的政治含义感兴趣的国际关系学家们的注意。他们开始把这一理论系统化，其中最有影响的是罗伯特·吉尔平和斯蒂芬·克拉斯纳（Stephen Krasner)。他们把金德尔伯格的观点放到以国家为中心的政治分析框架中，从而形成了用国家中心学说来诠释的霸权稳定论（Theory of Hegemonic Stability)。他们使用“霸主”而不是“领导国”来说明领导国时常不得不动用权力来实现建立和管理国际经济体系的目标。金德尔伯格说，领导国建立和管理国际经济体系既是出于自身经济利益的考虑，也是为了全世界的经济利益；而吉尔平和克拉斯纳则认为，霸主建立和管理国际经济体系主要是为了促进自身的利益，特别是政治和安全利益。

霸权稳定论的逻辑提供了一种基于权力的国际合作观，即在霸权国家存在的情况下，各国之间的协调与合作就能够维持，而如果缺少霸权国家，那么各国之间就会处于纷争的状态。在《霸权之后》一书中，罗伯特·基欧汉明确地对这种正统的以权力为基础的国际合作理论提出质疑，认为霸权后的合作是可能的，也是必要和可行的。[①] 为了解释霸权后合作的可能性和现实性，基欧汉引入了一个关键的概念——国际机制（international regime)。所谓国际机制是指在国际关系的议题领域中所形成的“一系列隐含的或明确的原则、规范、规则以及决策程序”。国际

① [美] 罗伯特·基欧汉：《霸权之后》，上海人民出版社，2001年版。

机制的创建主要是在霸权国家的主导下完成的，这一点可以通过美国积极主导二战后的机制建设（关税及贸易总协定、国际货币基金组织、世界银行等）看出来。各种国际机制的功能在于：可以汇聚各国政府的行为预期，提供信息沟通的渠道，改善信息的质量和减少信息的不对称性，降低交易成本，赋予行动和政策的合法性，改变行为者的利益偏好，协调和调整各国政府的政策和行动，减少不确定因素。机制的所有这些功能，对于霸权主导下国际体系中各国政府之间的和平与合作以及霸权体系的护持具有重要的价值。由此可见，基欧汉发展的国际机制的功能理论对霸权稳定论所作的修正在于：与其说是霸权国家，还不如说是霸权国家倡导下的国际机制，确保着世界政治经济中的合作与和平。在他看来，霸权衰落和国际机制的崩溃之间存在一个“时滞”，霸权的衰落并不必然意味着既有的在霸权国家主导下创建的机制也会相应地发生衰落，机制维持的惯性，使它们对确保霸权之后世界的和平与合作仍然起着独立的作用。因此，机制的建设与维持就成为霸权之后和平与合作能否持续的关键因素。

霸权稳定论者对基欧汉提出的如何解决美国霸权衰落以后国际政治经济的稳定问题也提不出强有力的对策。金德尔伯格承认，英国和美国统治下的和平表明，霸权体系由于受到种种挑战而趋向不稳定。挑战的出现可能是因为一个咄咄逼人的挑战者也在追求霸主地位所带来的好处（尊严和实利），如 19 世纪下半叶德国的崛起；也可能是因为跟随者拒绝服从霸主的领导，它们认为这种服从实际上是一种剥削；更有可能是由于越来越多的“搭便车者”尽情地享用越来越昂贵的公共产品，却不愿承担任何维护体系运转所需的成本开支，从而造成霸主的失落感，觉得这些伙伴是靠侵占它的利益而成为自己经济上的竞争对手。这显然是霸权稳定论者必须解决的一个难题：世界经济发展不平衡规律改变了各国的经济实力对比，分散和削弱了霸主国的实力，从而破坏了这一体系赖以维持的政治基础——霸权领导。对此，各派学者都提出了自己的应对之策。

金德尔伯格认为，由几个经济大国来共同提供领导的观点貌似有理，但却无先例可循。[①] 1931 年国际社会曾讨论过由法国和美国联合对德贷款，二战后英国也提出过由英美携手共同推动欧洲的复兴，但都没有实现。由日益一体化的欧盟来替代美国承担领导责任的时机也没有成熟。欧洲诸大国对国内和地区事务的关注远高于国际事务。由美、日、德三国在国际货币体系中合作以确保世界稳定的想法缺乏政治上的吸引力，因为这看来是对欧盟尤其是法国的打击，同时也会被视为把世界划分为地区集团。金德尔伯格并没有明确指出在美国衰落的时候由谁来承担领导责任，只是强调，确定一个新的具有合法性的霸权体系将是一个长期和危险的过程。霸权体制与民主、诚实和稳定的婚姻一样，可能并非一个理想的体制，但它却比其他选择要好些。“我的结论是我们面临的危险不是国际经济中的权威太多，而是太少；不是专断过度，而是想搭便车者太多。他们不关心商店，只等着店主的出现。”[②] 言下之意是各国目前应该帮助美国维持日趋衰落的霸权，以维护当今世界经济的稳定。

霸权稳定论的集大成者吉尔平在《国际关系政治经济学》一书中对这一理论作了一次综合性的阐述与论证。[③] 各派学者对霸权稳定论的批评使他谨慎地论证道，霸权稳定只适用于一种特殊类型的国际经济秩序——自由经济秩序。一个开明的霸主国的存在，是这种经济秩序繁荣和充分发展的必要条件。但要确保自由国际经济发展还需要其他条件：（1）霸主国自身必须信奉自由主

---

① 任东来：“国际政治经济学中的霸权稳定理论”，《战略与管理》，1995 年第 6 期。

② C. Kindleberger，Dominance and Leadership in the International Economy，in C. Kindleberger，The International Economic Order：Essays on Financial Crisis and International Public Goods，MIT Press，1988：194.

③ ［美］罗伯特·吉尔平：《国际关系政治经济学》，经济科学出版社，1989 年版。

义的价值观念，即霸主国的社会目标和国内权力分配必须有利于自由国际经济秩序；（2）主要经济大国必须在支持自由制度的“社会目标上完全一致”。其他主要国家也必须对市场关系的发展感兴趣，霸主国可以鼓励——但不可能强迫其他国家遵守开放性世界经济的规则。因此，霸权、自由主义的意识形态和共同利益是自由国际经济出现和发展的三个前提。他认为霸权稳定论的优点在于，它强调国际政治关系在组织和管理世界经济中的作用，从而将国际政治与世界经济联系在一起。吉尔平认为，人们误解了霸权稳定论者有关霸权衰落会对国际经济继续开放产生影响的观点。他们并不否认在霸权后时期国际合作会继续存在的可能性，只是强调“随着霸权的衰落，维持国际自由体系将变得非常困难”。在这一点上，吉尔平显然与金德尔伯格的看法有差别，而与基欧汉更为接近。

那么，在美国霸权衰落时期国际经济体系该怎样维持呢？吉尔平只能给出一个已经存在的事实：“虽然以美国霸权为基础的世界体系已大大削弱，但它的政治格局基本上是完整无损的”，因此不管将来由什么体制来替代衰落中的美国霸权，“美国对未来体制的确立仍是一言九鼎的”。他所设想的方案可以概括为：美国残余霸权在获得日本、欧洲支持的同时，通过大国政策协调来完成国际秩序的结构性转换。这显然吸收了基欧汉国际机制论的某些观点，是对霸权稳定论的一点修正，可以称之为“霸权与（主要大国）政策协调并存论”。在其新著《全球资本主义的挑战》中，吉尔平指出，当21世纪迎面走来时，美国领导地位的衰落、美国及其冷战时期盟国之间经济合作的减少、美国和其他国家对经济全球化越来越不抱幻想，这些都在政治上削弱了对世界经济开放的基本支持。他认为，为避免自由国际经济的政治基础继续受到侵蚀，美国的领导能力和意愿必须提高，美国必须改进与其他经济大国间的合作，美国和其他经济大国必须重新树立致力于经济开放和自由贸易的共识。[①] 在其《全球政治经济学》一书中，针对基欧汉的国际机制和主要经济大国之间的合作将代替衰落中的美国领导地位，成为自由国际经济秩序的基础的观点，吉尔平从国际机制的起源、内容、依从等三个方面说明霸权国对国际机制有着决定性影响，国际机制不能摆脱和缺乏霸权国的领导。[②]

综合以上的分析，霸权稳定论认为，霸权国在自由国际经济正常时期的责任之一就是使重要国家的宏观经济政策至少得到适度协调。当霸权出现衰落时，其他经济大国应该和霸权国进行协调和合作，以此来分担霸权国承担的责任。在霸权稳定论者眼中，国际经济协调要么是霸权国的一项责任，要么就是其他经济大国对衰落中的霸权国应尽的义务。由此可见，霸权国始终是国际经济协调的主导者，决定着国际经济协调的内容和形式。霸权国进行国际经济协调既是出于自身利益的考虑，也是为了维护自由国际经济秩序。此外，正如吉尔平所言，由于国际机制通常是在霸权国的主导下建立的，体现着霸权国的权力和利益。因此，基欧汉的在霸权衰落之后通过国际机制进行国际协调和合作的主张，实质上是要其他经济大国为霸权国确立的国际秩序分担责任。霸权稳定论、国际机制论都是在20世纪七八十年代美国霸权相对衰落的背景下提出的，具有很强的政策含义，对于我们理解二战后美国进行国际经济协调的实践，是很有启发意义的。但是，它们毕竟是在冷战期间形成，它们所回答的也只是西方发达国家之间的问题。当新兴经济体群体性崛起时，它们将对国际经济秩序形成何种冲击？霸权国能否与它们进行国际经济协调与合作，以保证国际经济体系的顺利转型？这些都是有待探讨的

① ［美］罗伯特·吉尔平：《全球资本主义的挑战》，上海人民出版社，2001年版，第353页。

② ［美］罗伯特·吉尔平：《全球政治经济学：解读国际经济秩序》，上海人民出版社，2003年版，第93—99页。

问题。

二、国际经济协调的实践考察

20世纪两次世界大战带给人类的惨痛教训就是，世界和平有赖于一定的国际经济秩序，各国必须通过国际经济协调形成一定的国际经济秩序以保证世界和平。二战后，尽管不同形式的国际经济协调在不同时期发挥的作用大小不一，但各种形式的国际经济协调结合在一起，从总体上维持了世界的和平与发展。笔者按照历史的维度将二战后国际经济协调的实践划分为三个阶段。

（一）国际经济协调的第一阶段——二战结束至20世纪70年代初

二战结束后，世界经济进入了全面的复苏阶段，各个国家之间的经济交往逐渐加深，这就要求加强世界各国在国际贸易和金融领域的协调与合作。在这样的背景下，各种主要的国际经济组织都陆续在这一时期建立起来，如被称为世界经济三大支柱的国际货币基金组织、世界银行、关税及贸易总协定以及发达国家建立的经济合作与发展组织等。这一时期的国际经济协调的特点主要体现在两方面：

一方面，国际经济协调的形式以国际经济组织的协调为主。国际货币基金组织、世界银行、关税及贸易总协定、经济合作与发展组织等都对世界经济的复苏和发展起到了积极的推动作用。以布雷顿森林体系为核心所建立的固定汇率制度，为当时国际贸易的发展创造了良好的金融环境；通过关贸总协定的6轮多边贸易谈判，世界各国的关税和非关税壁垒都大幅降低，极大地促进了国际贸易的发展。

另一方面，国际经济协调主要体现西方大国，尤其是美国的意志。当时的国际经济秩序基本上是以布雷顿森林体系为框架，以关贸总协定为基础，而美国凭借其强大的经济、政治及军事上的优势，在很大程度上影响甚至操纵了这些国际经济组织，从而主导了国际经济协调。这种以美国为核心、以国际贸易和金融的规则性协调为主体的国际经济协调仅仅是国际经济协调发展的初级阶段，随着20世纪70年代初美国经济实力的相对衰弱、布雷顿森林体系的瓦解，其协调地位也逐渐下降。

20世纪五六十年代，国际经济协调从以下两个方面得到扩充和完善。首先，区域经济集团陆续建立，出现了第一次区域经济一体化浪潮。在这一时期，随着世界政治和经济发展的不平衡，区域经济一体化组织开始出现，如主要欧洲发达国家建立了欧洲经济共同体（1958年）、欧洲自由贸易联盟（1960年）、欧洲共同体（1967年），发展中国家建立了亚洲的东南亚国家联盟（1961年）、非洲的非洲统一组织（1963年）、拉美地区的中美洲共同市场（1962年）等。其次，南北国家间的协调从20世纪60年代中期开始进入国际经济协调的范围。发展中国家为了改善它们在国际经济秩序中所处的不利地位，从未放弃为建立新的国际经济秩序而努力，积极地参与国际经济协调。由发展中国家在1964年组成的“七十七国集团”在促进南南合作、推动南北对话、为维护自己的正当权益以及改变不合理的国际经济秩序进行了不懈的努力，并取得了可喜的成就，在联合国贸易和发展会议主持的谈判中达成了一系列对发展中国家有利的国际公约和协定。

（二）国际经济协调的第二阶段——20世纪70年代初至80年代末期

20世纪七八十年代，世界经济出现了一系列新的变化，主要表现有：（1）国际金融环境趋于动荡。布雷顿森林体系崩溃后，越来越多的国家尤其是发达国家采用有管理的浮动汇率制，国际储备货币趋于多元化，这使得国际金融体制更加复杂化，不利于国际贸易的发展，世界各国都迫切需要开展国际经济协调以创造一个稳定的国际金融环境。(2) 经济增长缓慢与高通货膨胀并存。20 世纪 70 年代，除日本外，西方主要国家的经济长期陷入经济增长缓慢与高通货膨胀率并存的困境难以自拔。各主要发达国家亟需加强彼此之间的经济政策的协调，以求走出经济低谷。(3) 世界经济格局发生变化。20 世纪 70 年代以后，随着日本持续高速的经济增长和西欧一体化程度的不断提高，美国的经济地位日趋衰弱，从而使得世界经济格局从原先的美国一家独霸发展成为美、日、欧三足鼎立的局面。日本和西欧由于经济实力的增强，要求增加在世界经济中的影响力，而美国为了维护其霸主地位，利用其整体的实力优势，与日本和西欧在世界市场上展开激烈的争夺。因此，美国和日本之间、美国和欧共体之间以及日本和欧共体之间的贸易摩擦日渐增多，各种非关税壁垒层出不穷，严重影响了世界经济的发展。(4) 能源问题日益突出。由于两次石油价格的暴涨所引发的世界性经济危机，资本主义国家普遍的高通货膨胀率引发了人们对能源问题的关注。

出于上述的种种原因，原有的国际经济协调已经不能满足世界经济发展的需要。从而对国际经济协调提出了更高的要求。这一阶段国际经济协调的特征主要表现为：

(1) 七国集团（G7）开始在国际经济协调中发挥重要作用。1971 年，美国向全世界宣布美元与黄金脱钩，标志着布雷顿森林体系的崩溃及美国在世界政治经济领域的霸权相对削弱。在此背景下产生了 G7：一是七国首脑会议。1975 年 11 月，在法国总统德斯坦的倡议下，法国、英国、德国（西德）、意大利、美国和日本六国首脑在巴黎郊外朗布依埃召开第一次首脑会议，加拿大与欧共体相继于 1976、1977 年出席。70 年代中期以来，七国首脑会议每年举行一次，讨论世界经济政治的协调问题。二是七国财长及央行行长会议。该部长级会议从 80 年代中期开始在首脑会议以外对国际宏观经济政策进行协调，是G7宏观经济政策协调的重要决策者。很多重要议题都是由七国财长与央行行长会议通过后，再提交首脑会议签字对外发布的。[①] G7的正式成立体现了国际经济协调从原先的以美国为中心的协调逐渐转变为多国共同协调。从70年代中后期开始，G7在国际经济协调方面发挥了越来越重要的作用，协调的主要内容涉及财政政策、货币政策、汇率政策、贸易政策以及对金融危机的救助贷款等。

（2）区域经济集团协调得到发展。美加自由贸易区（1988年）、澳新自由贸易区（1990年）及亚太经济合作部长级会议（1989年）等地区性经济协调的发展很好地对这一时期的国际经济协调进行了补充，改变了原有的以全球性国际经济组织为核心的协调机制。

（3）国际经济协调的领域进一步扩大。随着经济交往的深入，除了在协调的形式上作出了相应的改变，协调的领域也不断地向参与国的内部经济体制、产业政策、财政及货币政策等方面渗透。例如，G7首脑会议要求与会国对各自的国内政策作出相应的协调；国际债务危机中，国际货币基金组织要求债务国实行紧缩的经济政策；美国、欧共体由于长期对日本贸易逆差，从而向日本施压，对日本的经济体制形成一定程度的影响等。

（三）国际经济协调的第三阶段——20世纪90年代至今

20世纪90年代以来，随着冷战结束，经济全球化和区域经济集团化迅猛发展，新兴发展中国家崛起，国际经济协调在深度和广度上进一步发展。这一阶段的国际经济协调主要表现出如下特点：

（1）国际经济组织继续发挥着各自的作用，但是其局限性日益明显。国际货币基金组织、关贸总协定、世界贸易组织等的协

---

① 万红先："西方国家宏观经济政策的国际协调"，《求是》，2006年第4期。

调作用，主要体现为机构协调。但是，由于它们在运行过程中的缺陷以及区域经济集团的发展，其协调作用已受到很大影响。例如，战后成立的国际货币基金组织一直以来在促进国际货币合作、金融自由化、稳定汇率、调整国际收支以及对危机国家的救助方面发挥着积极的作用。然而由于其自身经济实力有限，当危机爆发时无法迅速有效地采取行动，并且其提供贷款所附带的一系列苛刻的经济改革条件对受援国的经济也产生了诸多负面影响，所以近年来遭到了越来越多国家的质疑和批判，尤其在东南亚金融危机爆发后，人们对国际货币基金组织改革的呼声愈加强烈。再如，世界贸易组织也存在着各种制度缺陷，如谈判交易费用因其成员数量增多而不断增加，谈判耗时长、灵活性差，协议生效后的执行成本高、执行难等。近年来，要求世贸组织进行改革的呼声从未间断，特别是由于多哈回合谈判进展缓慢，这种呼声更加高涨。

（2）G7 的协调效力趋衰，改革呼声不断加大。80 年代中后期，G7 宏观经济政策协调曾经达到高潮，但是收效不大，没有达到政策制定者预期的效果，甚至还给某些国家的宏观经济带来负面影响。1998 年俄罗斯被正式接纳为成员，七国集团更名为八国集团，但俄罗斯只参加政治议题的讨论，在经济问题上仍保持七国体制。各国经济发展的不平衡使这些国家在一些重大问题上的协调性有所降低，近年来美国的单边主义倾向进一步加剧了这种趋势。长期以来，美国推动国际经济协调的动因常常是为了解决国内经济问题，但它往往忽视自身原因，而将本国的经济问题归咎于别国的经济政策，要求别国进行经济政策的单方面调整。美国的这种做法越来越不得人心。此外，由于发展速度落后于发展中国家，G7 在世界经济中的分量有所下降，在面对全球性问题时日益显得力不从心，其代表性和合法性不断受到质疑。在这种形势下，人们纷纷提出 G7 的改革方案，其中具有代表性的有：扩大为“十四国集团”（G14），吸收中国、俄罗斯、沙特阿拉伯、巴西、印度、墨西哥和南非等新兴经济体；加强包括G7和新兴经济体在内的“二十国集团”（G20）的功能；[①] 组建一个新的“五国集团”（G5），成员包括美国、中国、欧盟、日本、沙特阿拉伯。

（3）中国、印度、巴西等新兴发展中国家在国际经济协调中的地位初步得以显现。二战后，在国际经济协调领域中，发达国家控制的国际经济组织以及发达国家组成的七国集团始终占据着主导地位，整个国际经济体系是以发达国家的利益为中心而建立的。正因为如此，发展中国家在经济发展的同时面临着重重的障碍，许多困难由于自身经济规模有限无法自己解决，而且又常常是历次金融危机的受害者，因此强烈要求参与到国际经济协调中来，以改变现有不合理的国际经济秩序。而另一方面，随着中国、印度、巴西等发展中国家经济实力的增强，国际经济协调也确实需要发展中国家的参与。从2003年开始，八国集团首脑会议常常邀请部分发展中国家领导人参加，共同参与重大国际经济问题的讨论，“G8＋5”峰会日渐常态化，这正体现了发展中国家参与国际经济协调能力的增强。[②] 2008年11月5日召开的二十国集团（G20）领导人金融市场和世界经济峰会更是标志着发展中国家参与国际经济协调到达了一个新的阶段。当然，新兴发展中国家要想提高影响力的话，内部的协调和合作仍

① 20世纪90年代末东南亚金融危机发生后，各方要求增加新兴市场国家在全球经济活动中发言权的呼声更多更高。1999年9月25日，八国集团财长在华盛顿宣布成立G20。G20由欧盟、布雷顿森林机构和来自19个国家的财长和中央银行行长组成，宗旨是作为布雷顿森林体系框架内非正式对话的一种新机制，推动发达国家和新兴市场国家之间就实质性问题进行讨论和研究，以寻求合作并促进国际金融稳定和经济的持续增长。G20成员包括阿根廷、澳大利亚、巴西、加拿大、中国、法国、德国、印度、印度尼西亚、意大利、日本、韩国、墨西哥、俄罗斯、沙特阿拉伯、南非、土耳其、英国、美国和欧盟。目前，G20全部成员的经济总量占世界经济总量的85%。

② “G8＋5”峰会是指八国集团同中国、印度、巴西、南非和墨西哥5个发展中国家领导人对话会议。

有待加强。

（4）中美高层经济协调成为国际经济协调的重要内容。改革开放以来，中国通过推行社会主义市场经济改革，逐步融入到美国主导的国际经济体系，成为国际经济体系的重要参与者和建设者。中国的发展成就是在参与国际经济体系的过程中逐步取得的，同时，中国的经济崛起也成为影响国际经济体系变革和转型的重要因素之一。美国作为国际经济体系的既有主导者，逐渐认识到国际经济体系的变革和转型已是不可逆转的历史趋势。为维护自身利益和延续霸权，美国认识到必须对中国采取接触和合作的方式，诱导中国承担“国际责任”，确保中国成为国际经济体系中“负责任的利益攸关方”。鉴于中美两国在国际经济体系中的特殊地位，两国双边层次的经济协调对于两国经济以及世界经济都有着十分重要的意义。中美高层经济协调包括布什政府时期的中美战略经济对话和奥巴马政府时期的中美战略与经济对话框架下的经济对话。

作为新兴大国和霸权国家之间相互调整与适应的机制，中美高层经济协调在相当一段时间内将围绕着两大主题进行国际经济协调与合作、斗争与妥协：其一，美国以中美贸易失衡为由，加大干涉中国改革开放进程的力度，中美在经济体制差异方面的矛盾与冲突将进一步凸显；其二，在应对全球性问题时，中美围绕各自承担的“国际责任”的限度存在分歧。在美国霸权相对衰落的情况下，美国为维持其霸权地位，特别需要新兴大国中国的支持和合作。在面对能源和环境、气候变化、国际金融危机等全球性问题时，中国的合作是美国保持影响力的必不可少的条件。在百年一遇的国际金融危机导致国际体系特别是国际经济体系的调整速度加快、多极化趋势日渐明朗、机遇与挑战并存的情况下，中国必须对自身基本国情和国内发展挑战有清醒的认识，并据此统筹国内国际两个大局，继续通过中美高层经济协调机制加强与美国在双边和全球性问题上的协调与合作，为保证国际经济体系的有序转型作出应有的贡献，但要警惕美国向中国转嫁调整成本、转移国内矛盾，要求中国进行单方面政策调整，诱导中国承担无限的“国际责任”的企图。

（5）G20 有望取代 G8，成为国际经济协调的主要平台。G20 原本是 1999 年为防止东南亚金融危机再次发生而创立的，G20 财长和央行行长参加，每年就国际经济和货币政策开展对话的国际经济合作论坛。由美国次贷危机引发的全球金融危机爆发后，各国经济都受到了严重的冲击，各国加强经济协调、协同应对国际金融危机的意愿十分强烈。2008 年 11 月在美国的倡议下，首次 G20 领导人金融市场和世界经济峰会在美国华盛顿举行。其后，2009 年 4 月、9 月，2010 年 6 月，G20 领导人峰会相继在英国伦敦、美国匹兹堡、加拿大多伦多召开，G20 在国际经济协调中的地位和作用进一步上升。4 次 G20 领导人峰会围绕努力促进世界经济复苏、改革国际经济组织、改善国际金融机构监管、抵制贸易保护主义等问题进行了广泛讨论，取得了一定的共识，对于促进世界经济复苏有着积极的作用。G20 领导人匹兹堡峰会更是宣布 G20 将取代 G8，成为“国际经济合作的主要平台”，G20 领导人峰会也将机制化。

在美国霸权相对衰落、尤其是面对金融危机严重冲击的情况下，美国将 G20 作为提振其全球领导力、进行国际经济协调的主要平台。G20 峰会的召开，顺应了国际经济体系变化的现实，为新兴经济体和发展中国家提供了与发达国家平等协商国际经济问题的平台，开启了建立国际经济新秩序的序幕。但是由于各国理念、制度和利益的差异，特别是美国等发达国家并不甘心放弃既得利益，G20 峰会的前景尚不明确。比如，美国认为全球经济失衡是引发此次国际金融危机的根本原因，因此在匹兹堡峰会提出《强劲、可持续、平衡增长框架》，并试图将其作为 G20 峰会的首要议题，借此向中国等贸易盈余国施压。再如，后危机时代各国经济复苏步伐不一，政策协调的难度增强。新兴经济体和发展中国家要加强彼此之间的协调，抵制美国的机会主义倾向，使G20峰会从应对危机的应急之举向机制化建设迈进，推动国际经济新秩序的形成。

（6）区域经济集团协调的进程明显加快。20世纪90年代以来，区域经济集团化出现了第二次浪潮。[①] 在东亚，除APEC外，近年来一些次区域性的国际经济协调与合作也获得了进展。东南亚金融危机之后，东亚地区成立了由东盟10国加上中、日、韩3国的次区域合作组织，即“10＋3”，确立了首脑定期会晤、财长定期会商和政策对话等协调机制。东盟10国已着手建立自由贸易区，并计划到2020年底之前创建一个类似欧盟的经济共同体。东盟已与中国在2010年建成自由贸易区，同时也积极同日本、韩国、印度和欧美国家商讨建立自由贸易区。欧盟内部的经济协调是目前最高级别的国际经济协调。近年来，欧盟致力于促进欧盟各国向更加健全、更加紧密的经济联盟过渡。在实施“东扩”计划的同时，欧盟也积极进行跨区域的双边合作，先后与墨西哥、智利、南方共同市场、中东与地中海沿岸国家以及海湾国家商讨建立自由贸易区，其中与南非、墨西哥的自由贸易协议已经生效。美洲经贸协调与合作得到进一步发展。一是北美自由贸易区向南延伸。美国与哥斯达黎加、尼加拉瓜、萨尔瓦多、危地马拉、洪都拉斯和多米尼加6个中美洲国家达成自由贸易协定。二是拉美自由贸易区取得实质进展。南方共同市场和安第斯共同体签署了自由贸易协定，为南美国家建立统一大市场奠定了基础。三是美国推动建立美洲自由贸易区。它将由北美自由贸易区、安第斯共同体、南方共同市场等联合组成，涵盖除古巴之外的所有34个美洲国家，从而建成世界上最大的南北区域经贸协调集团，但这一进程并不顺利。[②]

---

① ［比利时］莫里斯·希夫、［英］L. 阿兰·温德斯：《区域一体化与发展》，中国财政经济出版社，2004年版，第3页。

② 万红先：“西方国家宏观经济政策的国际协调”，《求是》，2006年第4期。

三、结语

经济全球化的迅猛发展和新兴经济体的群体性崛起对国际经济协调提出了新的以及更高的要求。由美国次贷危机引发的国际金融危机表明，霸权相对衰落的美国已无力承担“最后贷款者”的角色，传统的国际经济协调已不适应新的国际经济格局。面对变化了的新的国际经济格局，美国等发达国家应与新兴经济体和发展中国家平等协商，共同推动国际经济体系的顺利转型以及国际经济新秩序的形成，以保证世界的和平与稳定。

国际货币体系改革：大国博弈与合作

姚大庆[*]

内容提要：国际货币体系改革是一场新兴大国与传统大国在博弈中的合作。根据拓展的“智猪博弈”模型分析，大国和小国在提供国际公共产品时有两种纳什均衡，即（提供，提供）和（提供，等待）。在布雷顿森林体系建立时，美国具有压倒性的经济军事优势，小国的理性选择是“搭便车”，均衡解是非合作的（提供，等待）。当前的国际货币体系改革中，由于经济实力的彼此消长，新兴大国与传统大国应该选择（提供，提供）的合作均衡解。以中美两国为例，在国际货币体系改革问题上两国既有利益冲突，又有合作的空间。最后提出关于中国参与国际货币体系改革的对策建议。

美国金融危机爆发后，国际货币体系的缺陷暴露无遗，改革国际货币体系的呼声日益高涨。新兴经济体和发展中国家不甘于继续接受从属地位。但是由于国际货币体系的特点，任何改革建

---

* 姚大庆，上海社会科学院世界经济研究所助理研究员，经济学博士。

议必须得到现有大国的同意才能实施。因此，国际货币体系改革是一场新兴大国与传统大国在博弈中的合作。

一、大国博弈与合作的理论分析

博弈论是研究决策主体的行为发生直接相互作用时的决策及其均衡的科学。显然，在国际上大国之间的行为会直接相互影响，适用于博弈论的研究。需要指出，这里的大国“合作”不同于“合作博弈”，后者指博弈各方之间能达成有约束力的协议，而这在缺少一个“世界政府”的情况下是不现实的。因此，需要研究的是大国间在非合作博弈情况下相互的利益冲突，以及何种条件下会形成合作的结果。根据基本的博弈理论，容易得到大国在博弈中产生合作的两个必要条件。

第一，大国间的利益有冲突。如果大国间利益完全一致，就只有合作而不会产生博弈。例如在二战期间，面对德意日法西斯国家企图统治世界的严重威胁，世界反法西斯国家的核心利益空前一致，它们迅速结成统一战线，各尽所能地浴血奋战。在这一时期，美英苏中等大国间主要是进行国际合作。这种情况可以用图1“修改的‘夫妻之争’博弈”来描述。由于夫妻双方对观看时装或足球的收益是完全一致的，他们只会合作而不会产生利益冲突的博弈。

		丈夫	
		时装	足球
妻子	时装	2, 2	0, 0
	足球	0, 0	2, 2

图1　修改的“夫妻之争”博弈

第二，大国采取合作策略可以获得共同利益。如果大国间利益完全相反，就不可能在博弈中产生合作的结果。典型的例子是国际上的领土争端，一国所得就是另一国所失，任一方都不会轻易妥协。中日“钓鱼岛”争端、俄日“北方四岛”争端、英国和阿根廷的“马尔维纳斯群岛”争端等等，都是如此。这种情况是一种零和博弈，例如图 2 的“猜硬币博弈”，双方永远不可能产生合作的结果。

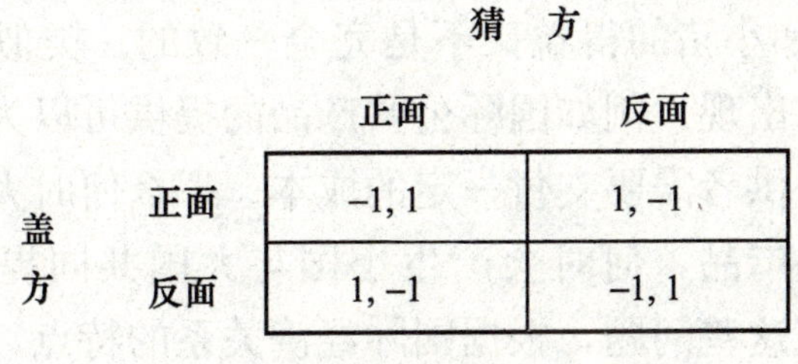

		猜方	
		正面	反面
盖方	正面	–1, 1	1, –1
	反面	1, –1	–1, 1

图 2　“猜硬币博弈”

同时符合以上两个条件，就意味着大国间通过合作可以获得共同利益，但各自的成本和收益可能有所不同。博弈论中的一个简单例子是所谓“智猪博弈”。

“智猪博弈”

猪圈里有两头猪，一头大猪，一头小猪。猪圈一边是食物出口，另一边是个按钮。按一下按钮则有 10 个单位食物从出口流出，但按按钮要支付 2 个单位的成本。大猪先到出口可吃 9 个单位，小猪吃 1 个单位；小猪先到吃 4 个单位，大猪吃 6 个单位；若同时到则大猪吃 7 个单位，小猪吃 3 个单位。双方的收益矩阵如图 3。博弈的纳什均衡解是“大猪按，小猪等待”。

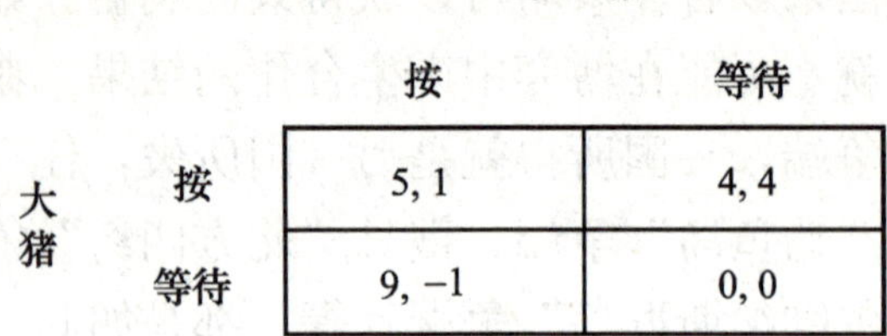

图 3 “智猪博弈”

在智猪博弈中，按按钮可以带来共同利益（10 个单位食物），而大猪和小猪的得益又不是完全一致的。类似的情况在国际关系中经常出现。例如国际公共产品的提供可以为世界各国带来好处，但提供者需要支付一定的成本。那么何时大国愿意单独提供国际公共产品，何时会产生小国与大国共同提供的合作均衡？为了回答这些问题，根据国际经济关系的特点，我们把“智猪博弈”拓展为下面的两国公共产品博弈。

“两国公共产品博弈”

假定世界由一个大国和一个小国组成。大国和小国面临是否提供某种国际公共产品的决策，公共产品的质量是有差异的。如果两国合作提供，则它们可以分担成本，大国成本是小国的 k 倍。此时公共产品质量最高，表现为双方收益的总和最大。如果大国单独提供，小国可以搭便车，但公共产品的质量下降，双方收益总和减少。如果小国单独提供，收益总和最小。即 $B_1+b_1>B_2+b_2>B_3+b_3$。各种情况下的成本和收益如表 1 所示。

表 1 两国公共产品博弈的成本和收益

供给方	大国成本	小国成本	大国收益	小国收益
大国、小国	kc	c	B_1	b_1
大国	$(k+1)c$	0	B_2	b_2
小国	0	$(k+1)c$	B_3	b_3

根据表 1 可以列出两国公共产品博弈的收益矩阵如图 4：

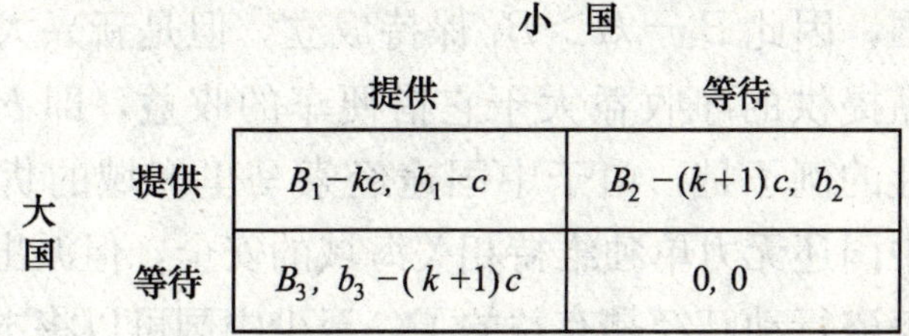

		小国	
		提供	等待
大国	提供	$B_1-kc,\ b_1-c$	$B_2-(k+1)c,\ b_2$
大国	等待	$B_3,\ b_3-(k+1)c$	0, 0

图 4　两国公共产品博弈的收益矩阵

根据问题的实际意义，不妨假定上表中各项均大于零，即无论国际公共产品如何提供，有公共产品时双方的净收益均为正值。因此，在 $B_1-kc>B_3$ 时，大国选择“提供”是一个占优策略。接下来有两种均衡情况：

（1）如果 $b_1-c<b_2$，纳什均衡解是（提供，等待），即大国单独提供国际公共产品，小国选择搭便车；

（2）如果 $b_1-c>b_2$，纳什均衡解是（提供，提供），即大国和小国一起提供国际公共产品。

两国公共产品博弈为我们分析新兴大国与传统大国的博弈与合作提供了理论框架。假设世界由一个发达国家（大国）和一个发展中国家（小国）组成，它们进行如图 5 所示的博弈。由于发展中国家的实力较弱，它单独提供的国际公共产品质量比较低，显然有 $B_1-kc>B_3$，这说明发达国家不会去搭发展中国家的便车。例如，即使考虑到派出军舰在索马里沿岸打击海盗的成本，美国从相关海域自由安全航行中得到的净收益也远远大于把维护和平的责任交给索马里政府。另一方面，此时有 $b_1-c<b_2$，即发展中国家参与提供国际公共产品的收益小于搭便车（诸如文莱这样的小国不会单独派军舰跑到索马里维持安全，即使它也有商船需要通过亚丁湾海域）。

当小国的经济实力逐渐增强时，博弈的均衡解可能发生变化。仍然考虑图 4 的博弈，唯一区别是小国发展为“新兴大国”，而原来的大国改称“传统大国”。当然，新兴大国的实力仍然低于传统大国，因此 $B_1-kc>B_3$ 保持成立。但是新兴大国参与国际公共产品提供的净收益大于它搭便车的收益，即 $b_1-c>b_2$。一个说明性的例子是，由于中国途经索马里海域的货轮数量增加，虽然中国还无力单独维持相关海域的安全，但派出军舰参与国际打击海盗行动已经是有益的了。至少中国可以将本国商船集结成船队护航，不必等待向美国领导的多国海军申请。当然，中国海军的存在也可以为其他国家的船只提供护航，亚丁湾海域安全的程度肯定比只有美国海军时进一步提高。新的纳什均衡解是（提供，提供），即新兴大国与传统大国一起提供国际公共产品。

二、历史上的国际货币体系：搭便车均衡

国际货币体系是一种国际公共产品。由于国际金本位主要是自发形成的，而牙买加体系实际上是一个“无体系的体系”，所以布雷顿森林体系的建立最适于用两国公共产品博弈的理论来分析。我们知道，美国是布雷顿森林体系的主要创立国和最大受益者。早在 1941 年 12 月 14 日，即珍珠港事件爆发仅 1 周，美国财政部长小摩根索（H. Morgenthaw）就命令其助理部长怀特（H. White）设计一项“盟国间平准基金”计划，旨在“战争期间用于援助盟友并牵制敌人的货币计划，并提供一种战后国际货币”。“怀特计划”的基本指导思想是建立以美国为主导的国际金融体系，其核心内容如各国份额的分配方法、加权投票制度、贷款的条件性等等，都成为 1944 年《国际货币基金协定》的主要条款。

美国之所以积极筹备创立新的国际货币体系，是由于它可以

从中获得最大的利益。布雷顿森林体系确立了美元的霸权地位，这表现在以下几个方面：①

首先，美国在国际货币基金组织中具有压倒性的主导地位。根据《布雷顿森林协定》的规定，重大决议必须85％多数票赞成方能有效。这样，拥有15％以上投票权的美国实际上就控制了国际货币基金组织的表决，美元也就成为世界货币体系的核心货币。对于美国在国际货币基金组织中的霸主地位，布热津斯基在20世纪90年代末出版的一本著作中写道："人们还必须把全球性的专门组织网，特别是'国际'金融机构，看作是美国体系的一部分。国际货币基金组织和世界银行，可以说代表'全球'利益，而且它们的构成成分可以解释为世界性。但实际上它们在很大程度上受美国的左右，而且它们本来就是在美国的倡议下产生的，特别是美国倡议的1944年布雷顿森林会议。"

其次，《协定》所规定的美元与黄金挂钩、各国货币与美元挂钩的原则使美元等同于黄金，成为黄金的等价物。由于各国货币不能直接兑换黄金，而只能通过美元间接地与黄金挂钩，从而使美元取得了在国际货币制度中的中心地位。在这一货币制度下，美元代替黄金成为各成员国国际收支的主要支付手段和国际储备货币；有些国家甚至用美元代替黄金作为发行纸币的准备金。此外，布雷顿森林体系的这种规定实际上起到高估美元、低估黄金的作用。《布雷顿森林协定》规定的35美元兑换1盎司黄金的官价，是美国在1934年时确定的。在1934—1944年的时间里，由于国内通货膨胀，美元在国内的实际购买力已经大大下降了，但美元的对外价值仍然维持不变，这显然就人为地高估了美元。这些有利的影响为美国霸权地位的确立和巩固创造了更为充分的条件。

第三，以美元为中心的国际货币体系的建立，使美国掌握了

① 董国辉："美国人权外交的经济根源"，http：//history. nankai. edu. cn。

控制其他国家经济的手段。战后初期，除美国以外的其他国家普遍缺乏黄金和外汇，而当时各国恢复和发展经济又必须从美国进口大量的商品和物资，拥有美元就意味着拥有了进口美国货物的能力。在这种情况下，储备和使用美元比黄金更加有利，因为各国可以通过购买美国国债获得利息收益，而储备黄金是无法实现这一目标的，因此各国很少用美元兑换黄金。这样，美国实际上就成为了世界的银行，它控制了国际货币的发行权，从而就为美国建立世界霸权创造了条件。著名经济学家杰拉尔德·M. 迈耶这样评价说："美国通过自己创造国际货币弥补逆差这种途径，获得了一种对实际资财的'自由'主宰权，也可以用这种资财扩大购买外国货物、劳务及资产。"

以上的分析说明，如果把建立布雷顿森林体系的过程简化为大国和小国间的"国际公共产品博弈"，显然作为大国的美国满足 $B_1-kc>B_3$ 的条件。没有美国的参与，其他任何国家都不可能在二战后建立起一个国际货币体系，更不用说美国在这样的体系中搭便车的收益了。实际上，美国在博弈中不仅满足 $B_1-kc>B_3$，而且有 $B_3\to 0$，这说明美国选择"提供"是一个占优策略。无论别的国家是否参与，美国主导建立国际货币体系对它总是有利的。

给定美国选择"提供"，其他国家的选择取决于 b_1-c 与 b_2 间的大小关系。我们以当时最大的"小国"英国为例。英国参与创建国际货币体系（选择"提供"）需要支付一定的成本 c，当然它可能在新的国际货币体系中反映自己的利益诉求，从而使 $b_1>b_2$。如果英国选择"等待"，它可以直接参加美国建立的国际货币体系。

由于缺乏有关的数据，我们不可能直接判断英国的 b_1-c 是否大于 b_2。一个替代的思路是，讨论 b_1-b_2 有多大，或者说英国参与创建国际货币体系能够使新体系在多大程度上增加英国的利益。如果英国"等待"，《国际货币基金协定》与美国的"怀特计划”完全一致；如果英国“提供”，《国际货币基金协定》中可能反映英国的部分意愿。两者差别有多少呢？

事实上，代表英国利益的“凯恩斯计划”完全败给代表美国利益的“怀特计划”，前者的意见只得到很少的采纳。两个计划的差异主要有三个方面：债权国的责任、许可的汇率灵活性和资本的流动性。[①] 从英国的利益出发，凯恩斯计划要求建立一个国际清算同盟，将两国之间的支付扩大为国际多边清算。如果清算后一国的借贷余额超过份额的一定比例时，无论顺差国或逆差国均需对国际收支的不平衡采取措施，进行调节。凯恩斯计划允许各国改变汇率，若为了调和充分就业和国际收支平衡有必要实施外汇和贸易管制，就可以实施。“国际清算联盟”总部设在伦敦和纽约两地，理事会会议在英美两国轮流举行，以使英国能与美国分享国际金融领域的领导权。凯恩斯计划要求国际清算同盟的资金总额为 260 亿美元，其中美国提供的资金应达 230 亿美元。

“怀特计划”则要求建立一个国际货币稳定基金，基金组织的任务主要是稳定汇率，并对会员国提供短期信贷以解决国际收支不平衡问题。各国货币与国际货币的汇率一经确定，非经基金组织同意，不得随意变动。会员国为了应付临时性的国际收支逆差，可用本国货币向基金组织申请购买所需要的外币，但是数额最多不得超过它向基金组织认缴的份额。怀特计划的总提款权限制在 50 亿美元，其中美国可以承担的最大义务为 20 亿美元。

在最终通过的《国际货币基金协定》中，基金总额为 88 亿美元，美国的最大义务为 27.5 亿美元，这些都更接近于怀特计划的方案，而与凯恩斯计划相去甚远。虽然增加了关于债权国责任的“稀缺货币条款”，但实践中从来没有实施过。汇率制度为“可调整的钉住”，但调整的条件非常严格，仅限于“基本而非均

① ［美］巴里·艾肯格林：《资本全球化：国际货币体系史》，上海人民出版社，2009 年版，第 96 页。

衡”的情况，还必须获得基金组织 3/4 多数投票权通过。允许根据“稀缺货币条款”对资本流动加以管制，但必须逐步解除。

由此可见，虽然英国花费巨大成本参与了创建国际货币体系的谈判，但由于其实力较弱，在主要条款上几乎全盘接受了美国的方案。时任美国财政部长小摩根索在日记中写道：“在与怀特开始谈判之前，凯恩斯已经明白由于美国强大的财富与国力，英国将最终不得不屈服。”[①] 英国与美国的博弈尚且如此，其他国家就更不用说。因此，在创建布雷顿森林体系时，除美国外各国的最佳策略是“等待”，即接受美国制定的国际货币体系，由美国承担建立国际货币体系的成本。美国可以从美元霸权的国际货币体系中获得最大的利益，其他各国也可以在稳定的国际货币体系中取得经济的恢复和发展。这是一种“搭便车”均衡。

三、国际货币体系改革中的大国博弈与合作：以中美两国为例

进入 21 世纪以来，特别是美国金融危机爆发后，现有国际货币体系的缺陷暴露无遗，改革国际货币体系的呼声不绝于耳。关于国际货币体系改革，新兴大国与传统大国的利益既有冲突，又有一致，在博弈中包含着合作。

使用前面的两国公共产品博弈模型，现在的均衡解是“提供，提供”，即新兴大国与传统大国一起参与国际货币体系改革。

首先，对于传统大国，$B_1 - kc > B_3$ 的条件仍然得到满足，它们会选择“提供”。虽然现有国际货币体系最大限度地反映了传统大国尤其是美国的利益，但是世界经济失衡和国际金融危机使它们认识到，继续维持现有国际货币体系是不可能的，必须加

---

① Blum, From Morgenthau Diaries, Year of War, 1941—1945, p. 243.

以改革。既然非改不可，被动回避不如主动参与。注意到 B_3 是传统大国选择搭便车、也就是国际货币体系按照新兴大国意愿改革时的收益，这个收益显然会低于传统大国参与改革时的收益。

其次，对于新兴大国，它们也会选择“提供”，主动参与到国际货币体系改革中来。因为 b_2 是传统大国单独进行国际货币体系改革、新兴大国搭便车时后者的收益。这时的改革只反映了传统大国的利益，可能只是对现有国际货币体系进行零敲碎打式的修补。新兴大国在经济上已经崛起，对国际市场和国外投资的依赖程度很高，又积累了巨额的外汇储备，不公正的国际货币体系使它们容易受到国际游资的冲击，潜在损失很大。而新兴大国参与国际货币体系改革将使新体系在一定程度上反映自己的利益，也就是说 $b_2<b_1$。因此，即使考虑到参与国际货币体系改革需要支付的成本，$b_1-c>b_2$ 也是成立的。

下面我们分别以中国和美国作为新兴大国与传统大国的代表，具体分析它们在国际货币体系改革中的博弈与合作：

（一）中美两国利益的冲突

在国际货币体系改革问题上，中美两国有明显的利益冲突。美国是现有国际货币体系的最大受益者，中国的利益则没有得到足够反映。两国差异有以下几个方面。

1. 关于美元的地位

美元是布雷顿森林体系中的关键货币，也是当前国际货币体系的核心货币。美国凭借美元的霸权地位获得了巨大的利益。在国际贸易领域，美国可以直接发行美元从国外购买实际产品和服务，20 世纪 80 年代以来，美国的经常项目除 1991 年外，连续 28 年为逆差，且数额迅速增加。2007 年后，由于美国金融危机爆发，国内消费不振，美国的经常项目逆差才有所下降，但绝对数字仍有 3784 亿美元。在国际投资领域，美国把国内过剩的美元投资于新兴市场经济体盈利前景好的项目，轻松获得巨额投资回报。在国际储备领域，美国是世界上唯一不需持有外汇储备的国家。相反地，发展中国家则把辛苦积攒的美元储备投资于低收益的美国国债，还要忍受美元贬值、储备资产缩水的风险。因此，维持美元的地位是美国的核心利益。

与此相反，中国则是美元霸权地位的受害者。中国进出口的70%以美元计价结算，中国2.6万亿美元的外汇储备中超过一半是美元资产。中国的利益是弱化美元的地位，实现国际货币的多元化。从近期看，中国希望欧元、英镑、日元等货币与美元进行竞争，防止美元一币独大。从远期看，中国将逐步推进人民币国际化。

2. 关于IMF份额

IMF是货币金融领域最重要的国际组织，有“经济联合国”之称。IMF决策时采用加权投票制度，每个IMF成员国的投票权分为两部分：基本投票权和份额投票权。各国的基本投票权均为250票。份额投票权由一国拥有的基金份额决定，每10万特别提款权可增加1票。

至2010年9月，美国的份额为37149.3百万SDR（特别提款权），[①] 占总份额203985.3百万SDR的18.21%，折合371493份投票权，加上250份基本投票权，美国在IMF的总投票权为371743份，占总投票权的17.82%。

至2010年9月，中国的份额为8090.1百万SDR，占总份额203985.3百万SDR的3.97%，折合80901份投票权。加上250份基本投票权，中国在IMF的总投票权为81151份，占总投票权的3.89%。[②]

在改革IMF问题上，美国的核心利益是保证美国的否决权。根据《IMF章程》，重大事项需要85%以上的投票权支持方能通

① http://www.imf.org/external/np/fin/tad/exfin1.aspx.

② 数据来源：IMF官方网站。

过，唯有美国一国的投票权超过15%，可以否决它不同意的提案。而且，美国在IMF的投票权比例低于其经济占世界经济总量的比例。2009年，世界GDP总量为57.84万亿美元，其中美国的GDP为14.12万亿美元，占世界的24.41%。[①]即使考虑到购买力平价因素，也不足以要求美国降低其投票权比例。

作为新兴大国，中国在IMF的代表性是被严重低估的。2009年中国GDP为4.98万亿美元，约占世界经济的8.6%，而投票权不足4%。因此，中国的利益要求是增加份额和投票权。由于任何份额调整都属于“重大事项”，所以必须得到美国的支持才有可能。

3. 关于汇率制度

布雷顿森林体系结束后，美元不再“等同于”黄金，这从表面上看是美元的地位下降，不能维持与黄金的固定官价。但实际上却是美元地位的上升，因为美元取代了黄金的地位，摆脱了黄金的束缚，不再以黄金的代表者出现，美元直接成为世界财富的代表。美元的世界货币地位给美国的货币政策带来极大的自由度。美联储制定货币政策时只需要考虑国内的就业和通货膨胀情况，不需要考虑国际收支平衡。因此，美国从布雷顿森林体系中近似于固定汇率的“双挂钩”制度的设计者，变成了牙买加体系中浮动汇率合法化的坚定支持者和最大受益者。当美国需要刺激国内需求时，就随意地发行货币，放任美元大幅贬值；当美国需要打击竞争对手时，就采取强势美元战略，连续加息。当然，美国操纵美元有一个前提，即别国货币不能钉住美元。因此，美国经常指责其他国家“操纵汇率”。

与美国不同，中国的人民币汇率政策受到多方面因素的牵制。一是经济增长。作为一个发展中大国，中国仍然有1亿多人生活在贫困线以下，城乡之间、地区之间的发展很不平衡，需要

---

① 数据来源：IMF的《世界经济展望》报告，2010年10月。

保持较高的经济增长速度才能逐步解决各种社会问题。二是就业。中国有2亿多农村剩余劳动力需要向城市转移，这些劳动力的受教育水平不高，多数只能在低技术的出口加工业工作，最容易受到人民币升值的冲击。三是金融稳定。中国的外汇市场容量不大，国内企业和个人的汇率风险意识和抗风险能力不强，汇率经常地大幅波动可能会威胁国内金融稳定。四是储备资产的安全。中国是世界上外汇储备最多的国家，目前价值2.6万亿美元的储备中约有一半投资于美元资产，人民币升值会导致中国的外汇储备缩水。因此，人民币汇率在相当长的时期内不可能完全自由浮动。当美国希望美元贬值时，其他国家的汇率都对美元升值，唯有人民币钉住美元不变。如果退回到1985年"广场协议"的时代，美元对人民币不能贬值无关紧要，因为那时中国对于美国来说远没有现在这样重要。但现在不同了，美元对人民币不能贬值，美国从中国的进口就不会减少，美国就不能达到它"贸易再平衡"的目的。进入21世纪以来，人民币汇率累计升值幅度已经超过20%，但美国仍然要求人民币大幅升值。在汇率政策上，中国与美国的利益存在明显的冲突。

（二）中美两国的合作

虽然中美两国在国际货币体系改革上利益差异明显，但这并不意味着两国没有合作的空间和可能。

首先，中美两国都愿意维护美元的核心货币地位。美国自然是希望永远保持美元霸权，中国也明白人民币国际化将是一个长期的过程，在可以预见的未来还没有第二种货币能够取代美元的地位。至少在目前，维护美元地位对中国也是有利的。中国用贸易顺差购买美国国债，就是支持美元的具体行动。有时中国会声称要"调整储备资产结构，降低对美元资产的依赖"，这其实是一种"不可置信的威胁"。当今世界，没有可以替代美元的国际储备资产。世界上可能用于储备的资产无非是黄金、石油和外汇。黄金已经非货币化，而且其世界产量远远跟不上世界经济增长的速度。如果中国把美元用于购买黄金储备，结果只会使黄金的价格迅速上涨，等于是把财富转让给美国、瑞士等黄金储备大国和南非、俄罗斯等黄金生产大国。石油虽然是重要的战略物资，但并不是合适的国际储备。因为石油的价格波动频繁，受产能和需求的影响很大，储藏成本很高。更重要的是石油不能直接用于国际支付，缺乏储备资产所必需的流动性。唯一可以考虑的是用欧元、日元等其他货币来分散美元储备的风险，也就是储备货币的多样化。但是欧元等货币也不可能取代美元的国际储备地位，因为欧盟和日本的经济增长还不如美国，其货币价值没有美元稳定。如果中国把大量的美元储备置换成欧元，必将造成外汇市场上美元贬值、欧元升值，等于是在低价卖出美元、高价买入欧元，结果是储备价值缩水，对人对己都没有什么好处。近来中国在国际市场上购买韩元、日元，甚至还表示愿意购买希腊发行的国债，这其实更多地是一种姿态，即告诉美国“不要乱来”，别把危机时的量化宽松政策长期化。

其次，在 IMF 份额和投票权问题上，中美两国也有共同利益。鉴于中国经济连续 30 年高速增长后拥有很强的整体实力，美国明白在国际重大经济金融问题上离开中国的支持就不可能取得有实际意义的进展。因此，只要不威胁到美国的否决权，美国愿意适当增加中国的份额。中国也清楚美国的 GDP 是自己的 3 倍，要从美国那里抢份额无异于虎口拔牙。因此，两国都能接受的方案是把其他国家的份额转让给中国。我们知道，在占 IMF 份额比重超过 1％的 11 个高收入国家中，除美国的份额比重属于低估、日本的份额比重高估不足 3％，其他的德国、法国、英国、意大利、加拿大、荷兰、比利时、瑞士和澳大利亚 9 个国家高估程度均超过 20％，高估程度最多的国家是比利时 327％、瑞士 323％和荷兰 196％。因此，从欧洲国家转移一部分份额给中国，既不影响美国的否决权，又可以反映世界经济实力的变化，是一个合情合理的方案。[①]

再次，人民币汇率稳定对美国也有好处。中国向美国出口的大多是美国早就不生产的劳动密集型产品，如服装、鞋帽、玩具，以及一些高科技产品的加工环节。即使人民币升值，美国也不可能重新生产这些产品，只不过换成到越南之类的国家进口而已。美国消费者以低廉的价格购买质量可靠的产品，这本身是福利的增加。而且，世界经济刚刚从金融危机中复苏，发达国家的经济增长还不稳固，以中国为首的新兴市场经济体对世界经济增长贡献率越来越大。如果人民币迅速升值，中国经济增长必然放缓，美国扩大出口的策略也无法实施。从长期看，中国推进人民币汇率形成机制改革的目标不会改变，人民币汇率最终将实现自由浮动。

四、中国参与国际货币体系改革对策建议

根据以上分析，我们可以得出结论：国际货币体系改革是一场大国博弈，传统大国希望尽量维护其既得利益，新兴大国希望自己的利益得到更多的体现。不过，这并非是一个零和博弈，因为运作良好的国际货币体系对于新兴大国和传统大国都是有益的。因此，新兴大国不应采取“搭便车”的策略，与传统大国一起参与国际货币体系改革才是双方的均衡策略。具体到中国的策略，我们提出以下建议。

其一，积极参与，争取利益。中国的 GDP 已经超过日本居世界第二，经济对外依存度超过 60%，是大国中最高水平。孙

① 就在本文写作之时，2010 年 10 月 23 日在韩国庆州举行的 G20 财政部长和中央银行行长会议传来消息，各国同意将 IMF 份额总量增加 1 倍，其中新兴市场经济体的份额比例将提高 6 个百分点，中国持有份额将从现在不足 4%升至 6.19%，超越德、法、英，仅次于美国和日本，居世界第三位。

子兵法有云“上交伐谋”，通过谈判争取建立有利于自己的国际制度和规则，是维护国家利益的最好方法。按照宏观经济学中著名的“内部人—外部人”模型，内部人经常会团结起来抵制外部人的进入。当一个体制已经建立起来时，再去加入的成本会显著增加，中国从“复关”到“入世”的漫长谈判和巨大让步就是一个证明。在国际货币体系改革上，我们要不怕困难，据理力争，让改革的结果尽可能符合我国和发展中国家的利益。

其二，立足现实，稳步推进。国际货币体系具有巨大的惯性。一个众所周知的例子是，美国在 1870 年经济总量已经超过英国，但美元直到 1944 年建立布雷顿森林体系时才取代英镑的核心货币地位。有研究表明，一国货币要成为世界性货币，该国的经济总量至少应达到世界经济总量的 8%。中国目前的经济总量刚刚迈过这个门槛，而美国、欧盟的 GDP 均超过世界总量的 20%。因此，中国参与国际货币体系改革，不是要挑战美元，更不是要取代美元。我们的目标只是使国际货币体系更加合理，更有利于推动世界经济的发展。

其三，加强与其他发展中国家的协调。由于多国博弈不易处理，我们的理论模型只分析了两国的情况。但现实中的国际货币体系改革是多国参与的。美国与其他发达国家的利益比较一致，而中国与其他新兴经济体和发展中国家利益接近。因此，要经常与金砖四国（BRICs）、基础五国（BASIC）等发展中国家协调立场，共同行动。

七国集团与金砖四国在全球经济中的力量对比变化分析

吴雪明*

内容提要：本文选取经济总量、国际贸易、国际投资、贸易依存度等相关指标，对七国集团（G7）和金砖四国（BRICs）在全球经济中的规模比重、增量贡献和依存关系等进行了计算分析，认为传统经济大国和新兴经济大国的力量对比变化对于世界经济与政治格局变化有重要影响。分析显示，G7 在全球经济、贸易、投资等各领域的地位仍然是主导性的，但 BRICs 所占份额正在稳步上升，而且增长势头十分强劲。我们还注意到，BRICs 在全球贸易中的份额大幅提升的同时，对 G7 的出口与进口依存度在不断下降，而 G7 在全球贸易中的份额逐步减少的同时，对于 BRICs 的出口与进口依存度却不断提高，这表明 BRICs 的市场影响力正在不断增大，而 G7 的市场影响力有所削弱。

国际经济力量对比变化是引起世界经济与政治格局变化的重要因素。2008 年全球金融危机爆发后，二十

* 吴雪明，上海社会科学院世界经济研究所副研究员。

国集团（G20）逐步取代七国集团（G7）成为国际经济协调与全球经济治理的主要平台，这其实也是新兴大国与传统大国力量对比发生重要变化的一种反映。这主要体现在金砖四国（BRICs）的快速增长和国际经济地位的迅速提升，以及七国集团（G7）国际经济份额的相对下降。本文就此对近 20 年来 G7 与 BRICs 在全球经济中的地位和力量对比变化进行初步分析。

一、七国集团与金砖四国的基本情况

七国集团（G7）是指美国、日本、德国、英国、法国、意大利和加拿大等七个主要的发达经济体，金砖四国（BRICs）是指巴西、俄罗斯、印度和中国等四个主要的新兴经济体。这 11 个经济体合在一起，现在也被称为“万亿美元俱乐部”。[①]

我们可以看一下目前 G7 和 BRICs 在全球经济中的基本地位(表 1)。G7 和 BRICs 这 11 个经济体都是发达世界和发展中世界的大国，2009 年合计占全球总面积的 44.8%，占全球总人口的 52.5%。2009 年，11 个经济体的 GDP 总量达到了 40 万亿美元，占全球 GDP 总量的 68.8%；货物进出口贸易总额为 12.55 万亿美元，占全球货物贸易总量的 50.2%；FDI 流入量总额为 5262.11

---

① 根据世界银行《世界发展指标（WDI）》2001 年 11 月的数据，2009 年全球共有 12 个国家的国内生产总值（GDP）超过 1 万亿美元，按排名先后分别是：美国(14.26 万亿)、日本（5.07 万亿）、中国（4.98 万亿）、德国（3.35 万亿）、法国(2.65 万亿)、英国（2.17 万亿）、意大利（2.11 万亿）、巴西（1.57 万亿）、西班牙(1.46 万亿)、加拿大（1.34 万亿）、俄罗斯（1.31 万亿）、印度（1.23 万亿）。除西班牙外，其他 11 个国家正是 G7 的 7 个成员国和 BRICs 的 4 个国家。另外，澳大利亚、墨西哥、韩国的 GDP 在 2007、2008 年时也曾经超过 1 万亿美元，但由于金融危机影响，2009 年的 GDP 都跌出了 1 万亿美元的行列。

表 1　2009 年 G7 和 BRICs 主要指标比较

指标	单位	G7	BRICs	G7＋BRICs	全球
面积*	万 km^2	2144.59	3849.85	5994.44	13394.78
	占全球比重	16.0%	28.7%	44.8%	100%
人口	亿人	7.35	28.22	35.57	67.75
	占全球比重	10.8%	41.7%	52.5%	100%
GDP（现价）	万亿美元	30.94	9.10	40.04	58.23
	占全球比重	53.1%	15.6%	68.8%	100%
GDP（PPP）	万亿美元	29.01	17.60	46.61	72.54
	占全球比重	40.0%	24.3%	64.3%	100%
货物进出口贸易总额	万亿美元	9.16	3.39	12.55	25.02
	占全球比重	36.6%	13.5%	50.2%	100%
FDI 流入量总额	亿美元	3319.27	1942.84	5262.11	11141.89
	占全球比重	29.8%	17.4%	47.2%	100%
FDI 流出量总额	亿美元	6338.53	988.70	7327.22	11009.93
	占全球比重	57.6%	9.0%	66.6%	100%
外汇储备	万亿美元	1.40	3.34	4.74	8.46
	占全球比重	16.6%	39.4%	56.0%	100%

数据来源：World Bank，World Development Indicators，November 2010；UNCTAD，FDISTAT，October 2010.

注（*）：面积为 2008 年数据。

亿美元，占全球 FDI 流入总额的 47.2%；FDI 流出量总额为 7327.22 亿美元，占全球对外投资总额的 66.6%；外汇储备总额为 4.74 万亿美元，占全球外汇储备总额的 56%。从表 1 中经济、贸易、投资等指标看，目前 G7 的总体经济实力仍大大超过 BRICs，G7 的 GDP 总量仍超过全球总量的一半，达到 53.1%，是 BRICs 总量的 3.4 倍；G7 的货物贸易总额占全球的 36.6%，是BRICs的2.7倍；G7的对外直接投资总额占全球的57.6%，是BRICs的6.4倍；G7吸引FDI总额占全球比重也达到了29.8%，是BRICs的1.7倍。如果以购买力平价衡量，G7相对于BRICs的优势会相对缩小，占全球PPP、GDP的比重分别为40%和24.3%，前者仅为后者的1.65倍。BRICs在总量上超过G7的是面积、人口和外汇储备等指标，面积是G7的1.8倍，人口是G7的3.86倍，外汇储备是G7的2.4倍，这些指标在一定程度上也代表了BRICs巨大的市场规模、投资机会和发展潜力。

二、经济总量比重的变化趋势

下面从长期走势上分析G7和BRICs在全球经济中的相对地位变化：

（一）GDP规模走势比较

1990年以来，全球GDP总额从21.8万亿美元增长到2009年的58.2万亿美元，增长了1.67倍。同期，G7的GDP总额从14.5万亿美元增长到了30.9万亿美元，增长了1.13倍；BRICs的GDP总额从1.65万亿美元增长到了9.1万亿美元，大幅增长了4.5倍。尽管BRICs的GDP规模还远远小于G7，但增长速度很快，在全球经济总量中的份额也不断提升，而G7所占份额则呈不断下降趋势（图1）。1990年，在全球GDP总量中，G7所占比重高达66.2%，BRICs所占比重仅为7.6%。到2009年，G7所占比重下降到了53.1%，BRICs所占比重则上升到了15.6%。

按照购买力平价衡量，BRICs与G7的差距会显得更小一些。1990年，G7的PPP GDP总量为13万亿美元，占全球总量的 51.5%，BRICs 的 PPP GDP 总量为 3.6 万亿美元，占全球总量的 14.2%。到 2009 年，G7 的 PPP GDP 为 29 万亿美元，占全球总量的比重下降到 40%，而 BRICs 的 PPP GDP 则扩大到 17.6 万亿美元，占全球总量的比重提高到 24.3%，大大缩小了与 G7 的差距。据 IMF《世界经济展望（2010 年 10 月）》预计，到 2015 年，G7 的 PPP GDP 将达到 35.4 万亿美元，占全球总量的比重将进一步下降到 36%；而 BRICs 的 PPP GDP 将进一步增长到 29.3 万亿美元，占全球总量的比重将提升至 29.1%。①

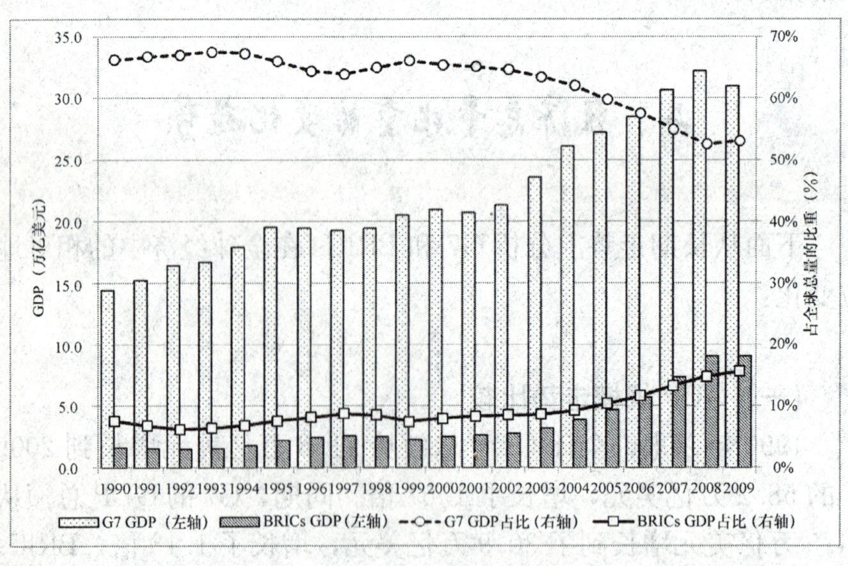

图 1　G7 和 BRICs 的 GDP 规模及占全球总量比重的走势分析

数据来源：World Bank，World Development Indicators 2010.

另外，根据高盛公司的研究报告估计，BRICs 在 GDP 总量上将于 2032 年左右超过 G7。高盛估计，以 2006 年不变价计算，2020 年，BRICs 的 GDP 将达到 20.3 万亿美元，G7 的 GDP 为 36.6 万亿美元，BRICs 为 G7 的 55%左右；2030 年，BRICs 的

① IMF，World Economic Outlook Database，October 2010.

GDP将达到40.4万亿美元，G7的GDP则为43.8万亿美元，BRICs达到G7的92%左右；2040年BRICs的GDP将高达74.7万亿美元，而G7的GDP则为53.7万亿美元，BRICs将达到G7的1.4倍；2050年，BRICs的GDP将达到128.8万亿美元，G7的GDP为66.1万亿美元，BRICs将达到G7的1.95倍。[①] 当然，高盛的估计是非常乐观的一种情形。不过，不管怎样，BRICs在经济总量规模上正在不断缩小与G7的差距，其在全球经济中的地位和影响力也正在逐步上升。

（二）贸易规模与份额的走势比较

从1995年到2009年，全球货物进出口贸易总额从10.4万亿美元扩张到25万亿美元，增长了140%。同期，G7货物进出口贸易总额从5万亿美元扩张到9.2万亿美元，增长了84%，BRICs货物进出口贸易总额从0.6万亿美元扩张到3.4万亿美元，增长了475%。BRICs贸易扩张幅度大大超过了G7，这体现在两者在全球贸易中份额的变化上。G7在全球贸易总额中的份额从1995年的48.2%下降到了2005年的41.4%，2009年进一步下降到36.6%，而BRICs的份额则从1995年的5.7%上升到了2005年的10.5%，2009年进一步上升到13.5%。将进口与出口分开可以看出，BRICs在全球出口贸易中的份额提升得更快，从1995年的5.9%提高到了2005年的11.7%，2009年进一步提高到14.6%，而进口份额提升幅度略低于出口，从1995年的5.4%提高到了2005年的9.3%，2009年进一步提升到12.5%。与之相比，G7在全球出口贸易中的份额下降的幅度也更大，从1995年的48.6%下降到了2009年的34.5%，而G7的进口份额则从1995年的47.9%下降到了2009年的38.7%。（表2）

---

① Goldman Sachs Global Economics Group, BRICs and Beyond, 2007. Jim O'Neill and Anna Stupnytska, The Long-Term Outlook for the BRICs and N－11 Post Crisis, Global Economics Paper No: 192, December 4, 2009.

表 2 G7 和 BRICs 进（出）口贸易规模与份额（1995—2009 年）

项目	单位	经济体	1995	2000	2005	2009
货物出口额	金额（万亿美元）	全球	5.2	6.5	10.5	12.5
		G7	2.5	2.9	4.0	4.3
		BRICs	0.3	0.5	1.2	1.8
	占全球比重（%）	G7	48.6%	45.6%	38.6%	34.5%
		BRICs	5.9%	7.0%	11.7%	14.6%
货物进口额	金额（万亿美元）	全球	5.2	6.7	10.8	12.6
		G7	2.5	3.3	4.8	4.9
		BRICs	0.3	0.4	1.0	1.6
	占全球比重（%）	G7	47.9%	49.6%	44.1%	38.7%
		BRICs	5.4%	5.7%	9.3%	12.5%
货物进出口额	金额（万亿美元）	全球	10.4	13.1	21.3	25.0
		G7	5.0	6.2	8.8	9.2
		BRICs	0.6	0.8	2.2	3.4
	占全球比重（%）	G7	48.2%	47.6%	41.4%	36.6%
		BRICs	5.7%	6.3%	10.5%	13.5%

数据来源：World Bank，World Development Indicators 2010.

（三）投资规模与份额的走势比较

关于 G7 和 BRICs 的国际投资地位，这里用对外资的吸引力和对外投资能力两项指标来衡量，具体用 FDI 流入与流出量及其占全球总量的比重来表征。

1. 对外资的吸引力

从 1992 年到 2009 年，国际直接投资流量变化可谓是跌宕起伏。1992 年全球 FDI 流入总额为 1660 亿美元，到 2000 年飙升至 1.4 万亿美元，此后由于网络泡沫，出现了一个低谷，最低跌到 2003 年的 5657 亿美元，2004 年起再次飞速增长，2007 年达到了 2.1 万亿美元的新高点，随后金融危机爆发后，又出现持续收缩，到 2009 年，已下降到 1.1 万亿美元。G7 吸引外资规模的伸缩变化是全球 FDI 呈现周期性变化趋势的直接因素，而 BRICs 总体呈上升趋势，并没有完全跟着全球 FDI 趋势变化而变化。

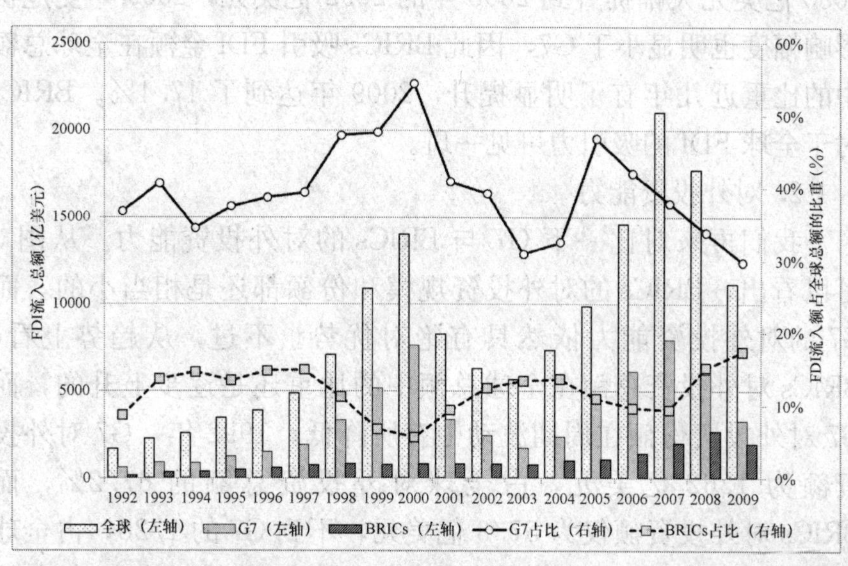

图 2　G7 和 BRICs 吸引 FDI 的规模与份额（1992—2009 年）

数据来源：UNCTAD，FDISTAT，October 2010.

从图 2 可以看出，G7 在全球 FDI 中的份额是在周期性变化中总体向下，而 BRICs 的份额则是在周期性变化中总体向上。1992 年，G7 吸引 FDI 金额为 612 亿美元，占全球总额的比重为 36.9%，BRICs 吸引 FDI 金额为 145 亿美元，占全球总额的比重为 8.7%。2000 年，全球 FDI 流入额出现的高峰主要是 G7 推动的，G7 吸引 FDI 金额达到了 7628 亿美元，占全球 FDI 流入总额的54.4%。BRICs吸引FDI金额虽也大幅上升到798亿美元，但与全球FDI增长幅度相比还是显得很微不足道，所以BRICs在全球总额中的比重反而下降到了一个历史低点，仅为5.7%。2007年出现的全球FDI的新一轮高峰，是发达经济体和新兴经济体共同推动的，新兴经济体在吸引全球FDI方面的能量越来越大，G7吸引FDI金额在全球总额中的比重从2005年起开始逐年下降，特别是在全球金融危机的重创下，2009年该比重急速下降到29.8%。而BRICs吸引FDI金额从2005年的1080亿美元大幅提升到2008年的2692亿美元，2009年受危机影响幅度也明显小于G7，因此BRICs吸引FDI金额在全球总额中的比重近几年有了明显提升，2009年达到了17.4%。BRICs对于全球FDI的吸引力可见一斑。

2. 对外投资能力

我们再来对比一下G7与BRICs的对外投资能力。从图3可以看出，BRICs的对外投资规模和份额都还是相当小的，而G7的对外投资能力依然具有绝对优势。不过，从趋势上看，BRICs对外投资总额在全球总额中的比重还是逐步上升的，而G7对外投资份额在周期波动中有所降低。1992年，G7对外投资额为1362亿美元，占全球对外投资总额的67.2%，而BRICs对外投资额仅为57.3亿美元，不到G7的1/20，占全球对外投资总额的比重仅为2.8%。BRICs对外投资额占全球FDI流出总额的比重在1999年曾一度下降到0.5%。2000年后，BRICs对外投资能力才逐步提升，到2009年在全球对外投资总额中的份额上升到9%，尽管与G7高达57.6%的份额仍然有很大差距，但与1992年和1999年相比，差距已经明显缩小。特别是在2007—2008年全球金融危机后，BRICs获得了极好的对外投资机会，未来几年内在全球对外投资总额中的份额将进一步提升，成为全球跨国投资越来越重要的驱动力。

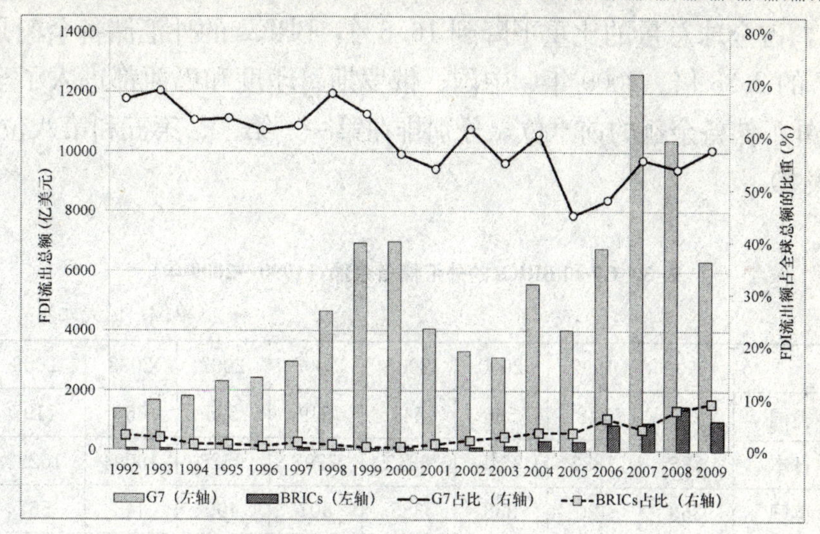

图 3　G7 和 BRICs 对外投资的规模与份额（1992—2009 年）

数据来源：UNCTAD，FDISTAT，October 2010.

（四）储备规模与份额的走势比较

外汇储备是一个国家国际清偿力的重要组成部分，在平衡国际收支、稳定汇率等方面发挥重要作用，同时也是综合国力和国家信誉的重要体现，只要能管理和使用好外汇储备，对于稳定国际市场、推动世界经济发展具有重要意义。

近年来，在中国外汇储备迅速增长的推动下，BRICs 的外汇储备余额及其在全球外汇储备总额中的份额大幅提升。如表 3 所示，1990 年，BRICs 的外汇储备余额仅约为 444 亿美元，占全球外汇储备总额的比重为 4.8%，仅为 G7 外汇储备余额的 12%。2000 年，BRICs 的外汇储备余额上升到 2629 亿美元，占全球总量的比重上升到 13.3%，达到了 G7 总额的 43.7%。2005 年，BRICs 的外汇储备余额进一步上升到 11826 亿美元，占全球总量的比重上升到 27.2%，外汇储备地位超过了 G7。2009 年，BRICs 的外汇储备余额高达 33352 亿美元，占全球总量的比重达到了 39.4%，而 G7 外汇储备余额仅为 14042 亿美元，占全球总量的比重下降到16.6%，BRICs的外汇储备余额是G7的2.38倍。2009年，中国、俄罗斯、印度和巴西都进入了全球外汇储备余额的前十位，分别排在第一、第三、第五和第八位。(表3)

表3 G7和BRICs的外汇储备余额（1990—2009年）

（单位：亿美元）

	1990	1995	2000	2005	2006	2007	2008	2009
美国	723	748	566	541	549	595	666	1197
日本	785	1832	3549	8343	8797	9528	10094	10222
英国	359	420	388	385	407	490	443	557
德国	679	850	569	451	417	443	431	599
法国	368	269	370	278	427	457	336	466
意大利	629	349	256	255	257	284	371	458
加拿大	178	150	321	330	350	410	438	542
巴西	74	497	324	532	852	1794	1928	2374
俄罗斯	58*	144	243	1759	2956	4668	4117	4166
印度	15	179	379	1319	1707	2670	2474	2652
中国	296	754	1683	8215	10685	15303	19493	24160
G7	3721	4619	6019	10582	11202	12207	12779	14042
BRICs	444	1574	2629	11826	16200	24435	28013	33352
全球	9195	14673	19782	43422	52537	66899	73372	84607

数据来源：World Bank，World Development Indicator 2010.

注（*）：俄罗斯1990—1992年外汇储备的数据缺失，这里用1993年的数据近似代替。

从图4中可以看出，BRICs在全球外汇储备总额中的比重增加，主要是由于中国外汇储备规模的快速增长，同时其他三国也有一定幅度增长。从1993年到2009年，中国外汇储备占全球外汇储备的比重从2%上升到28.6%，而巴西、印度和俄罗斯三国合计所占比重从4.3%上升到10.9%。1993—2004年间，由于当时日本外汇储备持续增长，占全球总额的比重从1993年的9.3%上升到2004年的21.8%，所以，尽管其他发达国家外汇储备有所缩小，G7在全球外汇储备总额中的比重还是比较稳定的。2005年以来，由于日本外汇储备增长幅度也大大降低，占全球总额的比重从2004年的21.8%快速下降到了2009年的12.1%，因此，G7外汇储备余额在全球总量中的比重呈快速下降趋势，从2004年的28.7%大幅下降到2009年的16.6%。

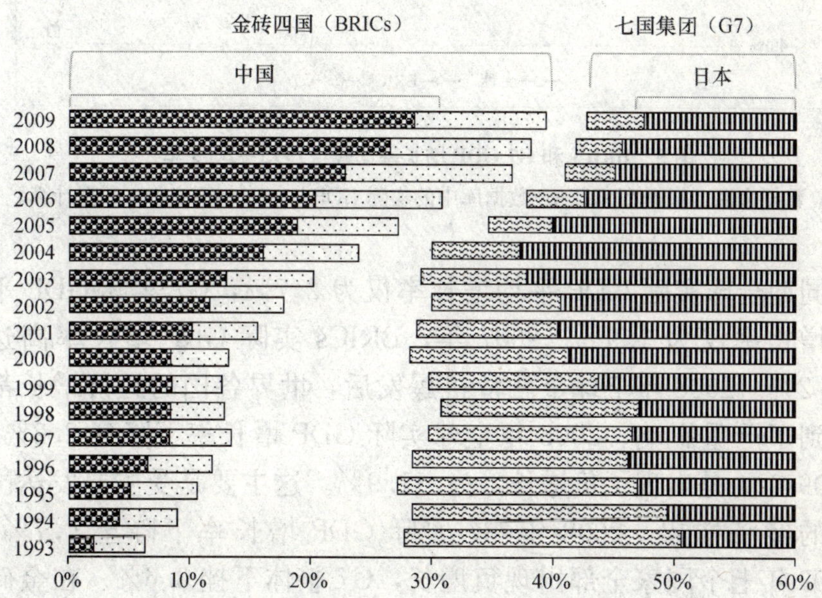

图4 BRICs与G7外汇储备地位比较（1993—2009年）

数据来源：World Bank，World Development Indicator 2010.

三、经济增量贡献的对比分析

1993—2009年，BRICs实际GDP平均增长率高达6.3%，

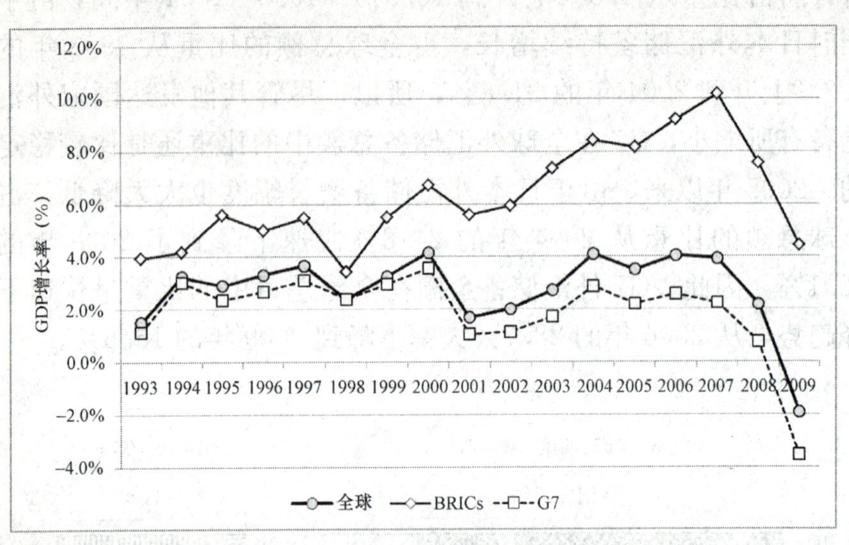

图 5 BRICs 和 G7 GDP 增长率比较（1993—2009 年）

数据来源：根据 UNCTAD 数据库中的实际 GDP（1990 年不变价）数据计算。

而同期全球实际 GDP 平均增长率仅为 2.7%，G7 实际 GDP 平均增长率仅为 1.9%。2007 年，BRICs 实际 GDP 增长率高达 10.2%。2008 年全球金融危机爆发后，世界各国的经济增长都受到了严重影响。2008 年全球实际 GDP 增长率下降到 2.2%，2009 年更是出现了负增长，为−1.9%。这主要是受主要发达国家的经济拖累。2008 年 G7 实际 GDP 增长率下降至 0.7%，2009 年七个国家全部出现负增长，G7 整体下挫 3.6%。在金砖四国中，俄罗斯受影响最大，2009 年实际 GDP 大幅下挫 7.9%，但由于中国和印度仍实现了较大幅度的正增长，因而 BRICs 作为一个整体来计算，其实际 GDP 仍有 4.4%的较高增长率，这对于使世界经济免于陷入更深层次的衰退发挥了重要作用。从图 5 可以看出，G7 实际 GDP 增长率变化趋势对于全球实际 GDP 增长率走势有着决定性影响，1993—2001 年间十分明显，两条曲线十分接近。但随着 BRICs 在全球经济中份额的提升，BRICs 强劲增长势头对于全球增长率变化趋势的影响越来越大，对于提升全球经济增长率的贡献正在增加，2001 年以来，全球经济增长率的曲线与 G7 经济增长率曲线有所分离，开始向 BRICs 经济增长率的方向靠近，尽管影响程度还是比较有限。

我们可以对比一下最近十多年来 BRICs 和 G7 对全球 GDP 的增量贡献（图 6）。G7 对于全球实际 GDP 的增量贡献一直是比较大的，1998 年一度达到了 64.1%，1993—2008 年平均增量贡献率为 45.7%。而 BRICs 对全球实际 GDP 的增量贡献率，在 2000 年还是比较小的，约为 10%—15%，2001 年后开始提升，达到了 20%—30%，特别是在 2008 年，BRICs 的增量贡献率达到了 42.7%，大大超过了 G7 的贡献率（仅为 19.9%）。2009 年，由于金融危机影响，全球实际 GDP 缩减了 7127 亿美元，G7 实际 GDP 缩减了 7585 亿美元，而 BRICs 则仍然增长了 2.12 万亿美元，这将全球经济向上拉动了 0.57 个百分点，要不然世界经济可能会出现更大幅度的负增长。

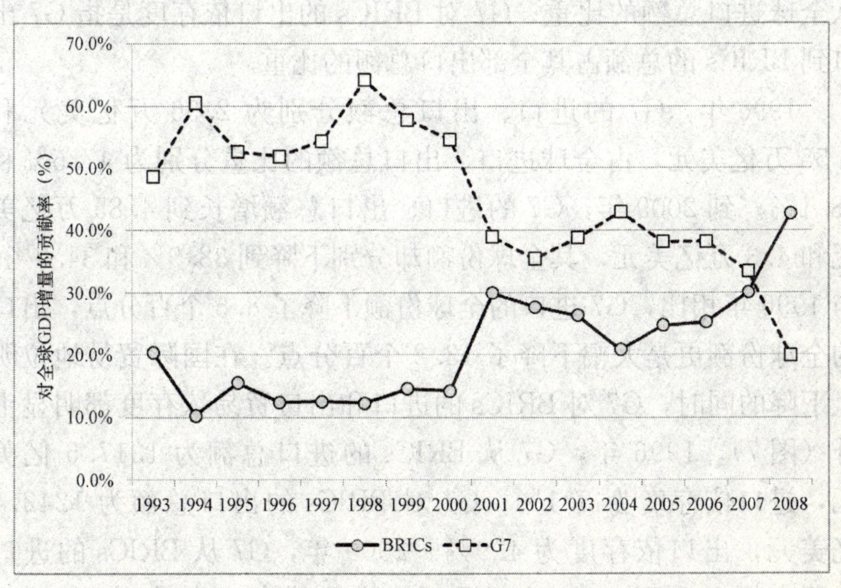

图 6 BRICs 和 G7 对全球 GDP 增量的贡献率（1993—2008 年）

数据来源：根据 UNCTAD 数据库中的实际 GDP（1990 年不变价）数据计算。

四、七国集团与金砖四国贸易依存关系的变化

两大经济体之间贸易依存关系的相对变化也是反映其国际经济地位变化的重要指标之一。下面我们将 G7 和 BRICs 分别作为一个整体，计算相互之间的进口与出口贸易总额占其全球进口与出口贸易总额的比重，作为 G7 与 BRICs 的进口（出口）贸易依存度，并分析对应的相互依存关系的变化。

（一）七国集团对金砖四国的进口（出口）依存度变化

G7 对 BRICs 的进口依存度是指 G7 从 BRICs 进口总额占其从全球进口总额的比重；G7 对 BRICs 的出口依存度是指 G7 出口到 BRICs 的总额占其全部出口总额的比重。

1996 年，G7 的进口、出口总额分别为 2.56 万亿美元和 2.55 万亿美元，占全球进口、出口总额的比重分别为 47.5%和 48.1%。到 2009 年，G7 的进口、出口总额增长到 4.85 万亿美元和 4.3 万亿美元，其全球份额却分别下降到 38.9%和 34.9%，与 1996 年相比，G7 进口的全球份额下降了 8.6 个百分点，出口的全球份额更是大幅下降了 13.2 个百分点。在国际贸易地位明显下降的同时，G7 对 BRICs 的进口和出口贸易依存度都明显上升（图 7）。1996 年，G7 从 BRICs 的进口总额为 1317.5 亿美元，进口依存度为 5.1%；G7 对 BRICs 的出口总额为 1242.6 亿美元，出口依存度为 4.9%。2009 年，G7 从 BRICs 的进口总额大幅上升到 6269.1 亿美元，进口依存度上升到 12.9%；G7 对 BRICs 的出口总额也大幅上升到 4631.3 亿美元，出口依存度上升到 10.8%。由此可以看出，G7 对 BRICs 的市场与商

品的依赖程度越来越高，或者说 BRICs 对 G7 的贸易影响力在不断上升。

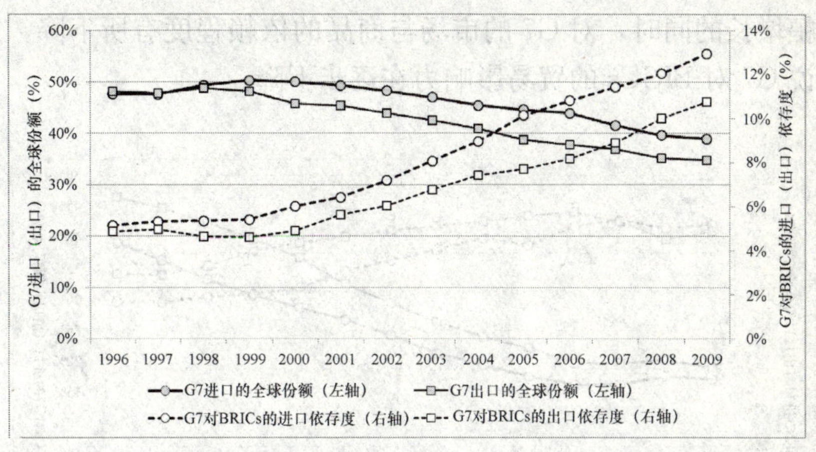

图 7　G7 的国际贸易地位及其对 BRICs 的贸易依存度（1996—2009 年）

数据来源：联合国贸发会议在线数据库（2010 年 10 月 19 日更新数据）。

（二）BRICs 对 G7 的进口（出口）依存度变化

BRICs 对 G7 的进口依存度是指 BRICs 从 G7 进口总额占其从全球进口总额的比重；BRICs 对 G7 的出口依存度是指 BRICs 出口到 G7 的总额占其全部出口总额的比重。

1996 年，BRICs 的进口、出口总额分别为 2953 亿美元和 3209.6 亿美元，占全球进口、出口总额的比重分别为 5.5%和 6.1%。到 2009 年，BRICs 的进口、出口总额大幅增长到 1.56 万亿美元和 1.83 万亿美元，其全球份额也相应上升到 12.5%和 14.9%，与 1996 年相比，BRICs 进口的全球份额上升了 7 个百分点，出口的全球份额上升了 8.8 个百分点。在国际贸易地位明显提升的同时，我们却注意到，BRICs 对 G7 的进口和出口贸易依存度都不断下降（图 8）。1996 年，BRICs 从 G7 的进口总额为 1242.6 亿美元，进口依存度高达 42.1%；BRICs 对 G7 的出口总额为 1317.5 亿美元，出口依存度高达 41%。2009 年，

BRICs从G7的进口总额上升到4631.3亿美元，进口依存度则下降到29.7%；BRICs对G7的出口总额上升到6269.1亿美元，出口依存度也下降到34.2%。可见，BRICs在进口、出口贸易大幅增长的同时，对G7的市场与商品的依赖程度有所下降，或者说G7对BRICs的贸易影响力在逐步下降。

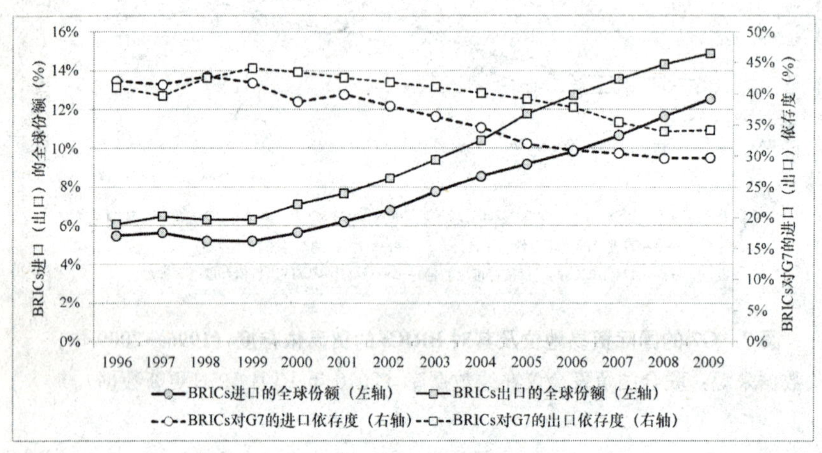

图8 BRICs的国际贸易地位及其对G7的贸易依存度（1996—2009年）

数据来源：联合国贸发会议在线数据库（2010年10月19日更新数据）。

通过以上多个角度分析七国集团（G7）和金砖四国（BRICs）在全球经济中的份额变化、对全球经济增量的贡献以及相互依存关系的转换等，我们可以看到，传统经济大国和新兴经济大国的国际经济地位和国际经济影响力正在发生一定程度的变化，而且从长期走势看，未来还会发生更为重要的变化，这些对于全球经济格局会产生深远影响。

新兴大国的发展走向

在博弈中求合作：新兴经济体利用FDI发展低碳经济的战略选择

赵蓓文*

内容提要：论文从金融危机后新一轮产业革命和低碳经济对全球经济的影响出发，对新兴经济体利用FDI促进技术进步和结构升级的主要政策进行剖析。提出在新的经济形势下，新兴经济体面对低碳经济发展所面临的两难困境：一方面是产业升级的内在需求，另一方面是可能“被低碳”的无奈。同时，在不具备技术实力的情况下盲目发展低碳经济，获得必需的低碳知识的成本将会很高，而这又会增加经济增长放缓的风险。要破解这一难题，新兴经济体必须在博弈中求合作，利用FDI发展低碳经济。主要战略包括积极参与国际投资协定、加强国际合作以及预防“碳泄漏”。

* 赵蓓文，上海社会科学院世界经济研究所研究员。

一、问题的提出

金融危机爆发以后，世界主要国家普遍意识到新一轮科技革命将不仅仅涉及计算机技术、空间技术和原子能，因而纷纷寻求世界经济新的增长点，一方面拉动国内经济走出危机，另一方面试图在危机后世界经济格局的变化中抢占先机。其中，美国、日本等国家已经对新能源、新材料、高科技等问题进行了长时间的跟踪研究。因此，金融危机发生以后，美国马上对其救助计划进行调整，将财政拨款优先用于有助于经济可持续发展的项目。美国总统奥巴马也提出在未来10年内将投资1500亿美元重点支持新能源发展。其后，法国、日本、俄罗斯等国家也先后出台了相应的支持新能源和科技创新发展的政策。

为了在新一轮科技革命中掌握主导权，美国、日本等发达国家还试图将“碳关税”[①]纳入国际贸易规则。2009年12月18日，美国、中国、印度、巴西、南非等二十六国在丹麦哥本哈根举行的联合国气候大会上达成《哥本哈根协定》(Copenhagan Accord)，提出了全球的升温控制目标，即确保全球平均温度的升幅不超过2摄氏度。虽然该协定是一份没有法律约束力的文件，文件中也没有表明各主要减排国的减排数字，但这一协定已经在一定程度上显示了未来低碳经济发展的趋势。

① 所谓“碳关税”，是指对高耗能的产品进口征收特别的二氧化碳排放关税。

在这一背景下，新兴经济体[①]如何制定自己的低碳发展战略已经成为一个不得不思考的问题。因为一旦“碳关税”被纳入国际贸易规则，将对新兴经济体形成一定的制约力量，不利于新兴经济体对外贸易的增长。另一方面，在不具备技术实力的情况下盲目发展低碳经济，获得必需的低碳知识的成本将会很高，而这又会增加经济增长放缓的风险。在这种情况下，新兴经济体必须在博弈中求合作，利用FDI（Foreign Direct Investment，外国直接投资，以下简称FDI）发展低碳经济。

二、新一轮产业革命和低碳经济形势下新兴经济体的FDI政策

2010年下半年以后，金融危机已经进入到一个新的时期，一些国家开始为长远的经济发展考虑，未来的经济增长将不仅仅依赖于单纯的经济刺激政策，而必须寻找新的增长点以加强复苏。这时候部分国家开始将眼光转向产业结构的升级，低碳投资开始成为亮点。虽然大部分新兴经济体尚未意识到这一转变，但是，其中的先知先觉者已经对战略性新兴产业开始了重新布局。

① 关于新兴经济体，目前没有一个准确的定义。从地域范围来讲，新兴经济体主要集中在亚洲、中东欧和拉丁美洲。美国商务部曾经提出十大新兴经济体的概念，英国《经济学家》杂志也列出25个国家（地区）作为新兴市场国家（地区）来进行有关数据统计。2003年，高盛公司提出“金砖四国”（BRICs），指巴西、俄罗斯、印度和中国；之后，又提出了“新钻十一国”（N－11），指墨西哥、印度尼西亚、尼日利亚、韩国、越南、土耳其、菲律宾、埃及、巴基斯坦、伊朗和孟加拉国。2007年日本学者又提出了“展望五国”（VISTA），指越南、印度尼西亚、南非、土耳其和阿根廷。目前，二十国集团（G20）中的11个发展中国家（阿根廷、巴西、中国、印度、印度尼西亚、韩国、墨西哥、俄罗斯、沙特阿拉伯、南非和土耳其，即E11）被认为相对而言最能满足新兴经济体的标准。其中包括了第一梯队“金砖四国”和第二梯队墨西哥、印度尼西亚、韩国、土耳其等新钻国家。

目前，部分新兴经济体的 FDI 政策已经逐步转向技术进步和结构升级。以 G20 中的新兴经济体即 E11 为例，其政策调整主要表现为以下三个方面。

（一）通过政策导向，促进技术进步和产业升级

这些新兴经济体主要通过对不符合本国产业发展计划的 FDI 加以限制，对符合产业发展导向的 FDI 加以促进等措施来促进技术进步和结构升级。例如，中国在 2010 年 4 月 6 日发布《关于进一步做好利用外资工作的若干意见》，明确了地方对外资的审批权限从 1 亿美元提升至 3 亿美元；并出台了一些相关的法规（包括正在执行的）鼓励外国投资进入高科技产业、新能源、节能和环保产业。2010 年 10 月 18 日，国务院进一步发布《关于加快培育和发展战略性新兴产业的决定》，明确将从财税金融等方面出台一揽子政策加快培育和发展战略性新兴产业。该决定指出，现阶段将重点培育和发展节能环保、新一代信息技术、生物、高端装备制造、新能源、新材料、新能源汽车等产业。

（二）通过低碳投资，寻求新的经济增长点

韩国是利用 FDI 发展低碳经济的典型。危机爆发后，韩国一方面通过现金救济、低息贷款等方式扩大基础设施建设，拉动内需，另一方面加强科技创新，以绿色增长为突破口，实施经济增长方式的转型。为此，韩国的外资政策再次进行调整，优先选择绿色增长作为自己的目标，推出一系列政策促进低碳外国投资。包括 2008 年 8 月宣布将“低碳、绿色增长”确立为国家远景；2009 年宣布一项综合性的 5 年计划，在 2009—2013 年间计划支出 107 万亿韩元支持绿色增长；2009 年 12 月，韩国还公布了到 2020 年前减排 30％的温室气体的减排目标，并于 12 月通过了《低碳绿色增长框架法案》；为了促进产业升级，韩国还制订了促进“绿色产业”外国投资的计划，确定了如智能电网、

LED面板等作为绿色技术的研发目标，并出台了相应的资金支持和税收减免等激励性引资措施，以利用外资推动韩国技术进步和产业结构升级。通过以上途径，韩国的一些国内企业已经在LED显示面板和可充电电池组上处于国际领先地位。[①]

（三）破除垄断，为低碳投资消除障碍

为了引进低碳投资，部分新兴经济体还对一些向来由国家垄断的行业进行改革，打破垄断，为低碳投资消除障碍。例如，俄罗斯的经济救援计划以结构调整为主。危机爆发后，俄罗斯除通过政府采购对农业、能源、汽车、军工等支柱行业进行投资外，还推出一系列投资促进措施，包括修改特别经济区法，降低最低投资门槛，扩大允许经营的范围，简化土地获得和管理的程序等，以吸引外资。俄罗斯还打破垄断，率先在电力行业进行了结构改革。2008年，俄罗斯对国有的RAO UES能源系统进行重组，将公司分解成6家从事批发的电力生产公司和14家地区性电力生产公司。这一资产重组为外国投资者进入该行业投资提供了可能。又如墨西哥，2008年，墨西哥国会通过了对能源部门的改革方案，改变了国有石油企业PEMEX的运作方式，允许其与私营企业签订服务合同。[②] 又如印度尼西亚。一方面，印度尼西亚在2009年6月23日宣布向外国投资者提供更多的一站式服务、财政便利和投资信息。另一方面，2009年9月8日，印度尼西亚国会通过电力法案，允许私人投资者包括外国投资者生产、运输、分配和销售电力，从而通过破除垄断为本国和外国的

---

① 联合国贸发会议：《2010世界投资报告：低碳经济投资》，联合国2010年版，专栏“4.10”。

② UNCTAD (2009), “World Investment Report 2009: Transnational Corporations, Agricultural Production and Development”, p. 71.

私人投资者进入电力行业铺平了道路。①

三、在博弈中求合作：新兴经济体利用 FDI 发展低碳经济的战略选择

目前，低碳投资已经成为发达经济体吸收外资和对外投资的重要趋势之一。同时，虽然这些投资大部分发生在发达经济体，但也有部分发生在新兴经济体。例如 E11 中的巴西、中国、印度、印度尼西亚、南非、土耳其等国家都先后在可替代/可再生发电产业进行新建投资，其中，巴西、中国、印度和土耳其还实施了可再生能源产业的跨国并购。② 问题在于，新兴经济体在吸引低碳投资的同时，必须保留必要的政策空间和弹性，以确定符合本国经济发展的外资政策。因为从目前来看，发达经济体无疑占据了低碳投资的主导权。一方面是产业升级的内在需求，另一方面是可能“被低碳”的无奈。低碳投资在提升新兴经济体产业结构升级的同时，也同样会为它们带来经济与社会风险。因此，新兴经济体在是否以及如何利用 FDI 向低碳经济转型的问题上已经陷入两难困境。要破解这一难题，必须从积极参与国际投资协定、加强国际合作以及预防“碳泄漏”入手。

（一）积极参与国际投资协定

危机爆发后，双边或多边的投资协定特别是新兴经济体之间的协定开始增多，说明新兴经济体开始在这场史无前例的金融危

① UNCTAD (2009), “Report on G20 Trade and Investment Measures” [R], UNCTAD published, September. 14; UNCTAD (2010), “Report on G20 Trade and Investment Measures” [R], UNCTAD published, March. 8.

② 联合国贸发会议：《2010 世界投资报告：低碳经济投资》，2010 年中文版，第 123 页。

机中逐步走上了世界舞台。一方面，因为在这场始于发达国家、蔓延到新兴经济体的全球性金融危机中，虚拟经济遭受严重打击，实体经济的地位开始上升，这无疑为新兴经济体的经济转型和产业升级提供了难得的机遇。另一方面，实力的转变为新兴经济体增强在国际经济决策中的影响力奠定了基础，危机后新兴经济体无论是在 FDI 的吸收还是对外投资方面都将扮演更为重要的角色。

实际上，早在这次全球性金融危机爆发之前，来自新兴经济体的国际投资协定就已经开始增多。2007 年金融危机的发生进一步加快了这种趋势。以 E11 为例，2009 年 4 月到 2010 年 5 月，中国、印度、印度尼西亚、韩国、墨西哥、沙特阿拉伯、南非、土耳其共计签订了 20 项国际投资协定，包括双边投资协定、自由贸易协定和其他形式的国际投资协定。其中，大部分协定是新兴经济体之间或者新兴经济体与一些区域集团所签。

这与传统的双边投资协定完全不同。之前，更多的双边投资协定来自于发达经济体之间或者发达经济体与新兴经济体之间，而新兴经济体积极参与国际投资协定则反映其正在通过本身经济实力的增长积极争取国际话语权。同时，新兴经济体之间国际投资协定的增多也为未来新兴经济体发展低碳经济拓展了空间。新兴经济体中的一些大国有可能先于其他国家引进低碳投资，并且在消化、吸收、再创新后形成自己的低碳技术，再提供给其他新兴经济体。从这个意义上来说，新兴经济体之间的国际投资协定在推进低碳经济发展方面具有重要的作用。

（二）加强国际合作

加强国际合作主要包括两个方面的内容。

一是加强与发达经济体之间的合作。由于含金量较高的低碳技术大部分掌握在发达经济体手中，如何吸引外国低碳投资就成为新兴经济体的一大目标。联合国贸发会议在《2010 世界投资报告：低碳经济投资》中指出，“跨国公司可以通过外国投资升级其生产经营及价值链中的技术和工序，降低全球温室气体排放，它们也可以供应低碳产品和服务”，“低碳外国投资因公司开发的技术能力而不同，部分是对母国的国内政策的回应”，“对低碳外国投资有重大影响力的特定政策包括各国的环境、工业、公共采购、能源和贸易方面的政策”。[①] 由此可见，发达经济体跨国公司具有对外投资低碳技术的动机；同时，新兴经济体是否能够提供相应的具有吸引力的政策是决定跨国公司是否会进行低碳投资的决定因素之一。

二是寻求国际支持。如何使发达经济体的低碳投资不损害新兴经济体的利益，是新兴经济体必须考虑的一个问题。在握有低碳技术的发达经济体面前，新兴经济体几乎没有可以谈判的筹码。同时，它们在气候变暖中所受到的伤害又远远比发达经济体来得大。在这个问题上，中国—欧盟低碳技术与投资示范区可以作为一个国际低碳技术合作的范例。联合国贸发会议还呼吁建立一个国际低碳技术援助中心来帮助新兴经济体和发展中经济体发展低碳经济。

融资问题也是困扰新兴经济体的发展瓶颈之一。在这方面，国际金融机构如世界银行正在积极推动向新兴经济体提供包括碳基金、融资计划、制造与外国投资者合作的关联等方式在内的金融援助。联合国环境规划署（United Nations Environment Programme，简称 UNEP）甚至提出了一项金融法案。因此，寻求国际支持应当成为新兴经济体在利用 FDI 发展低碳经济的过程中一条可行的途径。

（三）预防“碳泄漏”

新兴经济体在利用 FDI 发展低碳经济的过程中，不仅要考

① 联合国贸发会议：《2010 世界投资报告：低碳经济投资》，联合国 2010 年版，第 115 页、126 页、128 页。

虑低碳外国投资对国内投资的挤出，还要考虑建立在外国低碳投资基础上的本国低碳经济在未来是否会产生对于国外低碳技术的依赖。更重要的是，必须及早预防“碳泄漏”的出现。联合国贸发会议在《2010世界投资报告：低碳经济投资》中指出，由于生产成本会因各种气候变化制度、烟尘排放税制度的实施而提高，能源密集行业的跨国公司很有可能通过全球产业转移以及全球产业链布局而将排放密集活动转移到新兴发展中国家。更有甚者，个别新兴发展中国家为谋取短期的发展利益，可能会接受“碳泄漏”，并通过其他方式获得制度套利，从而损害全球的减排努力。[①] 为了从源头上控制“碳泄漏”，新兴经济体必须在进一步完善公司治理制度、建立健全环境测评和预警制度、加强与国际组织的合作等方面作出更大的努力。

① 联合国贸发会议：《2010世界投资报告：低碳经济投资》，联合国2010年版，第147—148页。

上海合作组织与新形势下中亚地缘格局的重塑[①]

张屹峰*

内容提要：当前中亚地缘政治的发展态势表面平静，实际上暗流涌动，处于深刻复杂的转型过程之中，中亚局势的未来充满变数。中亚地缘格局的发展走向对国际政治尤其是中国周边地缘环境具有深远影响。上海合作组织作为中亚地区主要的国际组织之一，在地区事务中发挥着日益重要的作用，在中亚地缘格局的重塑进程中占有独特地位。中国应该积极依托上海合作组织的多边机制，努力营造有利于中国和平发展的中亚地缘格局。

一、当前中亚地缘格局的新动向

从总体上看，当前中亚地区局势的发展相对平静，世界主要

---

① 本文系上海社会科学院2009年课题“中亚南亚地缘格局新动向与中国的政策选择”的阶段性成果。

* 张屹峰，上海社会科学院欧亚研究所助理研究员，博士。

大国在维护中亚地区稳定上存在基本共识。同时应该看到，中亚地缘政治出现了一系列值得注意的新动向，这些新的发展动向对中亚地缘政治的发展走向影响深远。

（一）俄罗斯对中亚的地缘政治意图不断强化

自 2008 年 8 月俄罗斯与格鲁吉亚发生军事冲突以来，俄罗斯致力于加强对中亚的传统地缘影响，逐步实施其在中亚和高加索地区的战略性布局，这些行动并未受到明显阻力，因而取得了显著进展。2008 年 8 月 31 日，俄罗斯总统梅德韦杰夫在索契接受新闻专访时宣布了“俄罗斯外交政策五项原则”，其中第五项原则就是俄罗斯关注自身在友好地区的利益。①而且梅德韦杰夫对友好地区作出了明确界定，“与世界上其他国家一样，俄罗斯也有一些存在特权利益的地区。它们就是俄罗斯传统友好国家所在的这些地区。”西方倾向于将梅德韦杰夫的这一界定解读为俄罗斯重申它在世界上的势力范围。②

为此，俄罗斯加紧推进与中亚国家的军事安全合作。2009 年 2 月初，独联体集体安全条约组织（CSTO）首脑会议在莫斯科召开，俄罗斯倡导组建 CSTO 快速反应部队，该部队总兵力约为 2 万人，重点关注的就是中亚地区。俄罗斯提供总数约为 8000 人的空降部队和伞兵突击部队，哈萨克斯坦提供约 4000 人的伞兵突击旅，其他成员国所提供兵力约为一个营。该部队主要任务是抵御小规模的军事侵略、救灾、打击国际恐怖主义和有组织跨国犯罪等，进行集体安全援助。2009 年 6 月 3 日，独联体集体安全条约组织新闻发言人斯特鲁古维茨宣布，俄罗斯将与中亚的哈萨克斯坦、吉尔吉斯斯坦、塔吉克斯坦和乌兹别克斯坦组

① “梅德韦杰夫宣布俄对外政策五原则”，《人民日报》，2008 年 9 月 2 日，第 3 版。

② Andrew E. Kramer, Russia Claims Its Sphere of Influence in the World, *New York Times*, September 1, 2008.

建中亚联合军队集群，以应对可能严重威胁各国主权的军事入侵。①

同时，俄罗斯还力图消除美国在中亚的军事存在。2009 年 2 月初吉尔吉斯斯坦总统巴基耶夫访俄，俄罗斯答应免除吉尔吉斯斯坦 1.8 亿美元债务并提供 1.5 亿美元无偿援助和 20 亿美元贷款用于修建水电站，吉尔吉斯斯坦议会随后就通过了政府提交的关于废除美军租用马纳斯空军基地协议的法案，要求美军于 8 月 18 日之前全部撤离。俄罗斯这一举动显然是要拔除美国在中亚的军事基地，以除后患。2010 年 7 月 13 日，俄罗斯空军总司令亚历山大·泽林上将在独联体国防部长理事会防空协调委员会会议结束后对记者表示，“我们暂时没有计划（扩大坎特空军基地），但如果要求我们这样做，我们会扩大基地规模。这是一个政治决定”。而吉尔吉斯斯坦空军司令埃尔金·奥斯莫诺夫则表示，“吉尔吉斯斯坦将始终欢迎俄罗斯军队在我国驻留”。② 2010 年 9 月 13 日，吉俄国防部长会晤期间，吉尔吉斯斯坦建议俄罗斯基地驻留 49 年，并且可以延长 25 年。

（二）美国在中亚地区事务上以退为进

奥巴马政府执政以来，美国完全围绕阿富汗战争这一中心任务执行对中亚的战略方针，因而美国在中亚事务上的行动相对谨慎。从深层次上看，奥巴马政府的中亚政策实际上也反映了美国对中亚的战略期望的一个常态化回归。

美国的首要目标是维持在中亚的军事存在。因此，美国不遗余力地积极争取吉尔吉斯斯坦，以化解俄罗斯的战略图谋，美俄双方围绕马纳斯空军基地全力角逐。吉尔吉斯斯坦试图利用美俄

---

① 陈志新：“俄推动独联体集安条约组织军事一体化进程”，《人民日报》，2009 年 6 月 4 日。

② 俄空军总司令称不排除扩大驻吉尔吉斯空军基地，http：//news. xinhuanet. com/world/2010—07/13/c _ 12330120. htm。

竞争获取最大的利益，并未履行对俄罗斯的承诺。2009 年 6 月 22 日，吉尔吉斯斯坦与美国在比什凯克签订了美国在马纳斯国际机场设立货物中转中心协议和有关吉美两国合作的协议。6 月 25 日，吉尔吉斯斯坦议会全体会议宣布批准吉美签署的关于继续使用马纳斯国际机场的新协议。新建立的货物中转中心将取代美国驻吉空军基地，承担货物转运任务。根据协议，美国将拨款超过 1.7 亿美元用于修建新的停机坪和仓库，购买新的地面导航设备，打击阿富汗周边毒品走私活动，打击恐怖主义，以及支付货物中转中心使用费，年租金从 1740 万美元提高到 6000 万美元。2009 年 7 月 7 日，吉尔吉斯斯坦总统巴基耶夫签署法令，批准了上述协议。[①]

同时，美国出于保障阿富汗战争的后勤补给这一直接目的，加强对中亚国家的外交攻势和经济援助。美国和北约部队 75% 以上的作战和后勤物资都依靠从巴基斯坦的白沙瓦经开伯尔山口进入阿富汗这条陆路通道。然而，这条运输线屡遭恐怖分子的袭击，严重影响阿富汗战争的后勤保障。因此，美国致力于开辟"北部运输新线路"——从黑海和里海经中亚进入阿富汗西北部。美国等北约国家已经在吉尔吉斯斯坦和乌兹别克斯坦建立了物资中转站。另外，少量后勤物资也假道俄罗斯和哈萨克斯坦运输。但由于运力等问题，"北线"依然无法与途经巴基斯坦的"南线"相比。

2010 年 3 月，美国负责阿富汗和巴基斯坦问题的特使霍尔布鲁克连续访问了吉尔吉斯斯坦、乌兹别克斯坦、塔吉克斯坦和哈萨克斯坦四国，这是他作为美国阿巴问题特使首次访问中亚国家。访问期间，吉尔吉斯斯坦还同意美军在南部地区建设反恐训练营，从而获得美国 500 万美元的援助，同时美国与乌兹别克斯

① 李斌："吉总统签署批准美国在马纳斯机场设立货物中转中心协议法令"，http://news.xinhuanet.com/world/2009—07/07/content_11669846.htm。

坦在军事安全领域的合作也取得了很大的进展。2010 年 4—6 月，吉尔吉斯斯坦国内政治出现动荡，国际社会高度关注美国对吉尔吉斯斯坦局势的政策立场，美国在自身利益得到维护的情况下，对吉尔吉斯斯坦国内的政治变局采取了中立姿态，客观上增加了中亚地区的稳定因素。奥巴马政府对吉尔吉斯斯坦政治变局的政策，充分反映了美国对中亚的战略思路。

（三）中亚地缘经济与地缘政治的高度互动

在国际金融危机背景下，中亚国家面临着独立后前所未有的国际经济格局，因此，中亚国家首先在经济上面临全新的战略选择。中亚国家经济上的战略选择又与欧亚地缘政治格局变动之间产生密切互动。这样一来，中亚地缘格局在国际金融危机推动下出现了潜在变化，这些变化对地区战略格局的发展走向具有深远影响。

国际金融危机发端于美国次贷危机，美欧等西方经济体是此次国际金融危机的主要承受者，经济上遭受了沉重打击。曾经推动中亚国家经济发展的美欧金融业和实体经济，现在成为中亚经济疲软的主要外部因素。在这种情况下，中亚国家应对国际金融危机的政策措施，其立足点主要是在国内和本地区。这一方面说明了中亚国家无法从西方获得有效帮助的客观事实，同时也在很大程度上反映了中亚国家在对外经济联系上的战略选择。自中亚国家独立以来，在经济上始终受惠于美欧等西方经济体，中亚国家甚至在西方与俄罗斯、中国之间实施平衡战略，从中实现利益最大化。在金融危机背景下，中亚国家将对外经济联系的重心向本地区倾斜，这不仅仅是中亚国家应对危机的临时措施，更多地表明了中亚国家在区域经济合作上的选择。

另外，在中亚国家应对金融危机的地区合作行动中，俄罗斯扮演了极为重要的角色。实事求是地看，俄罗斯对中亚区域经济合作的心态复杂，一方面希望通过地区经济合作获得好处，另一方面又担心中亚经济合作的发展将损害俄罗斯在中亚的经济主导地位。因此，俄罗斯在中亚区域经济合作方面始终裹足不前。在金融危机的冲击下，俄罗斯自身也深受金融危机的影响，国内经济形势疲软，按理说是自顾不暇。俄罗斯在应对金融危机中的反常行动，除了俄罗斯希望通过地缘经济合作克服自身经济困难的考虑之外，实际上也反映了俄罗斯对中亚地区经济合作态度的变化。总之，国际金融危机客观上为中亚区域经济合作提供了潜在的发展机会，而且已经形成了一些深层次合作的发展态势，这种态势对中亚的地缘经济发展走向具有深远意义，将对中亚经济合作乃至中亚经济一体化产生积极影响。

中亚地缘经济在国际金融危机下所出现的潜在变化，又受到欧亚地缘政治发展变动的影响。2008 年，面对美国主导下的北约东扩和反导系统部署问题上的战略挤压，俄罗斯以强有力的反应进行回击，并强化对中亚高加索地区的地缘影响力，俄罗斯在中亚经济领域的行动实际上也是俄罗斯实现地缘政治意图的手段。在国际金融危机背景下，美欧等西方经济体对中亚的经济投入相对减弱，为俄罗斯重塑中亚地缘经济格局提供了历史性的机会。正因为如此，俄罗斯在国际金融危机背景下不顾自身经济压力出手推动中亚合作应对危机，救人于危难之中，从而获得事半功倍的战略效果。由此可以看出俄罗斯在中亚经济合作上的行动推动了中亚国家对外经济联系重心的调整，中亚地缘经济和地缘政治之间出现了前所未有的正相关互动的态势。

二、上海合作组织对中亚地缘格局变化的反应

在新的形势下，中亚地缘格局所出现的发展变化，对上海合作组织的发展既是机遇也是挑战。上海合作组织对地缘格局变动

的立场和反应，不仅影响地区和国际事务的发展，同时也对上海合作组织的发展方向具有深远影响。上海合作组织经济合作功能的提升对中亚地缘经济格局的发展走向具有重要的建设性作用，有助于中亚地缘新格局的建构和发展。

毋庸置疑，俄罗斯在谋求其国际地位过程中十分重视上海合作组织的作用，积极谋求上海合作组织的协调一致、全面支持俄罗斯的相关行动。在俄格冲突和俄罗斯宣布承认南奥塞梯和阿布哈兹独立问题上，俄罗斯毫不例外地主张上海合作组织支持和采取与俄罗斯一致的立场。2008 年 8 月 28 日，俄罗斯总统梅德韦杰夫在上海合作组织杜尚别峰会上提出，上海合作组织各成员国的一致支持将是对那些将格鲁吉亚领导人造成的流血冒险正当化的人发出的严肃信号。①

面对俄罗斯对上海合作组织的殷切期待，上海合作组织在俄格冲突、南奥塞梯和阿布哈兹独立问题上面临艰难的选择，这不仅关系到上海合作组织未来的发展方向，而且将直接影响地区和国际政治的发展态势。因此，国际社会高度关注上海合作组织的集体表态。2008 年 8 月 28 日，上海合作组织成员国元首杜尚别宣言中对俄格冲突及有关问题作出了明确的表态。宣言第三条专门就俄格冲突指出："本组织成员国对不久前围绕南奥塞梯问题引发的紧张局势深表担忧，呼吁有关各方通过对话和平解决现有问题，致力于劝和促谈。本组织成员国欢迎 2008 年 8 月 12 日在莫斯科就解决南奥塞梯冲突通过的六点原则，并支持俄罗斯在促进该地区和平与合作中发挥积极作用。"上海合作组织成员国元首杜尚别宣言在表示支持俄罗斯的同时，也坚定地维护了国际法的基本准则。宣言的第一条就明确反对通过军事手段解决国际问题，"当前，任何一个国际问题都不可能通过武力解决，这在客观上降低了武力因素在全球和地缘政治中的作用。企图单纯依靠

① 《朝日新闻》，2008 年 8 月 29 日。

武力解决问题是完全行不通的。这只会阻碍局部冲突的综合解决”。宣言积极主张通过和平谈判解决国际问题，并强调要兼顾各方的利益，以免对地区稳定造成新的隐患。“只有充分考虑各方利益，将各方纳入谈判进程，而不是将其孤立，才能全面解决现存问题。”而且，宣言还特别强调支持国家领土主权完整原则，“必须尊重每个国家和每个民族的历史和文化传统，以及根据国际法为维护国家统一和领土完整、促进各民族和睦相处、共同发展所作的努力”。宣言大力倡导“应在恪守《联合国宪章》和公认的国际法准则基础上，重申应发挥多边外交的作用，摒弃对抗思维、集团政治和单边主义”。[①]

2010 年 4 月 7 日，吉尔吉斯斯坦发生大规模骚乱，反对派力量占领了总统府等重要机构。4 月 8 日反对派宣布巴基耶夫政府被解散，以奥通巴耶娃为首的临时政府宣告成立。5 月 19 日，吉临时政府通过法令，委任临时政府总理奥通巴耶娃兼任过渡时期总统。6 月 27 日，吉举行全民公投，以决定是否通过新宪法草案以及是否认可由奥通巴耶娃担任过渡时期总统。吉中央选举委员会公布的正式统计结果显示，90.55％的选民投了赞成票。7 月 3 日，吉临时政府总理奥通巴耶娃宣誓就任吉过渡时期总统，任期至 2011 年 12 月 31 日。

面对吉尔吉斯斯坦动荡局势引发的紧张局面，上海合作组织重申了它对地区政治变动的立场。2010 年 6 月 11 日，上海合作组织成员国元首理事会第十次会议宣言指出，“本组织自成立以来，已成为国际地区安全与合作格局中的重要因素和高效、开放的多边组织。本组织将继续坚持不以意识形态、集团和对抗方式解决国际和地区发展中重大问题的做法”。“鉴于吉尔吉斯斯坦共和国发生的事件，成员国重申相互支持国家主权、独立和领土完

① 《上海合作组织成员国元首杜尚别宣言》，《人民日报》，2008 年 8 月 29 日，第 3 版。

整的原则立场，反对干涉主权国家内政，反对任何有可能引发本地区局势紧张的行动，主张任何分歧均应通过政治外交途径以对话协商方式加以解决。成员国强调吉尔吉斯斯坦政局尽快稳定对整个地区具有重要意义，表示愿为此向吉尔吉斯斯坦共和国提供必要的支持和帮助。”①

上海合作组织在对外交往方面也不断创新机制，扩大上海合作组织的对外联系对象和影响力。上海合作组织成员国在2008年杜尚别峰会上一致批准了《上海合作组织对话伙伴条例》，以建立一种新的合作机制，即“对话伙伴”关系。任何国家或国际组织都可以参加这一合作机制，通过对话伙伴这一机制与上海合作组织开展对话与合作，共同致力于促进本地区稳定和发展。2010年6月塔什干峰会上，成员国元首们批准了《上海合作组织程序规则》和《上海合作组织接收新成员条例》，这是推动本组织进一步发展、提升本组织威望并完善本组织各机构工作法律基础的重要举措。②这有助于加强和完善上海合作组织内部的机制和制度建设，推动上海合作组织在正确的方向上良性发展，同时也体现了上海合作组织在发展过程中的开放性原则，也充分说明了上海合作组织绝非一个排他性的地区国际组织。

上海合作组织对中亚地缘政治格局变动的立场和表态，充分反映了它作为一个新型区域合作组织日益成熟与稳健，上海合作组织在中亚地区和国际事务中所发挥的积极作用进一步显现。显然，上海合作组织的上述立场是经过慎重考虑作出的选择，上海合作组织的这种选择既有利于上海合作组织形成统一的集体立场，同时又有效地规避了上海合作组织走向政治军事集团的风险。这充分说明“求和平、谋发展”已经成为上海合作组织各成员国的共识，上海合作组织将以更加务实的态度维护地区的和

---

① 《上海合作组织成员国元首理事会第十次会议宣言》，《人民日报》，2010年6月12日，第2版。

② 同上，第3版。

平、促进地区的发展。更为重要的是，上海合作组织在俄格冲突及吉尔吉斯斯坦国内政治问题上的表态和立场，实际上使上海合作组织在集体行动方面形成了一种不成文的规定，即上海合作组织不以任何成员国的个别利益作为整个组织的集体利益，任何成员国的个别行动不代表也不影响整个组织的集体行动；上海合作组织的集体行动必须基于上海合作组织各成员国的共同利益之上，在涉及有关成员国个别利益的问题上，上海合作组织坚持按照基本的国际法原则采取集体行动。

三、上海合作组织与中亚地缘格局的重塑

上海合作组织作为包括中亚地区主要国家在内的多边国际组织，为解决地区事务提供了必要的国际机制和组织平台，在中亚地区事务和地区治理中具有不可或缺的作用。因此，上海合作组织能够并应该引导中亚地缘格局的发展，对中亚地缘格局的重塑进程发挥建设性作用。上海合作组织在中亚地缘格局重塑进程中的作用主要包括以下几个方面：

（一）缓和地缘政治对抗

中亚是地缘政治高度敏感地区，中亚地缘格局的发展走向对世界政治具有深刻影响。在新的国际形势下，美国受国内经济不振和阿富汗战争的掣肘，对中亚地区事务无暇顾及，而俄罗斯在中亚地区的影响力得到迅速恢复，中亚地缘格局的发展态势出现了微妙变化。在这种情况下，上海合作组织在地区事务上的立场和行动，对加剧还是缓和中亚地区的集团对抗态势具有决定性作用。

上海合作组织连续几次峰会宣言都申明了不以意识形态、集团和对抗方式解决国际和地区发展中重大问题的立场，这显然是

致力于实现地区政治的非集团对抗。上海合作组织所传递的信息绝非杞人忧天，而是未雨绸缪，防范于未然。上海合作组织避免集团对抗的坚定立场对中亚地缘政治格局的发展走向具有至关重要的意义。这有助于降低俄罗斯在中亚地区事务上进一步采取过激行动的可能性，同时也对美国形成国际舆论和外交战略上的反制，从而有效缓解了在中亚地区出现集团对抗的危险。因此，从某种意义上说，上海合作组织是中亚地缘政治的“减压器”和“安全阀”。

（二）促进区域经济合作

在国际金融危机形势下，上海合作组织成员国和观察员国在经济上受到严重冲击，俄罗斯与中亚国家形成了一系列合作措施应对危机，这些合作措施拓展了经济合作的领域，经济合作向纵深发展。这不仅大大推动了上海合作组织内部的经济合作，而且为上海合作组织框架内的多边经济合作提供了重要经验和发展思路，使上海合作组织获得了强化经济合作功能的一个历史机遇。

上海合作组织致力于推动贸易投资便利化，实施区域内或区域间的交通、通信基础设施联合开发项目，提高成员国的经济竞争力，在推动区域经济合作方面的地位和功能日益加强。区域合作的层次和内涵进一步得到提升和充实，上海合作组织成员国之间的能源、交通、商贸和人文合作稳步推进。上海合作组织实施了一批交通、能源、通信等领域的示范性项目。同时，启动了农业、科技合作，在教育、文化、环保、救灾等领域的合作，成果丰硕，对外经济交往积极活跃。贸易投资便利化进程稳步推进，各成员国与联合国、亚洲开发银行等国际组织和金融机构开展密切合作。

上海合作组织经济合作功能的提升，是上海合作组织的可持续发展的主要动力。上海合作组织框架内多边合作的深入发展，有利于上海合作组织内部逐步形成相互交融的共同利益，从而为上海合作组织的发展提供坚实基础。更为重要的是，上海合作组织经济合作的深入发展有利于提高中亚地区的社会发展水平，改善普通民众的生活状况，从而消除社会不稳定因素，为上海合作组织提供良好的社会环境。

（三）推动地区多边治理

中亚地区是非传统安全威胁的集中地和高发区，阿富汗局势的外溢对中亚地区的安全与稳定构成严重威胁。中亚南亚的地区治理程度成为衡量上海合作组织地区影响力的重要指标，因此，地区治理是上海合作组织发展过程中不可忽视的重要任务，也是上海合作组织推动中亚地缘格局重塑的主要抓手。上海合作组织应该在地区治理中发挥积极作用，逐步成为实现地区治理的有效平台与现实路径，这有助于提升上海合作组织的地区影响力。

2010年6月11日上海合作组织塔什干峰会宣言明确指出："现阶段，安全领域的新威胁与新挑战已成为国际社会的首要议题。合作打击一切形式的恐怖主义，解决维护国际和地区安全的众多问题尤显重要。本组织成员国将积极落实联合国全球反恐战略、安理会相关决议和《上海合作组织反恐怖主义公约》，共同努力防范恐怖主义和极端主义意识形态，并为此加强不同文明和文化间的对话。"[①]上海合作组织致力于共同打击一切形式的恐怖主义、分裂主义和极端主义，打击非法贩运毒品、武器和其他跨国犯罪活动以及非法移民。继续深化合作与协调，共同落实好《上海合作组织反恐怖主义公约》、《打击恐怖主义、分裂主义和极端主义2010年至2012年合作纲要》等上海合作组织框架内签署的相关文件，向国际社会展示成员国加强安全合作、维护地区

① 《上海合作组织成员国元首理事会第十次会议宣言》，《人民日报》，2010年6月12日，第2版。

稳定的决心和信心。

上海合作组织还高度关注阿富汗局势的发展及其治理。上海合作组织塔什干峰会宣言认为："阿富汗伊斯兰共和国局势持续恶化及源自该国的恐怖主义、毒品走私和跨国有组织犯罪仍是地区面临的严重威胁。作为维护安全的决定性因素，实现阿富汗和平稳定有助于整个地区社会经济持久发展。"并表示将积极参与阿富汗问题的国际治理多边合作，"支持联合国在协调国际社会调解阿富汗局势的努力中发挥主导作用，认为单纯依靠军事手段并不能解决阿富汗问题。成员国支持推动由联合国主导并吸收阿富汗人民参与的谈判进程。本组织支持成员国同国际机构和其他相关各方一道，参与实施阿富汗经济重建项目。成员国呼吁国际社会加大对阿富汗毒品生产和扩散各环节的打击力度。为此，成员国表示愿同其他国际和地区机构相互协作，呼吁国际安全援助部队在禁毒领域同上合组织成员国开展合作"。①

上海合作组织框架内打击恐怖主义、分裂主义和极端主义的合作不断巩固，地区反恐怖机构在反恐合作的作用进一步加强。针对阿富汗毒品生产和走私规模日益扩大的现实，上海合作组织积极推动联合国安理会将打击阿富汗毒品生产和走私问题纳入国际安全援助部队的职责范围，同时推动驻阿国际安全援助部队与阿富汗政府、邻近国家及其他有关国家合作，加强上海合作组织—阿富汗联络组的工作，讨论共同打击恐怖主义、非法贩运毒品和有组织犯罪问题。同时促进上海合作组织与有关国家和地区性国际组织的合作，建立广泛的伙伴关系网，应对恐怖主义和毒品威胁。

总而言之，当前中亚地缘格局处于深刻变化之中，上海合作组织在新的形势下面临着一系列新的机遇和挑战，如何更好地抓

---

① 《上海合作组织成员国元首理事会第十次会议宣言》，《人民日报》，2010年6月12日，第3版。

住机遇、化解挑战，这直接关系到上海合作组织的活动空间和发展前景。上海合作组织应该利用自身多边机制的优势，在中亚地缘格局发展演化中发挥建设性作用，从政治、经济和社会治理等方面入手，积极引导中亚地缘格局的稳健发展。

软实力与印度的阿富汗战略[①]

赵国军[*]

内容提要："9·11"事件之后，印度重新恢复其在阿富汗的影响力。但印度对阿富汗的介入与美国及北约的军事介入不同，主要是运用了软实力战略，其具体路径包括文化影响、民主援助和发展外交。印度对阿软实力战略，实质是地缘政治利益竞争，主要是为了与巴基斯坦争夺在阿富汗的影响力。尽管印度的这一战略取得了一定的成效，但也受到了来自巴基斯坦、塔利班以及部分普什图民众的抵制等诸多因素的制约。

塔利班政权倒台以来，阿富汗再次成为大国博弈的重要场所。印度也大举进入阿富汗，维护本国在阿富汗的多重战略利益。然而印度对阿富汗的介入，与美国及北约的军事干预不同，它更多地采用了一种软实力的战略。本文试图对印度在阿富汗的软实力战略的运用成效做一评估。

---

① 本文是作者参与的国家社科基金项目"软实力与中国的和平发展"（课题批准号08BGJ002）的阶段性成果。

* 赵国军，上海社会科学院国际问题研究中心助理研究员，博士；上海社科院世界经济与政治研究院在站博士后。

一、软实力战略是印度在阿富汗的优先选择

约瑟夫·奈认为，软实力是一种能够影响、劝服尤其是吸引他人的能力。在国际事务中，一国拥有软实力意味着可以通过吸引力而非强制力去获得想要的结果。软实力来源主要包括文化、政治价值观以及外交政策。①

以上述关于软实力的界定来衡量，印度是有着丰富软实力资源的国家。首先，印度文化具有多元性和包容性强的特点，它的音乐、舞蹈、美食、时尚设计流行于世界。印度宝莱坞电影风靡南亚、中亚、中东和非洲地区，在伊斯兰世界的影响力远远超过好莱坞，甚至在欧美世界也很受欢迎。阿富汗等中南亚地区历史上都在印度文化的辐射范围之内。其次，印度作为民主国家的声誉也提升了其软实力。印度被西方舆论和政府称赞为“世界上最大的民主国家”。其民主模式主张自由、民主、和平等这些所谓的普世价值观，与西方理念相契合，成为印度软实力的巨大优势。第三，冷战后印度外交政策的调整也在很大程度上增进了其软实力。除了在与巴基斯坦的克什米尔争端等问题上动用军事硬实力手段外，印度追求南亚地区霸权的战略更多地依靠其软实力资源。印度政府向尼泊尔、不丹、孟加拉等周边邻国提供大量

① ［美］约瑟夫·奈：《软实力——世界政坛的成功之道》，东方出版社，2005年5月版，第5—6页。

经济援助来投射其影响力。[①] 2007 年，印度外交部长普拉纳布·慕克吉指出，“印度外交工作面临的挑战是，在当今这个相互依存的世界，如何发挥印度独特的软实力，以保持有利的外部环境，使印度成功地实现它的国家目标”。[②]他认为，如果印度将软硬实力完美地结合在一起，将使印度“成为所在地区乃至整个世界构筑和平、稳定和繁荣的不可或缺的力量”。[③]

印度软实力战略的最近运用，体现在印度的阿富汗战略上。印度以软实力为依托介入阿富汗，主要是因为冷战后吸取了过去的以武力向南亚中小国家施压的历史教训。同时阿富汗复杂的地缘政治结构也让其在派兵一事上多有踌躇。对于历史上多次由于外来列强争夺而饱受战火蹂躏的阿富汗人民来说，任何大国的军事存在都可能被视为侵略。印度决策者对此十分清楚。因此在对阿战略上，印度将软实力而不是军事硬实力置于首要地位。目前为止，印度政府坚持只参加联合国授权的军事行动，只是派遣了少量安全人员到阿富汗帮助培训军警人员。在阿富汗局势愈益恶化的时候，英美等国以印度是阿富汗安全局势的“利益攸关者”为由要求印度考虑军事介入，但印度仍不为所动。[④]印度政府认为，军事打击只能制造出无人区。在阿富汗如果不能赢得人心是

---

① 有学者认为，印度之所以在冷战结束后注重软实力在南亚地区战略中的地位，是因为它在一定程度上吸取了其在南亚地区干预中硬实力未能完全成功的历史教训。在印度与巴基斯坦、斯里兰卡、不丹、尼泊尔等南亚国家的关系史上，印度以军事手段来试图驾驭这些国家，最终损害了它与这些国家的关系。Christian Wagner，“From Hard Power to Soft Power? Ideas，Interaction，Institutions，and Images in India's South Asia Policy”，*South Asian and Comparative Politics* ，No. 26，2005，pp. 1—16.

② Pranab Mukherjee，“The World Today：An Indian Perspective”，Speech at the Inauguration of the New Campus of the Foreign Service Institute，November. 11，2007. http：//indembkwt. org/press/14Nov07. htm.

③ Pranab Mukherjee，“India's Foreign Policy”，Address at CII National Conference 2008，April. 29. http：//indembkwt. org/press/29april08. htm.

④ “NATO Chief for India's greater role in Afghanistan”，*RTT News* ，February 8，2010. http：//www. rttnews. com/ArticleView. aspx? Id=1203336&SMap=1.

不可能取得战争胜利的。[①]正是由于认识到了软实力对于扩大印度在阿富汗的影响力的重要性，印度政府才不惜花费大量的精力来争夺阿富汗人民的心。[②] 正如沙希·塔鲁尔所指出的那样，尽管印度在阿富汗投入了大量的资金和人力，但软实力才是印度在阿富汗“最大的资产”。[③]

二、印度对阿富汗软实力战略实施途径

印度在阿富汗的软实力战略可以分为三个相互关联的层面：文化影响、民主援助以及发展外交。

（一）文化影响

印度和阿富汗在历史上就曾有密切的文化和政治联系。如今，印度流行文化在对阿软实力战略中扮演着重要角色。除了印度的美食、瑜伽外，要数宝莱坞电影对阿富汗民众的影响最大。在塔利班执政时期，以电影、电视肥皂剧为代表的印度流行文化遭到禁止。塔利班政权倒台后，阿富汗政府重新允许印度影视剧登陆，再次在阿富汗受到普遍欢迎。[④] 据说阿富汗民众可能为了

---

① Medha Bisht, “India's Development Diplomacy: Re-Engaging Afghanistan”, *Peace and Conflict Monitor*, May 5, 2009.

② Royden D'Souza, “India's ‘Heart Winning’ Strategy in Afghanistan”, *News*, March 31, 2009.

③ 塔鲁尔指出，在阿富汗这个对印度构成重要安全威胁的地方，印度在那里最重要的影响力并非来自于军事行动——印度并没有针对阿富汗的军事计划，而是来自于一个简单明了的事实：阿富汗人对于印度电视剧的狂热。Shashi Tharoor, “Hooray for Bollywood: India's ‘soft power’”, *Taipei Times*, January 7, 2008.

④ 据阿富汗私营托罗电视台（Tolo TV）统计，印度电视肥皂剧《媳妇熬成婆》在阿富汗的观众人数估计达到1000万左右，占全国人口的1/3。Aryn Baker, “Afghanistan Unplugs Bollywood's Siren Song”, *Times*, May 8, 2008.

收看印度电视剧而早早离开朋友的婚礼，甚至缺席重要的宗教活动。阿富汗政府官员更是可以放下手头的公务，在上班时间赶回家中收看印度电视节目。而更为夸张的是，阿富汗政府内阁会议有时竟会因为一些内阁成员收看印度电视剧而被迫延后。[①] 沙希·塔鲁尔在评价印度电视剧“Saas”在阿富汗大受欢迎时指出，“‘Saas’彻底抓住了阿富汗公众的想象力，以至于在这样一个常常把家庭问题隐藏在面纱背后的极端保守的伊斯兰国家，居然会由一部印度电视剧主宰对家庭问题的公众讨论。[②] 他认为，这些事实说明了印度文化才是印度在阿富汗软实力的最大象征。以影视剧为代表的印度流行文化在阿富汗的大受欢迎，表明印度在不少阿富汗人眼中已经成了“讲述动听故事之国”。[③]

印度文化在阿富汗广泛传播的背后，是印度政府对利用其文化软实力对阿富汗施加影响的高度重视。2001 年塔利班政权倒台不久，印度外长贾斯旺·辛格（Jaswant Singh）飞赴喀布尔向阿临时政府表示祝贺。随机带去的不是食品、药物或武器，而是满载宝莱坞电影光盘和音乐唱片，作为援助物资发放给民众，结果被阿富汗民众一分而光。[④]

印度政府还通过建立文化交流机构来促进印度文化在阿富汗的传播。早在 20 世纪 50 年代，印度政府就成立了印度文化交流

---

① Sanjay Kapoor，“Why India Lost the Afghan Plot”，http：//www. hardnews-media. com/2010/03/3501.

② 该剧是阿富汗有史以来最受欢迎的电视剧，收视率高达 90%。据称这部电视剧直接导致发电机的销量大增，甚至致使许多阿富汗人缺席与播出时间相冲突的宗教仪式。Shashi Tharoor，“Hooray for Bollywood：India's ‘Soft Power’”，*Taipei Times*，January 7，2008；哈希·塔鲁尔：“印度的宝莱坞实力”，《今日印度》，2008 年第 2 期，第 36 页。

③ Shashi Tharoor，“Hooray for Bollywood：India's ‘Soft Power’”，*Taipei Times*，January 7，2008.

④ Jehangir Pocha，“The Rising ‘Soft Power’ of India and China”，*New Perspectives Quarterly*，Vol. 20，Winter 2003，p. 9.

协会，通过文化促进与交流来拓展印度的影响力。2007 年，印度在阿富汗首都喀布尔建立了印度文化中心（ICC），以加强两国之间的文化交往。印度每年还为 1000 名阿富汗学生提供到印度接受高等教育的机会，其中包括向 500 位在印度工程技术学院学习的阿富汗学生提供奖学金。这些留学生学成后带回阿富汗的不仅是先进的技术，更重要的是他们所接受的印度文化与价值观。如今阿富汗政府上层许多人都曾留学印度，对印度很有亲近感。阿富汗现总统卡尔扎伊就曾经在印度的大学里接受过教育。

印度文化的吸引力对于印阿两国关系有很大的促进作用。印度前总理尼赫鲁认为，共同的历史记忆、相互利益等众多因素，是印阿关系得以越走越近且日久弥新的重要原因。[①] “如今，由于两国之间密切的文化联系，印度成为阿富汗年轻人追随的榜样。”[②] 2010 年 8 月，阿富汗外长拉苏尔访问印度，两国外长在共同声明中强调，印阿战略伙伴关系是建立在两国共生的文化与历史联系之上的。[③]

（二）民主援助

印度政府对于自身的民主模式很自信。冷战期间，印度在国际交往中并不突出民主因素，在某些重要的问题上甚至与西方民主国家相对立。现在，印度在对外交往中日益强调印度国家的民

---

① Fahmida Ashraf，“India - Afghanistan Relations：Post－9/11”，http：//catalogo. casd. difesa. it/GEIDEFile/INDIA%C3%90AFGHANISTAN _ RELATIONS _ POST－9－11. HTM? Archive＝191494691967&File＝INDIA%ADAFGHANISTAN＋RELATIONS＋POST－9－11 _ HTM.

② Haroun Mir，“Indian‘Idol’in Afghanistan”，http：//www. thehindubusinessline. com/life/2007/03/16/stories/2007031600180100. htm.

③ Joint Statement During Visit of FM of Afghanistan，印度外交部网站：http：//www. mfa. gov. af/detail. asp? Lang＝e&Cat＝1&ContID＝1139。

主属性。[1] 2000 年，印度成为所谓的“民主同盟”的一员，是联合国民主基金会的第二大捐助国。印度对阿富汗的民主援助计划是“美印全球民主倡议”（U. S-India Global Democracy Initiative，GDI）的一部分。印度在推动阿富汗的民主进程中扮演了如下角色：

（1）表达印度政府对阿富汗民主化进程的强烈支持

印度政府认为，一个民主的阿富汗对于印度来说具有多种意义。“民主”的阿富汗由于意识形态的原因会与“民主”的印度更有亲近感，与巴基斯坦政权则会更加疏远。阿富汗的民主进程还有利于防止塔利班卷土重来，降低恐怖分子对印度的威胁。因此，印度大力支持阿富汗的民主进程。2008 年 7 月，印度总理辛格表示，印度坚信和支持阿富汗为了成为民主、稳定、繁荣和多元政体的国家而努力。[2] 2009 年 7 月 27 日，印度总理辛格会见了阿富汗外长斯潘塔，表示印度支持阿富汗人民想要建立一个和平、繁荣、民主和多元政体国家的愿望，并希望阿富汗随后举行的大选能推进阿富汗的民主化进程。2009 年 11 月，印度在与欧盟举行峰会后发表共同声明，表示坚定支持阿富汗的独立自主、民主和多元化进程。

由印度政府出资 1.25 亿美元援建，被称为“阿富汗民主心脏”的阿富汗国会大厦，是印度支持阿富汗走向民主的象征。该大厦布局仿照印度国会的模式，分为上下两院。建成后，下议院的席位将从现在的 249 个增加到 360 个，上议院席位从 102 个增加到 120 个。印度不仅帮助阿富汗人重建国会大厦，还帮助阿富汗培训自己的国会议员。

（2）协助阿富汗的选举活动

---

① Rajendra K. Jain，“The European Union and Democracy Building in South Asia”，http：//www.idea.int/resources/analysis/upload/Jain_paper5.pdf，p. 3.

② “印度向阿富汗增加 4.5 亿美元援助”，中国驻印大使馆经济商务参赞处网站，http：//in.mofcom.gov.cn/aarticle/jmxw/200808/20080805710376.html。

印度认为本国可以利用长达半个多世纪的民主实践累积的经验为阿富汗民主提供技术层面的指导帮助，包括从地方到全国各个层次的组织和监督大选的经验。印度驻阿富汗大使维韦克·卡特朱（Vivek Katju）指出，“作为世界上有着自由和公正选举记录的最大的民主国家，印度很乐意与阿富汗分享其在民主选举方面的经验。印度愿意与阿富汗选举管理团（JEMB）合作，帮助阿富汗人民实现其根据宪法实现民主选举的愿望”。[①]

2004年9月，印度总理辛格与阿富汗总统卡尔扎伊在纽约参加联合国大会期间举行会晤。卡尔扎伊希望与印度继续在包括国家制度建设在内的各个领域进行合作，辛格则承诺向阿富汗总统大选继续提供援助。为此，印度陆续派出多名专家到阿富汗协助开展选举工作。例如，印度选举委员会的法律顾问库玛·门迪拉塔（Surinder Kumar Mendiratta）成为阿富汗联合选举管理机构的国际成员。该委员会另一顾问拉奥（K. J. Rao）则被任命为联合国阿富汗援助团下属的选举调查和执行官员。[②] 印度还向阿富汗提供选举所需要的人员培训和物质设施。在2004年阿富汗大选前，印度向阿方提供了5万只专用墨水笔，防止选民通过反复投票来作弊。[③] 此外，印度政府也认为促进阿富汗媒体自由对于阿富汗的选举民主至关重要，提供专门资金对媒体予以扶持。印度的这些举措可以在一定程度上消除那些认为印度只关心其在阿富汗的经济战略利益，而不愿与西方一道在阿富汗促

---

① “India Gives 50000 Marker Pens for Afghan Poll”，http：//www. tribuneindia. com/2004/20040915/world. htm#6.

② “Officers of the Election Commission of India on UN Mission”，*Election in India*，Vol. I，No. 3，2004.

③ “India Gives 50000 Marker Pens for Afghan Poll”，http：//www. tribuneindia. com/2004/20040915/world. htm#6.

进民主的疑虑。[①]

(3) 印度将重点放在增强阿富汗的治理能力尤其是地方治理能力上

印度学者沙玛（Sharma）认为，印度对阿富汗的援助重点应是增强阿政府治理能力。[②] 印度政府也将其援助计划集中在培训阿富汗警察部队和司法人员等方面，以加强阿富汗政府的执政能力。在反腐败方面，帮助阿富汗成立类似印度的中央反腐败委员会。[③] 为增加阿富汗治理的透明度，印度还对阿富汗人的审计、监督等能力进行培训。[④] 印度还向阿富汗推销农村就业保障体系。

在实践中，印度着重向阿富汗推荐在本国运作良好的两种基层治理制度：一是印度特色的村民自治制度——“潘查亚特”制度（Panchyati Raj system，也叫评议会制度），即由直接选举产生的农村地区各方面的代表组成的会议组织，它是印度农村基层民主的主要表现形式；[⑤] 二是“人民法庭”制度（Lok Adalats or People's Courts）。通过调解的途径处理财产等案件，既提高效率，又节省诉讼费。印度希望通过阿富汗分享在印度广泛实施的这些草根治理经验，赢得阿富汗民众的信任并增强阿富汗民众的

---

① 该保障体系保证农村家庭中有一位成年人在一年中有 100 天的就业，从事那些不需要熟练技术的公共工作，并领取最低工资。“India: A New Partner in Democracy Promotion?”，http://www.die-gdi.de/CMS-Homepage/openwebcms3.nsf/（ynDK_contentByKey）/ANES－825GSY/$FILE/BP%203.2010.pdf.

② “Indo-Afghan Relations on the Crossroads”，http://www.ipcs.org/pdf_file/press_release/raghav.pdf.

③ Raghav Sharma，“India & Afghanistan: Charting the Future”，http://casi.sas.upenn.edu/system/files/Related＋Resource＋－＋SR69－Final.pdf.

④ Kenneth Katzman，“Afghanistan: Post-Taliban Governance，Security，and U.S. Policy”，July 21，2010，CRS Report for Congress.

⑤ 印度宪法认为可以通过潘查亚特制度来实现直接民主，以适应甘地自由运动之传统。维贾·普拉沙德：“印共（马）胜利之路：坚持社会主义的基本原则”，《国外理论动态》，2006 年第 9 期。

信心。[①]

2008年5月，印度村务委员会事务和东北部地区发展部长艾耶尔（Mani Shankar Aiyar）访问阿富汗，印阿双方签署谅解备忘录，成立印度—阿富汗地方治理共同工作组。艾耶尔和阿富汗地方治理独立委员会总干事博帕尔（Jelani Popal）举行会谈，探讨在印度地方治理机构“潘查亚特”与阿富汗地方治理独立委员会之间的合作问题。印度承诺派遣专家赴阿富汗进行相关指导，加强阿富汗地方政府代表和印度地方机构“潘查亚特”之间的联系。[②] 印度还协助阿地区自治独立理事会建立地方治理机构。

印度在阿富汗的这些民主经验推广也得到阿富汗政府的认可。卡尔扎伊总统对于印度的民主模式更是青睐有加。他认为，印度民主的成功向发展中世界表明，“民主并不是西方先进国家的专利，东方文化传统的国家也能产生出民主政治的成功范例”。[③]

（三）发展外交

印度软实力战略的第三个路径是所谓的“发展外交”（develop diplomacy），即通过大规模参与阿富汗的战后重建，来增进印度在阿富汗的影响力。[④] “发展外交”不仅促进了阿富汗的经济复苏和社会稳定，还使印度与其他对阿援助国建立起了合作

① “Indo-Afghan Relations on the Crossroads”, http://www.ipcs.org/pdf_file/press_release/raghav.pdf.

② “India To Help Afghanistan Set Up Local Government Agencies”, *Thaindian News*, May 19, 2008.

③ “India Will Work towards Strengthening Democracy in Afghanistan: PM”, *Rediff*, August 30, 2005.

④ Medha Bisht, “India's Development Diplomacy: Re-Engaging Afghanistan”, *Peace and Conflict Monitor*, May 5, 2009.

框架内的持久联系。[1]

据统计，截止到2010年9月，印度对阿富汗的各项援助总额累积已达13亿美元。[2] 印度已成为阿富汗第五大外援国。印度对阿富汗的发展援助主要体现在基础设施建设方面，包括道路、电力，特别是医院、学校等民生领域，包括从阿富汗赫拉特省的德拉拉姆市一直延伸到伊朗扎拉吉市的国际公路、耗资上亿美元的萨拉姆水电站以及造价7500万美元的阿富汗国会大厦。有大约4000名印度工人在阿富汗从事援建工作。

除了自身加大援助力度外，印度还积极呼吁其他国家加大对阿富汗援助力度。2006年11月18日和19日，印度主办了以援助阿富汗为主要议题的第二届地区经济合作会议，印度总理辛格呼吁加快地区经济合作帮助阿富汗重建。印度还提议主持召开一次以监督和协调各国在阿重建行动为主题的联合监督局会议。

经济援助本身是经济硬实力的体现，但其产生的则是软实力效果。印度这些援助加强了阿富汗人关于印度是“民事大国”（Civilian Power）而不是“军事大国”（Military Power）的印象。此外，人道主义援助也是印度“发展外交”的重要方面，包括向阿富汗提供食品和医疗卫生救助等。早在2001年，塔利班政权刚刚倒台不久，印度就在阿富汗援建了英地拉·甘地儿童医院。

印度对阿重建援助有几个特点。

一是“海外发展援助”由政府主导，对阿富汗的援助由印度外交部具体负责。与美国以及其他西方国家不同，印度的重建项

---

① Subhash Agrawal，“Emerging Donors in International Development Assistance：The India Case”，http：//www. idrc. ca/uploads/user－S/12441474461Case _ of _ India. pdf.

② “India has Direct Interest in Afghanistan：Foreign Sec”，September 21，2010. http：//www. international. to/index. php? option＝com _ content&view＝article&id＝745：india-has-direct-interest-in-afghanistan-foreign-sec-&catid ＝ 67：internationalto-india&Itemid＝100.

目不转包给私人承包商。[①]

二是印度注重与阿富汗政府的协商，所有的援建工程都是与阿富汗政府协商之后进行的。

三是印度的重建计划尽量与阿富汗的国家发展战略一致，而且将其重心放在促进地方发展之上。

四是如前所述，将重建援助与民主援助紧密联系，例如援建阿富汗议会大厦。[②] 印度政府认为，在重建项目中加大民主援助的相关性，既能实现印度在阿富汗的经济与战略利益，又能满足国际社会对印度参与阿富汗民主建设的期待。[③]

三、印度对阿富汗软实力战略效果

印度对阿富汗的软实力战略成功地建立了与阿富汗卡尔扎伊政权的良好关系。如今，阿富汗政府内的政治精英大多持亲印度的立场，印阿之间还建立了“战略伙伴”关系。阿富汗也将印度视为阿巴关系中制衡巴基斯坦的力量。正如汤姆·彼得（Tom A. Peter）所指出的那样，“对于像印度这样的并非是阿富汗反恐战争正式盟友的国家来说，软实力已经被证明是投射其在阿富汗影响力的最有效的手段”。[④]

以印度在阿富汗的“发展外交”为例。就“赢得阿富汗的人心”而言，印度无疑成效显著，甚至连美国也无法与之相比。截

---

① Raghav Sharma，“India & Afghanistan：Charting the Future”，http：//casi.sas.upenn.edu/system/files/Related＋Resource＋－＋SR69－Final.pdf.

② “India：A New Partner in Democracy Promotion?”，*Briefing Paper*，German Development Institute，March 2003，p. 3.

③ Ibid.

④ Tom A. Peter，“India Outdoes U.S. Aid Efforts in Afghanistan”，*Global Post*，September 9，2010.

止到2009年，美国在阿富汗的援助投入不下500亿美元，远远高于印度的援助金额，但是印度的“发展外交”却显得事半功倍。阿富汗赫拉特省（Heart）水资源管理负责人扎克里（Fisal Ahmed Zakeri）认为，印度在执行对阿富汗的援助项目方面，要比美国好得多。[①] 美国亚洲基金会2006年发布的一份基于阿富汗人的调查报告也证实了这一点。[②] 此外，国际红十字会对印度参与阿富汗的重建工作也给予了很高的评价。[③] 美国“战略与国际问题研究中心”的一篇分析认为，印度对阿富汗的重建主要集中在道路等基础设施上，这在阿富汗当地民众中产生了积极的影响，无形中起到了增强印度软实力的作用。[④] 即使是巴基斯坦著名的政治分析人士拉什迪（Ahmed Rashid）也不得不承认，“印度的重建战略是为了赢得阿富汗社会各个部门，在阿富汗人心目中树立起印度的良好形象，获得最大限度的政治上的好处，这当然削弱了巴基斯坦的影响”。[⑤]

民意调查同样显示，印度在阿富汗民众中的形象要远远好于巴基斯坦。2010年1月，英国广播公司（BBC）和美国广播公

---

① Tom A. Peter, “India Outdoes U. S. Aid Efforts in Afghanistan”, *Global Post*, September 9, 2010.

② 该调查的问题是“你认为哪一个国家是阿富汗最大的外来援助国?”，选择印度的人占了6%，仅排在美国、日本和德国之后，列第四位，而选择巴基斯坦的仅有1%。在回答“哪个国家对你所在地区提供了援助?”，有26%的阿富汗人选择了印度在德、日之后位居第三，高于美国（21%），远高于巴基斯坦（6%）。“Afghanistan in 2006—The Asia Foundation”，http：//asiafoundation. org/pdf/AG-survey06. pdf.

③ U. S.-India GDI, “Model Case: Indian Efforts in Afghanistan”, http://ishare. rediff. com/video/entertainment/international-red-cross-praises-indian-efforts-in-afghanistan/794297.

④ Raja Karthikeya Gundu and Teresita C. Schaffer, “India and Pakistan in Afghanistan: Hostile Sports”, April 3, 2008. http://www. csis. org/media/csis/pubs/sam117. pdf.

⑤ Soutik Biswas, “India: Afghanistan's Influential Ally”, http://news. bbc. co. uk/2/hi/south _ asia/7492982. htm.

司（ABC）等联合进行的民意调查显示，印度是最受阿富汗人欢迎的国家，而巴基斯坦则受到了排斥。接受调查的1500名阿富汗人中高达70%的人赞成印度在阿富汗发挥全面的作用。形成鲜明对比的是，赞成巴基斯坦发挥作用的仅有2%。[①]

但是对于印度的软实力战略的成效也要一分为二地看待，否则会过分夸大其影响。印度不少舆论认为，印度在阿富汗的软实力战略是重大的胜利。有评论分析指出，印度在阿富汗的软实力存在之所以比西方大国的军事硬实力更加有效，更能让恐怖组织担忧，是因为印度的软实力外交“打动了这个国家各个社会阶层的普通人的心，提高了阿富汗人对摆脱贫困的前景的期望”。[②]实际上这些评价有夸大其词的成分。事实上，印度的形象在阿富汗不同民众和政治势力眼中的受欢迎程度存在很大的差别。客观而论，印度软实力在阿富汗发挥作用的地方，主要还是局限在阿富汗北部靠近首都喀布尔的一些地区。这些地区的状况已经有所改善。但是在普什图人占多数的南部、东南部地区，情况仍然糟糕。当地居民对于西方民主的输出并不认同。在地理分布上，普什图人主要分布在东南部、南部以及巴基斯坦与阿富汗接壤的边境地区。北部地区包括首都喀布尔主要是塔吉克等其他非普什图民族的地盘。北部地区的民众接受外界信息主要依靠收音机和电视，因此他们受到来自印度电视电影等流行文化的辐射大些，而对于南部地区的普什图民众来说，其所受到的传统价值观教育主要来自家庭、部族长老、伊斯兰宗教信仰。这些地区对于印度流行文化所承载的世俗价值观的抵制力度要大得多。亚洲基金会2006年针对阿富汗人的一份问卷调查显示，尽管美国在阿富汗

---

① “Afghan Poll Shows India Most Favoured, Pakistan Unpopular”, http://www.defence.pk/forums/world-affairs/44835－afghan-poll-shows-india-most-favoured-pakistan-unpopular.html.

② Pallab Bhattacharya, “India’s Afghan Engagement”, July 21, 2008. http://www.jansamachar.net/display.php3? id=&num=13205&lang=English.

推行了西方式民主，仍有多达三分之一的阿富汗人认为民主与宗教信仰互不相容。超过五分之三的阿富汗人认为政府的决策应当征询宗教领袖的意见。[①]

四、印度对阿富汗软实力战略的实质

尽管印度在阿富汗重建中投入了大量的资源，但显然并非完全是出于利他的动机，如印度与阿富汗很深的历史联系、促进阿富汗民主以及提升阿富汗人民的福利等。[②]曾在美国国际发展署工作的学者卡特莱特（Jan Cartwright）指出，“如果认为印度对阿富汗的援助纯粹是被民主理想主义驱动显然是不正确的”。[③]印度之所以这样做，完全是出于实现其在阿战略利益的考虑。位于喀布尔的“阿富汗分析家网络”（Afghanistan Analysts Network）的资深人士凯特·克拉克（Kate Clark）指出，像印度这样的阿富汗邻国总是宣称“（介入阿富汗）是出于人道主义目的”，“但是它们在阿富汗有非常明确的战略利益”。[④]这些战略利益包括民主、稳定的阿富汗能够降低伊斯兰恐怖主义对印度特别是印控克什米尔的威胁，以及支持卡尔扎伊政权持续执政，防止塔利班卷土重来等。此外，阿富汗也是印度这个能源需求大国连接石油天然气资源异常丰富的中亚地区的重

① “Afghanistan in 2006－The Asia Foundation”，http：//asiafoundation. org/pdf/AG-survey06. pdf.

② “Why is India Interested in Afghanistan?”，http：//pragmatic. nationalinterest. in/2010/03/09/why-is-india-interested-in-afghanistan/.

③ Jan Cartwright，“India's Regional and International Support for Democracy：Rhetoric or Reality?”，*Asian Survey*，May/June 2009，Vol. 49，No. 3，p. 409.

④ Tom A. Peter，“India Outdoes U. S. Aid Efforts in Afghanistan”，*Global Post*，September 9，2010.

要战略通道。

但印度在阿富汗最重大的战略利益却是遏制巴基斯坦。印度的阿富汗软实力战略是其南亚地区霸权战略的重要组成部分。由于存在克什米尔领土争端，印度地区霸权战略实现的最大障碍来自巴基斯坦，因此遏制巴基斯坦符合印度的利益。如今，“在很多方面阿富汗已经取代克什米尔成为印巴之间长久未能解决的争端的主要领域”。①

印巴两国在阿富汗出现了战略利益冲突。对于巴基斯坦来说，由于国土狭长，阿富汗可以成为抵御印度威胁的“战略纵深”，因此它一直担心在其北部出现一个亲印度的阿富汗政权。对于印度来说，“印度的阿富汗政策是其对巴政策的一部分”。②一个亲印的喀布尔政权刚好是削弱巴基斯坦“战略纵深”的关键。③凯特·克拉克认为印度在阿富汗的利益就是遏制巴基斯坦这个“长期的敌人”在阿富汗获得过多的影响力。因此，印度在阿富汗的介入，无论采取何种形式，实质上都是在与巴基斯坦进行“代理人战争”，其目的都是为了与巴争夺对阿富汗的影响力。印度政府对阿富汗的支持被巴基斯坦视为“战略包围”。④

---

① Barnett R. Rubin，Ahmed Rashid， “From Great Game to Grand Bargain”，*Foreign Affairs*，November/December 2008.

② Harsh V. Pant，“Solving Afghanistan：Elephant in the Room is Indo-Pakistan Rivalry”，*Yale Global*，February 1，2010.

③ 印度全力支持反塔利班的北方联盟，主要目的也是为了培植一个亲印度的阿富汗政权。早在 2002 年 11 月，印度退役将军 Major General Ashok K. Mehta 就指出，印度最关键的外交议程之一就是确保在阿富汗出现一个亲印度的政权，遏制塔利班武装分子向印控克什米尔地区渗透。Ashok K. Mehta，“The Fall of Badakshan Must Be Prevented at All Cost”，http：//www. rediff. com/news/2000/nov/10ashok. htm.

④ Barnett R. Rubin and Ahmed Rashid， “From Great Game to Grand Bargain：Ending Chaos in Afghanistan”，*Foreign Affairs*，November/December 2008.

五、印度对阿富汗软实力战略的制约因素

正如约瑟夫·奈所说，软实力的成效在很大程度上取决于它的接受对象，“任何力量资源的效用都取决于它的背景环境”。[①]尽管印度在阿富汗的软实力战略取得了一定的成效，但实际上印度在阿富汗仍面临着巨大的压力。[②]印度对阿软实力战略受到的主要制约因素如下：

首先，这一战略会受到普什图部落区民众和塔利班武装的抵制。阿富汗是一个伊斯兰教为国教的国度，这一基本事实决定了印度文化价值观在阿富汗必定会遇到强大的保守势力的阻挠。特别是在普什图地区，穆斯林民众并不认同以印度教为内核的印度宗教文化，也不太可能接受印度输出的西方式民主制度。

印度电视剧由于其世俗化的内容，贴近现实家庭生活而受到阿富汗普通民众的欢迎，但却触犯了宗教和文化保守派的利益。这些人认为印度电视剧的内容是“反伊斯兰”的，并且腐蚀了阿富汗文化，让不少阿富汗年轻人沉溺于电视剧中“虚拟的繁华景象”，逃避现实，也不去清真寺祈祷。阿富汗保守势力更是对影视剧中过多的裸露肌肤的内容、宣扬经济独立的现代女性以及那些反映现代婚姻家庭矛盾的东西非常不满，认为这些节目“已经改变了阿富汗妇女和儿童的行为，我们不需要它们。所有的穆斯林都知道这些东西是为伊斯兰所不允许的”。[③]因此，当印度影视

---

① ［美］约瑟夫·奈：《软力量——世界政坛的成功之道》，东方出版社，2005年版，第12页。

② Kanchan Lakshman，“India in Afghanistan：A Presence Under Pressure”，http：//www. opendemocracy. net/article/india-in-afghanistan-a-presence-under-pressure.

③ “Indian Soap Operas Stir Outrage in Afghanistan”，The *Hindustan Times*，April 17，2008.

剧在阿热播之时，阿富汗宗教保守组织“阿富汗伊斯兰教长委员会”强烈要求阿富汗文化部停播“有损道德”的印度电视节目。卡尔扎伊政府在压力下被迫撤换作风开明的文化、旅游与青年部长拉辛，代之以保守派的古拉姆。由于阿富汗私营的托罗电视台现场直播的印度颁奖晚会中出现男女共舞的场面，严重触犯阿社会的禁忌，引起阿富汗国会严厉谴责，阿议会还通过了一项法令，禁播数部宝莱坞电视剧，认为它们是“不道德”和“反伊斯兰教”的，是对阿富汗文化的威胁。[①] 2008 年 4 月，古拉姆下令禁止五部印度电视剧在阿播出。

此外，塔利班势力更加坚决阻止印度电视剧在其掌控地区的播出。2008 年 5 月，塔利班禁止阿富汗洛加尔省（Logar）的民众收看电视，理由是电视频道播放的内容是“非伊斯兰”和“反阿富汗文化”的。[②]塔利班对于印度在阿富汗越来越上升的影响力的抵制不只是抗议和威胁，而是多次针对印度在阿富汗的利益发动袭击。其中最严重的一次是 2008 年 7 月 7 日，印度驻阿富汗大使馆遭到恐怖袭击，造成数十人伤亡。

对于印度模式的西方民主在阿富汗的受欢迎程度，同样也不能过度夸大。不少阿富汗民众对于阿“民主”现状颇有怨言，认为西方为喀布尔制定政策，卡尔扎伊只不过是美国人的傀儡。[③]阿富汗民主仍很脆弱，治理能力低下，官员腐败盛行。作为阿富汗战后重建“成功”的象征，阿富汗议会 1/3 的席位被那些有着军阀、侵犯人权以及走私毒品背景的人占据。这些人把持议会，破坏了阿富汗民主的基础，对阿富汗的民主政治发展极为

---

① Aryn Baker，“Afghanistan Unplugs Bollywood's Siren Song”，*Times*，May 8，2008.

② “Taliban Bans TV in Afghanistan，Says It is UnIslamic”，*The Indian Express*，May 13，2008.

③ Samuel Chan，“Breaking the Impasse in Afghanistan：Problems with Neighbors，Brothers and Guests”，*China and Eurasia Forum Quarterly*，Vol. 6，No. 4，2008，p. 116.

不利。[1]加拿大“阿富汗进步中心”的拉西米（Roohullah Rahimi）指出，大多数阿富汗人的期待是：“阿富汗必须被理解为一个欠发达的保守的伊斯兰国家。由划分成各个部分的异质部落集团组成。塔利班的多数主张和大多数阿富汗人的文化信念并无区别。因此，期望在很短的时间内从阿富汗这片原生的土地上建立温和的世俗秩序是非常愚蠢的。”[2]来自喀布尔北部的凯尔村（Asad Khyl）的萨利赫（Haji Abdullah Saleh）的看法很有代表性：“美国式民主不会在阿富汗起作用。……，我们的民主必须由我们自己来塑造，而非任何外来者。”[3]

上述事实说明了印度软实力在阿富汗的影响力的局限性。印度的阿富汗软实力战略忽视了阿富汗普什图人传统的价值观及其依附的部族社会结构。印度国内就有不少人要求修正印度的阿富汗政策，认为印度忽视普什图人而只注重与北方联盟打交道。2010 年 6 月，印度智库“印度研究小组”（India Research Group）也发布报告指出，阿富汗普什图人感觉受到了印度的疏远和冷落，建议印度采取一系列措施去改变普什图人的这种认知，以“赢回普什图人的感情”。[4]

其次，来自巴基斯坦的反弹。如前所述，印度在阿富汗的软实力战略服务于其南亚霸权的目的。[5]印度学者哈西·潘特认为，

---

① Samuel Chan, “Breaking the Impasse in Afghanistan: Problems with Neighbors, Brothers and Guests”, *China and Eurasia Forum Quarterly*, Vol. 6, No. 4, 2008, pp. 114—115.

② Ibid., p. 117.

③ Ibid., p. 116.

④ “India's Strategy in Afghanistan: A Farewell to Dilemmas”, http://www.defenceforum.in/forum/south-asia-asean-fareast/11486.htm.

⑤ 有学者认为，印度在南亚奉行的仍是地区霸权战略，只不过从 20 世纪 80 年代的恶意霸权（malign hegemon）向善意霸权（benign hegemon）转变而已。Christian Wagner, “From Hard Power to Soft Power? Ideas, Interaction, Institutions, and Images in India's South Asia Policy”, *South Asian and Comparative Politics*, No. 26, 2005, p. 2.

“印度政府认为不能让巴基斯坦政府涉足阿富汗问题，他们很看重这点。……，印度希望确保巴基斯坦最小程度地介入阿富汗问题，同时还希望如塔利班一类的原教旨主义政权再也不会扎根”。[①]对于印度这种遏制巴基斯坦的动机，显然会引起巴方的强烈不满。巴不能坚决地斩断与塔利班等组织的关系，很大程度上就是担忧印度对阿富汗的影响威胁到了自身的安全。巴基斯坦主流舆论指责印度对阿富汗的援助被用于反对巴基斯坦，认为印度驻阿富汗各处领事馆是为印度情报部门对抗巴基斯坦做掩护的据点。[②]一些激进的巴方批评者甚至认为印度在阿富汗的行动是新帝国主义的重现。[③]巴方在阿富汗问题上已经划下了红线，那就是印度在阿富汗过度的影响是绝不会被接受的，不管这种影响来自硬实力还是软实力。根据美国皮尤研究中心（PEW）2010 年 7 月发布的一份民意调查，大多数巴基斯坦人认为印度是巴基斯坦面临的最大威胁，比例远高于对于塔利班和“基地”组织的担忧。[④]

印度要想在阿富汗问题上绕开巴基斯坦是不现实的。巴阿两国由于其地理上的邻近性，以及两国传统上的文化与经济的联系，阿富汗是巴基斯坦的贸易通道，特别是中亚油气管道最适宜的通道这一事实，都注定了巴基斯坦会千方百计维护自己在阿富汗的利益。印度的阿富汗战略必须承认巴基斯坦在阿富汗的重大

① Harsh V. Pant，“Solving Afghanistan：Elephant in the Room is Indo-Pakistan Rivalry”，*Yale Global*，February 1，2010.

② “US Think Tank Urges India to Tailor Afghan Policy to Pak Situation”，April 10，2008. http：//www. rediff. com/news/2008/apr/10expert. htm.

③ Qadar Bakhsh Baloch & Abdul Hafeez Khan Niazi，“Indian Encroachment in Afghanistan：A New Imperialism in the Making”，http：//www. qurtuba. edu. pk/... /02 _ Indian%20Encroachment%20in%20Afghanistan. pdf.

④ 这份调查显示，53%的巴基斯坦受访者认为印度是巴基斯坦面临的最大威胁。而认为塔利班是威胁的占 23%，仅有 3%的人视“基地”组织为威胁。“Concern About Extremist Threat Slips in Pakistan”，July 29，2010. http：//pewglobal. org/files/pdf/Pew-Global-Attitudes－2010－Pakistan-Report. pdf.

利益。2008年4月，美国智库“战略与国际问题研究中心”发布报告，认为印度在阿富汗的存在引起了巴基斯坦的担忧，呼吁印度调整阿富汗政策以适应阿富汗的局势的新变化。[①]

第三，美印战略分歧的制约。美国需要借助印度的介入来帮助稳定阿富汗的局势，特别是印度的重建援助。打击跨境恐怖袭击符合美印的共同利益，而且印度参与阿富汗的重建，如帮助训练阿富汗国民军和警察等举措符合奥巴马政府多管齐下和寻求国际帮助稳定阿富汗局势的努力，这也是美国积极支持印度参与重建阿富汗的主要原因。为此美国还撤消了因印度核试验而施加的经济制裁。

在阿富汗问题上，美印之间的战略分歧主要体现在如何对待巴基斯坦和塔利班上。印度的软实力战略着眼于遏制巴基斯坦在阿富汗的影响力，美国对此表示担忧，认为这将影响美国与巴基斯坦在反恐上的合作。因为巴基斯坦会将其主要的军事力量部署在东边，以应对它所认为的来自印度的威胁。这样，巴基斯坦打击塔利班的决心和能力都会大打折扣。在美国的阿—巴新战略中，美巴合作被认为是“新战略成败的关键”。美国为此给予巴基斯坦大量资金和武器来加强巴基斯坦安全部队的反恐能力。但印度却担心巴基斯坦将这些来自美国的援助转化为对付印度的能力。[②]美国的底线是印度对阿富汗的介入不能影响到巴美之间在阿富汗反恐战争上的合作。因此，一旦印度在阿富汗的行动过大，引起巴基斯坦的抱怨，美国就会不时地要求印度节制自己的行为。[③]2009年11月，时任驻阿美国最高指挥官的麦克斯泰尔警

---

① “US Think Tank Urges India to Tailor Afghan Policy to Pak Situation”, April 10, 2008. http://www.rediff.com/news/2008/apr/10expert.htm.

② Jayshree Bajoria, “Realigning Pakistan's Security Forces”, http://www.cfr.org/publication/19660/realigning_pakistans_security_forces.html.

③ “US for Smaller India Role in Kabul-Pakistan Pressure to Prune Consulate Footprint”, http://www.defence.pk/forums/strategic-geopolitical-issues/27362-us-smaller-india-role-kabul-pakistan-pressure-prune-consulate-footprint.html.

告印度在阿富汗影响力的上升可能“加剧地区紧张局势”和“激发来自巴基斯坦的反制”。[①]美国驻阿富汗和巴基斯坦副特别代表琼斯·保罗认为，美国欢迎印度在阿富汗的民事投资行动，但这些行动应增加透明度，应统一在联合国的领导之下，特别是不应引起邻国巴基斯坦的误会。[②]

美印战略分歧还体现在如何对待塔利班上。奥巴马政府希望与温和塔利班展开谈判，但印度的软实力战略则坚持认为塔利班无“好坏”之分，奥巴马与塔利班的媾和只会导致塔利班卷土重来，威胁印度特别是其克什米尔地区的安全。2010 年 1 月，在超过 60 个国家参加的伦敦阿富汗问题国际会议上，印度外长克里希纳（Krishna）对其他与会者强调，在这个重要的时刻，“区分好的塔利班和坏的塔利班”或者将阿富汗以前的政治合法化是一件很愚蠢的事。他认为，从印度的角度看，塔利班是由巴基斯坦情报机构扶植起来的，是被利用来对印度发动攻击的工具，因此“根本没有好的塔利班”。如果国际社会给予塔利班一定的合法身份，那么印度面临恐怖袭击的风险就会更大。[③]

最后，印度国内对于这一战略也存在争议。印度媒体和舆论对于“9·11”事件之后印度政府介入阿富汗的战略大多持支持的态度，希望政府在阿富汗重建中扮演重要的角色。[④]目前来看，坚持印度仍应以软实力战略介入阿富汗的仍占据主导地位。他们认为，应从美国和北约部队所面临的困难中吸取教训，担心美国

---

① Ajay Prakash，“Rising Indian Influence in Afghanistan Worries US and Pakistan”，November19，2009. http：//www. wsws. org/articles/2009/nov2009/indi－n19. shtml.

② “US Praises India's Civilian Investment in Afghanistan”，http：//www. pajhwok. com/en/2010/04/30/us-praises-indias-civilian-investment-afghanistan.

③ Kapil Komireddi，“Indian Motion”，*Foreign Policy*，February 4，2010.

④ Raja Karthikeya Gundu，Teresita C. Schaffer，“India and Pakistan in Fghanistan：Hostile Sports”，April3，2008. http：//www. csis. org/media/csis/pubs/sam117. pdf.

可能被迫撤军的前景以及印度军队可能陷入阿富汗泥沼，并且强调“印度所奉行的软实力外交政策大获成功，没有必要做出任何改变”。[①]印度国防部长安东尼2009年10月28日称，印度与美国军事关系虽得到加强，但印度现在和将来都不可能向美军控制的阿富汗和伊拉克派兵。[②]

但在塔利班发动的一系列针对印度在阿人员和利益的袭击之后，印度国内为此展开了激烈争论。[③]强硬派人士批评称印度一再遭受恐怖袭击的事实表明，印度的阿富汗外交没有取得预期的效果，不能仅仅依靠软实力途径去接触阿富汗，要求印度考虑向阿富汗派遣军事力量的声音日渐增多。印度学者哈希·潘特认为，如果印度想要被承认为世界大国，它要做的第一步就是“向在喀布尔发生的袭击作出回应，以更多的军事介入去支持印度在阿富汗的发展和政治存在”。[④]可以预期的是，随着阿富汗局势的发展，印度国内对于这一战略的争议仍会继续存在下去。

---

① Sushant K. Singh，“Indian Presence Essential in Afghanistan”，*Indian National Interest Review（Pragati）*，August 6，2008.

② 新华网，新德里2009年10月28日电。

③ “India's Afghan Policy Requires Rethinking”，http：//www.idsa.in/idsastrategiccomments/IndiasAfghanPolicyRequiresRethinking_PStobdan_191009.

④ Ajay Prakash，“Rising Indian Influence in Afghanistan Worries US and Pakistan”，November19，2009. http：//www.wsws.org/articles/2009/nov2009/indin19.shtml.

东亚地区主义的模式与路径分析

罗 辉*

内容提要：东亚地区主义的理论研究和东亚地区的政治现实复杂性一样，由于历史的原因和大国对抗的现实，东亚地区主义一直在历史的痛苦和未来的设想之间挣扎。本文从地区和地区主义的基本概念出发，讨论东亚地区主义的模式和路径，希望能为东亚地区主义的可能性和可行性分析提供某种思考。东亚地区主义的模式和路径与东亚地区的地缘政治和地区特征紧密相关，而东亚地区主义起步于 20 世纪 90 年代中期，相关研究亦起步较晚，从这个角度而言，对东亚地区主义的模式和路径进行研究存在一定困难。

一、地区和地区主义

美国学者彼得·卡赞斯坦（Peter J. Katzenstein）认为，关

* 罗辉，上海社会科学院亚太研究所助理研究员，博士。

于地区的概念主要来自于三个学科体系的建构[①]：一是地缘政治的自然主义或者叫物质主义的定义；其次是批判地缘政治的理念主义定义；最后是建立在对前两种进行综合的基础之上的行为主义定义。事实上，任何一种定义“地区”的方式都与当时所处的历史环境密切相关。但有一点可以肯定，“地缘具有物质性和象征性两个侧面，它在不同国家集团之间构建了跨问题领域的高度行为相互依存状态”。[②]

中国学者肖欢容和耿协峰对地区概念进行了有意义的综述，认为地区概念存在三大类分析模式[③]：一是拉西特（Bruce Russet）的综合系统分析，此种分析体系认为地区应该至少具备地理相近、文化相似、政治和经济相互依赖等特征；二是坎特里和皮格尔（Cantori and Spiegal）的次体系分析，此种路径强调地区概念是历史的、动态的和复杂的，是多因素共同作用的结果；三是威廉·汤姆逊（William Thompson）的标准化概念，他提出地区的存在需要四个条件：一是行为体形成了某种规制（regularity）和强制性；二是行为体是相邻近或者是靠近的（proximate）；三是行为体内和行为体外都承认有一个共同的“行动舞台”；四是至少存在两个以上的行为体。

显然，学者们对地区这一概念有一定的共识，但是由于研究的角度不同也存在不同的争论，可以肯定的是地理上的相近只是地区概念的基本条件，但不是必要条件；甚至文化上的相近也不是地区的必要条件，地区的核心要件应该是经济利益或者政治利益的共性，地区内部在经济利益和政治利益上的相互依赖及在应

---

① ［美］彼得·卡赞斯坦著，秦亚青、魏玲译：《地区构成的世界：美国帝权中的亚洲和欧洲》，北京大学出版社，2007 年版，第 6—14 页。

② 同上，第 14 页。

③ 肖欢容著：《地区主义：理论的历史演进》，北京广播学院出版社，2003 年版，第 2—8 页。耿协峰著：《新地区主义与亚太地区结构变动》，北京大学出版社，2003 年版，第 18—28 页。

对外部环境压力时所形成的联合才是地区的核心。

关于地区研究的地区主义迄今为止形成了三波高潮，首先是作为国际关系的次领域在 20 世纪 50 年代末，之后是 80 年代末到 90 年代，到目前正在兴起的第三波。[①] 20 世纪 50 年代末的第一波地区主义研究主要来源于三个方面：一是国家以外的新的权力形式在功能上和技术上产生的政治规范性问题；二是美国社会科学的逐步形成，特别是对功能主义共同体的兴趣激发了理想主义的热情；三是西欧地区一体化的出现成为了地区主义研究的试验场。80 年代末和 90 年代的第二波主要是亚洲的崛起和东盟的发展，为地区主义和全球主义都找到了试验基地；而目前的新兴的地区主义浪潮来自于亚洲金融危机和当下的全球金融危机对全球主义的挑战。

地区主义其实是一种地理位置比较接近的国家行为体之间的一种合作安排，这种合作的动力来源于经济利益的最大化和政治风险的最小化。国家间生产要素的自由流动会给贸易双方带来经济增长，但是在面对政治风险时则取决于外部环境的变量，因此政治上的合作安排比较困难。地区合作是否会降低政治风险，这是地区主义面临的问题。

地区化的问题在地区主义理论中没有被系统地研究过，在地区主义者看来，地区化似乎是一个非常自然的过程。地区主义的分析框架主要侧重点在功能和过程，功能主义是从合作的目的出发，认为地区合作有经济、社会和政治安全的功能。功能主义的先驱米特兰尼（David Mitrany）就认为福利需求是功能方法的理论基础，为了解决共同的经济和政治问题，就需要创立地区的

---

① Richard Higgott, “The Theory and Practice of Region: the Changing Global Context”, in Bertrand Fort & Douglas Webber eds., *Regional Integration in East Asia & Europe: Convergence or Divergence?* (London: Routledge, 2006), pp. 18—24.

组织。[①] 从地区主义的过程学派看来，尽管很多人并不承认自己是过程学派，但基本上都认为地区合作是一个从国家间合作到建立地区合作组织，最后实现地区一体化的过程。把功能和过程结合起来就形成了地区化的模型，如图 1 所示：

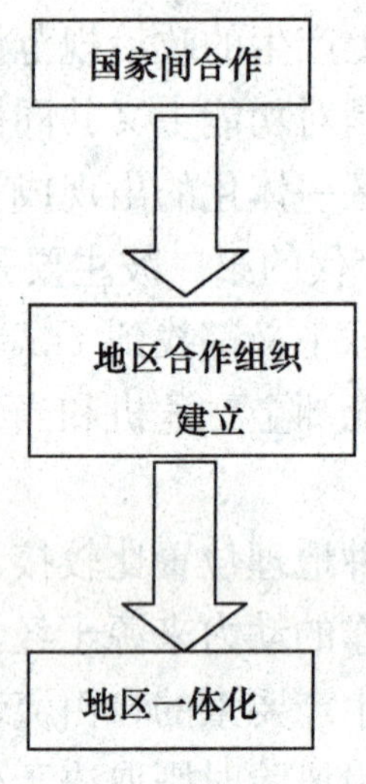

图 1　地区化模型图

区域合作的发起者及在地区化过程中发挥领导作用的国家能否为该地区提供公共物品最为重要。在国家间合作的第一步，尤其是在经济合作起步的开始，地区领导者就应该为合作者提供合作的平台，为进一步建立地区合作组织提供基础。地区一体化最大的难度来源于社会文化的宽容和整合，经济利益的互惠相对是容易的，安全利益共同体虽有难度，但在外部环境恶化时，结盟的可能性会增大，唯有文化的整合非常困难。

---

① David Long & Lucian M. Ashworth, "Working for Peace: the Functional Approach, Functionalism and Beyond", in Lucian M. Ashworth & David Long eds., *New Perspectives on International Functionalism* (New York: Macmillan Press, 1999), p. 4.

二、东亚的地区特征：一体化 VS. “多体化”

东亚这一概念首先是一个“他者”的定义，是欧洲人根据自己的地理和文化标准来定义的。[①] 其次，人们对东亚的认同度较低。由于二战时期日本的“大东亚共荣圈”留给东亚国家和人民的记忆尚在，所以尽管后冷战时期尤其是亚洲金融危机之后东亚被重新提起，但是对于东亚尤其是以日本为领导者的东亚，东亚地区的国家还是警惕防范多于参与。中国的崛起为东亚地区化增加了变数，这个地区从一家独大（日本和日本背后的美国）变成了多头的局面，使得东亚问题成为了热点问题。[②] 进一步动态地考察东亚地区的特征非常必要，如此方能最终认识东亚地区化的可能性，当然中国和美国在东亚的博弈在很大程度上主宰着东亚的未来。

东亚问题之所以复杂，首先因为东亚地理的简单性与复杂性。从地理上看，东亚是简单的，主要是分布在亚洲的东部、太平洋的东部、包含着东南亚和东北亚。中国占据着东亚的核心，北部与东北亚南部与东南亚接壤，但中国不仅是东亚的中心，更是亚洲的中心，它与南亚和中亚有着陆地边界，和东亚国家除了

---

① 张小明：《美国与东亚国际体系的变迁》，载黄大慧主编：《变化中的东亚与美国：东亚的崛起及其秩序建构》，社会科学文献出版社，2010年版，第291页。

② Martin Jacques，*When China Rules the World：The Rise of the Middle Kindom and the End of the Western World*，London：Allen Lane，2009. 对于亚洲新兴崛起国家之间的权力角逐及其对此地区安全和稳定的影响，参见 Braham Chellaney，*Asian Juggernaut：The Rise of China，India and Japan*（New Delhi，India：HarperCollins，2006）；Bill Emmott，*Rivals：How the Power Struggle between India，China and Japan Will Shape Our Next Decade*（London：Harcourt，2008）。

陆地边界之外还有海洋边界。正是在这个意义上，东亚国家的定义变得困难起来。和东亚接壤的还有另外一个大国俄罗斯，俄罗斯是不是东亚国家？蒙古国是不是东亚国家？

其次，从历史上看，东亚经历了一个中心与去中心的过程。东亚的历史在18世纪之前都是以中国为中心的历史，朝贡体系是东亚地区的主导体系。当欧洲文明侵入亚洲，而中国逐渐衰落之后，东亚不再是以中国为中心的地区，而是西方扩张主义之下的“远东”了。二战以后，美国代替欧洲逐渐插手东亚地区的事务。后冷战时期由于中国的崛起和东亚地区的自主意识的加强，东亚正在并已经成为世界上一个重要的中心。经历过不断去中心的东亚事实上已经进入去中心的时代。

第三，从文化上看，东亚文化非常多元。东亚地理的复杂性和历史的悠久带动了东亚文化的多元性，在这个多元文化中没有主导的官方文化。儒教、佛教、基督教和伊斯兰教都在东亚共存共荣，只是不同的国家有着不同的宗教传统。东亚有着像新加坡这样既保留中国文化传统又十分西化的现代国家，也有以信奉伊斯兰教为主的马来西亚和印度尼西亚，还有以信奉基督教为主的菲律宾。而东亚的两个大国，中国和日本虽然一衣带水，但国民性也存在很大差异。① 东亚宗教的多元性给东亚的地区化带来一定挑战，不同于欧洲的是，后者虽然有着不同的文化，但其主导的文化内核还是基督教。文化冲突在欧洲地区主要体现在亚文化的冲突上，而东亚地区的文化多元化会带来政治上的冲突，给东亚的地区化带来极大障碍。

第四，从经济上看，东亚地区经济的差异性。东亚地区经济是全世界最具活力的地区之一，这是由于这个地区经济发展的差异性所导致的，既有发达的日本，也有最不发达的国家如老挝和

① 王志民、熊李力、乔旋、王海滨、檀有志著：《东亚区域经济合作的政治因素及中国的对策》，世界知识出版社，2009年版，第25页。

缅甸。此种差异性给东亚经济带来了活力和动力。二战以来日本的发展带动了“四小龙”的发展，紧接着“四小虎”的启动，之后是20世纪80年代开始的中国经济发展，为这个地区带来了持续的发展动力。因此，东亚地区经济的动态性是这个地区一体化的主要动力，但是它对外部的依赖性尤其是资源的依赖和市场的依赖亦使得地区化也存在障碍。

第五，从政治上看，东亚地区政治的复杂性显而易见。这首先是东亚地区的政治制度多样性所致：这个地区有实行西方民主制度的日本和韩国，有军事独裁制度的缅甸，有极端共产主义的朝鲜，当然也有不断改革进步的中国和越南。这个地区的政治冲突也十分敏感：台湾问题、南海问题、东海问题、柬埔寨和泰国的冲突等都是政治冲突的敏感地区。东亚地区的政治复杂性是这个地区的复杂历史带来的，二战时期日本对邻国的入侵，冷战时期的意识形态对立，后冷战时期的利益重新分配等因素都是政治复杂性的根源。除了内部的复杂性，外部环境尤其是大国的干涉也造成了东亚政治的复杂性。美国、中国、俄罗斯和欧盟在东亚的战略利益的冲突同样影响着东亚的政治变革和军事安全考量。政治的复杂性使得东亚一体化的未来看起来不那么乐观，似乎一体化的东亚只是一个遥不可及的设想而已。

简而言之，东亚地区的这些特征使得东亚地区的合作机制有着和其他地区不一样的特点、过程甚至结果。而中国和美国在东亚扮演的角色直接影响着东亚的未来，两者在东亚地区的博弈对于东亚地区的合作机制的建构也有着直接的影响，这种博弈是动态的、相互的和复杂的演化过程。

三、东亚地区主义模式

东亚的地区主义有着深厚的历史渊源和大国现实政治的影

响。中国在历史上曾经是东亚地区的宗主国并建立了稳定的以朝贡体系为载体的帝国体系，这一体系随着中国的衰落和西方工业国家的入侵而宣告瓦解。而日本在20世纪三四十年代追求的“大东亚共荣圈”则主要以武力侵略为手段，试图实现某种地区主义安排，最后仍然以失败告终，这样的历史遗产也给今天的日本和东亚各国留下了阴影。

讨论东亚地区主义的模式是对东亚地区主义的某种归纳，同时也是与其他地区的地区主义进行的比较研究，因此归纳的方法和比较研究是普遍的模式研究的方式和方法。但是新的模式在不断地产生中，本文归纳出来的模式主要是考尔德（Kent E. Calder）提出的事件推动模式（critical juncture model）[①] 和秦亚青提出的过程导向模式[②]。前种模式是用一种折中的历史方法对东北亚地区主义的归纳，而后种模式是对以东盟主导的东亚地区主义的开放性发展的总结。

事件推动模式又叫关头模式，是一个国内政治学的概念，主要用于解释国内政治的制度建设过程，特别是处于关键决策点上的国家政策和领导人的抉择在决定随后的制度形式和功能上所发挥的重大影响。当国内政治结构和它的运行环境出现不协调甚至冲突时就会产生一定的危机，此时政治制度的运作很难适应社会的变化，并且张力不断增加从而沉淀为更大的危机，求变与维继的矛盾互动就成为政治变化的关键点，即关头。

事件推动模式正是在这个意义上能够很好地解释地区政治发

---

① Kent E. Calder & Min Ye, “Regionalism and Critical Junctures: Explaining the ‘Organization Gap’ in Northeast Asia”, *Journal of East Asian Studies* (Spring 2004), pp. 191—226; Kent E. Calder, “Critical Junctures and the Contours of Northeast Asian Regionalism”, in Kent E. Calder & Francis Fukuyama eds., *East Asian Multilateralism: Prospects for Regional Stability* (Baltimore: The Johns Hopkins University Press, 2008), pp. 15—39.

② 秦亚青：《东亚地区主义：可能性和形式》，载黄大慧主编：《变化中的东亚与美国：东亚的崛起及其秩序建构》，社会科学文献出版社，2010年版，第14—19页。

展的变数及其变化结果。正如我们所知道的，国内政治制度是利益集团、各种社会组织、行政机构甚至个人（领袖）在共同处理危机时的互动结果，因此地区合作也是具有不同利益和资源的国家在解决共同的危机或者填补权力真空时动态互动的结果。事件推动模式具有三个主要特征：一是危机事件使现存的合法性受到质疑和挑战；二是危机事件孕育了对变化的激励，同时需要各方共同行动；三是卷入危机事件各方在解决危机的时间安排上都有压力和紧迫感。[①] 毋庸置疑，领袖在解决危机事件中发挥重要作用，但是在事件推动模式中，有时候未必一定是政治领袖个人，有时候可能是顾问或者社会领袖在制度建构中发挥主导作用。

考尔德很好地解释了在东亚地区政治中，危机事件在地区政治安排中的作用及危机事件推动模型的良好运用。[②] 在东亚地区主义的历史中，两大危机事件推动东亚地区主义的制度安排，一是朝鲜战争（1950—1953 年）导致尚处于萌芽状态的、体现多边主义精神的太平洋协议“流产”，代之以体现双边主义安排的“旧金山体系”；二是亚洲金融危机（1998—2000 年）之后的 3 年时间里发生的 20 余件关键事件，催生了亚洲发展银行、亚太经合组织、东盟地区论坛等一系列制度安排。

过程导向模式和危机事件推动模式不同，过程导向模式更像一个未来导向框架，东亚地区的大国政治和历史斗争使得这个地区的合作安排不能往后看，而要放下历史的负担着眼于未来，唯其如此，东亚的地区合作才具有可能性。正是从这个角度出发，秦亚青得出“东亚地区主义的基本形式是以过程为导向的、由东

---

① Graham Allison & Philip Zelikow, *Essence of Decision* (New York: Longman, 1999).

② Kent E. Calder, “Critical Junctures and the Contours of Northeast Asian Regionalism”, in Kent E. Calder & Francis Fukuyama eds., *East Asian Multilateralism: Prospects for Regional Stability* (Baltimore: The Johns Hopkins University Press, 2008), pp. 15—39.

盟主导的、开放的地区主义”[①] 的结论。

过程导向模式在理论上是一种推演模式，是对东亚地区主义的现实总结和未来展望。过程导向模式认为地区主义是一个从松散的、单向的合作发展过程走向紧密的、综合的合作发展过程。此种逻辑主义的推演极好地解释了地区主义的初级阶段，为地区主义在初期阶段的发展指明方向。但是此种模式的问题在于未来的不确定性使得地区主义的发展结果往往很难预期。

过程导向模式有如下特征，一是开放性，地区主义认为开放性是地区政治不断发展的主要动力的来源。一个封闭的地区不可能产生合作，开放性提供了地区合作的压力和动力。欧盟的发展是和美国及苏联不断互动的结果，而东盟也是不断开放的产物。二是主导性，在地区主义的发展中需要有主导的国家或者国家联盟，并且发起者应该为地区合作提供公共物品才有可能成为主导者。三是功能性，这意味着地区主义的机制建设和安排必须具有某种功能，功能规定了地区主义的发展方向，决定地区主义的未来。

过程导向模式很好地解释了东亚合作的发展的初级阶段和未来发展的可能性，东亚合作的初期和形成的某些制度安排是由于东亚合作的开放性导致的，同时，东亚合作在经济领域的率先展开也是其功能性特征的表现，但是这样的单一的经济功能能否走向多功能的合作机制尚需观察。在过程导向模式看来，东亚地区主义最大的问题是在主导性上的斗争及对历史问题的纠缠不清。

危机事件推动模式和过程导向模式都对解释东亚地区主义有所贡献，危机事件推动模式很好地解释了东亚地区主义的历史，而过程导向模式很好地为东亚地区主义提供了未来的发展方向。事实上，东亚地区主义的发展是一个复杂的演变过程，除了历史

① 秦亚青：《东亚地区主义：可能性和形式》，载黄大慧主编：《变化中的东亚与美国：东亚的崛起及其秩序建构》，社会科学文献出版社，2010年版，第19页。

的沉淀和各种现实力量的推动外，这个系统的演变逐步地从冲突走向合作，从冷战的零和博弈走向动态合作博弈。未来虽然不确定，但是合作已经开始，良好的开端就是成功的一半，这是我们对东亚地区主义的美好期许。

四、东亚地区主义的路径分析

在地区主义的理论中，“只有动因分析，没有过程分析”，[①]这就意味着在地区主义理论中没有路径问题，路径问题就是过程问题。路径分析是出发点到目的地的各种不同的选择，这样的分析在地区主义的理论中是必要的且有意义的。进行动因分析的理论是研究地区化的起点解释，当然也包括了终点的选择，因为任何起点的动因都和目标的选择有关，然而路径分析是决策的优化理论，是地区主义为地区化决策过程中提供具有实践指导意义的理论。

东亚的地区主义是从东盟开始的，而东盟则肇始于冷战时期两个超级大国在亚洲的对峙，这种对峙所造成的直接结果便是形成一些地区或双边军事同盟，而“这些军事同盟并没有给亚洲新兴国家带来安全感”[②]。换言之，东南亚国家联盟的出现是希望联合起来谋求安全共同体，正如有学者所指出的，“如同第三世界其他地方，大国对东南亚地区的干预加剧了地区冲突的国际化和地区竞争，而印度支那半岛是最受影响的地区”。[③]

① 肖欢容著：《地区主义：理论的历史演进》，北京广播学院出版社，2003年版，第18页。

② 同上，第215页。

③ Amitav Acharya, *Regionalism and Multilateralism* (Singapore: Times Academic Press, 2002), p. 126.

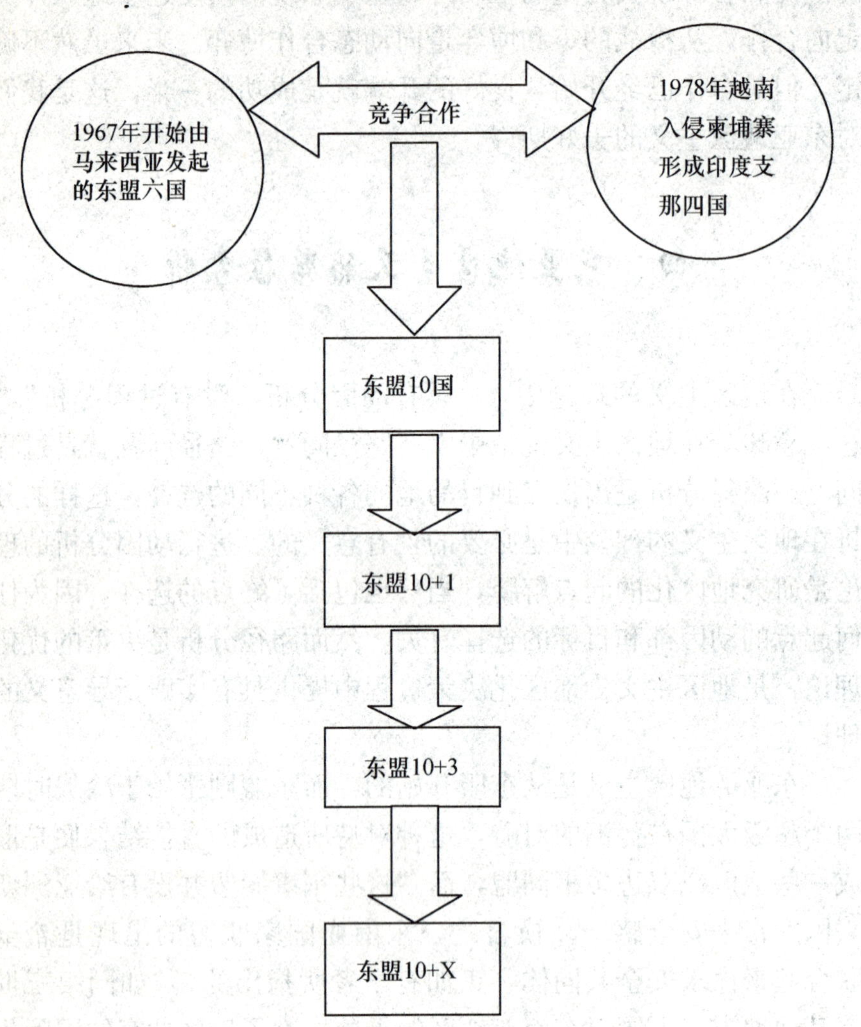

图 2　东亚地区主义的东盟主导路径

东盟起源于 1967 年由马来西亚发起的东盟六国联盟，这个联盟的成立一方面是本文前面提到的大国权力在东南亚出现的真空，另一方面也是防范共产主义在东南亚的扩张。但是随着 20 世纪 70 年代美国在越南战争的失败，及越南开始侵略柬埔寨，试图建立以越南为中心的印度支那联盟，从而形成了东南亚的两个集团的竞争。正如研究东亚地区主义的著名学者阿查亚（Amitav Acharya）所评述的，“东盟—印度支那的竞争扩大了地区秩序的视野。在1976年2月的巴厘岛会议上，东盟提出了一套地区规范来试探印度支那的共产主义国家对于和平共处的态度”，[①]为后来两个集团的合作奠定了基础。

东南亚10国联盟的最终形成使得东亚地区主义有了更大的目标。随着冷战的结束和中国的崛起，东盟开始走出东南亚，图谋成为东亚地区一体化的主导，在大国间寻求某种利益平衡。首先是和中国的对话形成10+1的联盟，之后在中国和日韩之间寻求平衡，形成了10+3联盟，现在东盟正在扩大10+X的联盟模式。

但是东盟主导的东亚地区主义联盟路径最终会形成一个毫无意义的东亚地区主义，大国平衡术不会形成真正的地区联盟。而缺乏为整个地区付出和提供公共物品的主导者，最后只会成为大国政治的牺牲品。同时，东盟本身也只是在经济领域的联盟的成功，在政治领域和军事安全领域还有很长的路要走。东盟国家间的内部矛盾依然存在，恐怖主义、宗教冲突等挑战也给东盟带来困扰，因此希望通过东盟主导的东亚地区一体化的路径的可能性不大。

从东南亚联盟的形成来看，东亚联盟的产生不大可能采用欧盟的国家主导模式和路径，而是要采用国家间或者次区域间竞争模式和路径，因此东亚地区主义的另外一种可能性的路径是成立东北亚联盟来和东盟竞争，从而最终形成东亚地区一体化的目标。

---

① Amitav Acharya, *Regionalism and Multilateralism* (Singapore: Times Academic Press, 2002), p. 128.

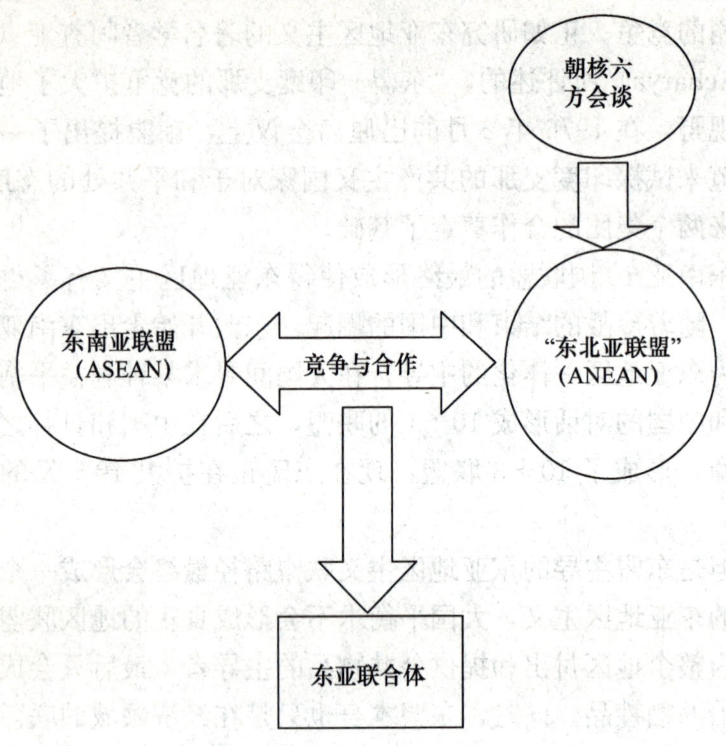

图3　东亚地区主义的竞争合作路径

东南亚联盟已经成立，问题是东北亚联盟能否成立并运作，后者是这条路径的关键。东北亚和东南亚不同之处在于，东北亚从冷战开始到现在一直是大国在亚洲博弈甚至直接对抗的区域，一直是世界政治的热点，这就使得东北亚问题不仅是一个区域问题，也是一个全球性问题，但是这也使得东北亚区域的一体化成为可能，因为只有博弈才会使得合作成为可能。

韩国极有可能成为东北亚国家联盟的发起人，而现在的朝核六方会谈有点东北亚联盟的雏形，一旦朝核问题得到解决，朝鲜半岛的和平以统一或者其他方式得以实现，韩国成为东北亚联盟的发起人将更加可能。韩国的地缘政治现状也非常特殊：一方面它和中国一样有着被日本侵略占领的历史“旧恨”，和日本有着海洋边界争端；但另一方面它和日本都是美国的冷战盟友，只是在美国和中国、俄罗斯的对抗中，承担着不同的角色。韩国这种特殊的政治角色使它有可能成为东北亚联盟的发起人。

朝核六方会谈是一个东北亚联盟的开端，随着朝核问题的解决，六方会谈又可能从一个政治安全产品转化为地区组织。而东南亚和东北亚的竞争和合作的可能性主要表现在三个方面：一是大国政治和市场竞争，由于东北亚和大国之间有着历史的天然的关系，因此东南亚是在大国对抗的缝隙中成长的，因此在处理大国政治中东北亚具有优势；而在市场的竞争中，东南亚自身有着比东北亚更大的内部市场，同时东南亚的经济发展长期以来形成了对美国和中国的依赖，因此东北亚在市场竞争中需要向东南亚学习和合作。其次，在军事安全上，东南亚无法和东北亚竞争，东南亚应该和东北亚共享军事安全合作而不是军事竞争。最后，在宗教文化方面，东北亚由于文化单一，认同感会更强烈，特别是去除历史问题和意识形态问题之后，而东南亚的文化多元使得这个地区的文明冲突明显，伊斯兰教、基督教和佛教，甚至中国传统文化之间如何和平相处以便和东北亚合作也面临挑战。

东亚地区主义的路径问题是一个值得研究的问题，这个问题如果得不到很好的解决，人们对东亚地区主义的疑虑会不断增加。本文提出的这两条路径是一种探索，希望能引起东亚区域合作和东亚地区主义的研究和实践的注意，给东亚地区主义更多的选择。

结论

地区主义理论研究一直缺失对地区主义的模式和路径的分析，本文从东亚地区的特征出发，研究东亚地区主义的模式和路径，是希望弥补地区主义理论的此种缺失，同时考察东亚地区一体化的可能性和现实性。

东亚地区文化的多元性、经济的差异性和政治的复杂性使得东亚地区主义注定有着不同的模式和路径。本文对危机事件推动模式和过程导向模式进行了分析，认为危机事件推动模式着手于历史，而过程导向模式则着眼于未来，面对现实的东亚地区主义模式似乎还不存在。事实上，历史的事件和经验不一定决定未来的路径，不确定的未来才是现实的地区主义所必须面对的，复杂的东亚地区现实加上一个不确定的未来使得东亚地区主义的模式是动态的演变过程。

从东盟的地区主义是否可以推演出东亚的地区主义路径？答案依然是不确定的。但是东盟的形成模式（即由初期的东盟六国和印度支那四国的竞争和合作最终形成）会给东亚地区未来的一体化提供某种启示。目前由东盟主导的东盟 10＋1 甚至 10＋X 只是东亚地区主义的路径之一，而由朝核六方会谈引出的以韩国为主导国和发起国的东北亚联盟的成立，继而和现存的东南亚联盟的竞争和合作，也是一种东亚地区主义的路径选择。

俄伊能源合作态势及其对中伊能源合作的启示

丁佩华[*]

内容提要：俄伊能源合作已经取得一系列成果，并保持着较好的合作势头。从前景看，两国的能源合作不仅将对国际政治和经济关系结构产生影响，而且会对国际市场的油气价格（尤其是天然气价格）的制定和油气供应产生重要影响。俄罗斯与伊朗的能源合作没有受到美国和西方对伊朗经济制裁的根本性影响。主要是因为俄罗斯在与伊朗的能源合作上实施了前后一致的立场和方针，还因为欧洲国家反对对伊朗实施石油和天然气出口禁运。俄伊能源合作对中伊能源合作具有启示意义。伊朗丰富的油气资源对于需要油气资源并拥有大量自由资金和科技发展潜力的中国具有吸引力，俄伊能源合作和西方制裁也给中国保留了对伊朗的合作机遇。中国与伊朗能源合作存在风险，因此中国要有应对美国"撒野"的筹码，包括加强与俄罗斯联手和更积极地参与中东和海湾地区和平进程等。

* 丁佩华，上海社会科学院欧亚研究所研究员。

俄伊能源合作关系可以追溯到苏联时期，但取得重要进展是在苏联解体之后。从范围上看，两国的能源合作覆盖了伊朗几乎整个油气工业并延伸到核能等领域；从程度上看，两国的油气合作取向已经不再局限于油气勘探、开采和加工，开始进入技术更新和改造领域；从规模上看，两国在勘探和开采领域的合作得到拓展，伊朗境内世界级油气田的开发有着俄罗斯的踪影；从内容上看，两国能源领域合作丰富多样，既包括油气田勘探和开发，也包括过境、天然气互换、帮助实现伊朗居民点的煤气化等方案，既包括技术合作，也包括投资和金融合作；从过程上看，两国的能源合作已经走过最初的探索和磨合阶段，处于全面扩大的开启阶段；从前景看，两国的能源合作不仅将对国际政治和经济关系结构产生影响，而且会对国际市场油气价格（尤其是天然气价格）的制定和油气供应产生重要影响。

从某种意义上说，俄伊能源合作关系具有典型意义，既反映伊朗与西方关系因伊核问题发生严重冲突条件下伊朗对外能源合作的有限选择和取向，也反映因伊核问题伊朗合作伙伴面临新的合作抉择和对伊合作的艰难；既反映俄伊能源合作的坚实基础和发展潜力，也反映两国面对外部压力和自身能力的局限在合作中经常发生的矛盾和争执、曲折和停顿。不过，重要的是伊朗具有自身对外合作的资源优势和地理优势，这些优势一方面使得包括俄罗斯在内的一些重要合作伙伴不愿轻易舍弃对伊合作，另一方面使得西方对伊朗设置的某些障碍和制裁被化解。换言之，即使西方国家多次颁布制裁令，即使伊朗与外国伙伴合作之间存在着缺陷和矛盾，西方的制裁也无法取得预期效果，也不能从根本上封锁或堵塞伊朗的对外能源交流和合作的渠道。

一、俄伊能源合作关系的发展

俄伊合作的突破是从布舍尔（Буиер）核电站建设开始。布舍尔是伊朗东南的港口城市，1992 年 8 月 24—25 日，俄伊先后签署了和平利用核能协议和继续建造布舍尔核电站协议，意在继续实施由德国 1975 年开始建设，80 年代因美国对伊制裁停建的核电站方案。1995 年 1 月，俄伊又签署了首先建设布舍尔第一个核电机组的合同。核电工程由伊朗公司承建，由俄罗斯核能建设出口公司管理和技术指导。虽然布舍尔核电站的建设与伊朗被西方怀疑发展核武器问题搅在一起，经历了资金短缺、外部阻碍、干预以至多年停建等波折，但终于有望于 2011 年上半年建成投产；虽然整个方案的实施前后用了将近 20 年的时间，但这不能不说是俄伊合作的一个重要成就，其影响远远超出方案本身。

对俄伊能源合作的发展产生根本影响的是油气领域的合作。最初的油气合作建议是 20 世纪 90 年代中期提出的由俄罗斯天然气工业公司参与伊朗—巴基斯坦—印度天然气管道建设方案，不过，这个方案因安全等原因未能进入实施阶段。俄罗斯第一个参与的对伊朗油气合作大方案是俄天然气工业公司于 1997 年参加伊朗南巴尔斯第二、第三阶段天然气开发，它在与法国道达尔公司和马来西亚国家石油公司组成的财团中占 30%的份额，但 2004 年三国财团将南巴尔斯的开采综合设施和权益转让给了伊朗国家石油公司，因为财团无法获得天然气出口许可份额。其中，俄天然气工业公司以 11.5 亿美元的代价将自身权益转让。

2010 年 7 月 14 日，俄、伊签署新的油气合作协议，确认两国在燃料动力资源领域合作的优先方针。商定的油气合作路线图包括：第一，加强油气开采合作，提高油气田开采效率。第二，进行油气深加工和石化技术改造的合作。第三，研究建立投资油气和石化领域的联合银行和共同利用两国货币机制。第四，进行旨在协调国际油气价格的合作。第五，进行油气过境、天然气互换、石油和石化产品营销等合作。除此之外，两国的石油和天然气公司还签署了诸如由俄罗斯天然气工业公司帮助伊朗国内8000个居民点实现煤气化合作等协议。

如果说俄天然气工业公司是俄对伊朗天然气合作的主体公司，那么俄罗斯的卢克石油公司、天然气石油公司等则是俄对伊朗在石油合作领域的主要公司。2003年2月14日，卢克公司签署了参与伊朗西部阿纳朗地块的石油勘探工作的方案，获得方案25％的独立勘探权。到了2006年12月，卢克石油公司已经具备在该地块开采石油的条件。[①] 除此之外，俄罗斯天然气石油公司于2009年11月同伊朗国家石油公司签署谅解备忘录，文件中包括两公司联合开发阿扎尔和桑古列油田、油区的计划。除此之外，2010年3月俄天然气石油公司曾准备与伊朗国家石油公司签署伊朗—俄罗斯财团勘探阿扎尔油田的协议。[②]

二、对俄伊能源合作关系的基本评析

至目前为止，俄伊能源合作已经形成良好的发展态势，随着布舍尔核电站工程建设接近尾声，两国间能源合作成果突出显示。布舍尔核电站以其装机容量100万千瓦的规模，不但是伊朗国内唯一的一座核电站，也是中东地区唯一的一座。而最近俄伊

① АНДРЕЙ УСПЕНСКИЙ：《ЛУКОЙЛ》принимает приглашение Ирана，из РБКdaily，НОВОСТИ，HTTP：//WWW.OILRU.COM.

② Иран подпишет соглашение с“Газпромнефтью”поразработке месторождения Азар в текущем месяце，02.03.2010，http：//www.ngv.ru/about/news/news 3778.aspx.

两国签署的新的油气合作协议则为双边能源合作提供了新的思路和合作方向，预示俄罗斯不仅将继续扎根伊朗的油气开采领域，而且将使能源合作在过境、加工、运输和社会服务领域进一步开展。其中有两点值得注意，第一，布舍尔核电站方案是在美国等西方国家发起对伊朗实施核制裁条件下实施的，其难度可以想象，但合作最终获得成功。这很大程度上反映两国合作具有的传统基础和对实施方案的持之以恒的精神，显示两国不同战略利益诉求在能源合作这一平台上的统一。第二，俄伊于 2010 年 7 月签署新的能源合作协议正是在美国单方面实施对伊朗新一轮制裁之际，表明俄罗斯并不顾忌美国制裁的威胁和施压，也不担心近期趋向改善的俄美关系会出现逆转。

不过，比较而言，俄伊能源合作无论在规模还是进度方面，均与它们本身拥有的资源、技术和有利的地理条件等合作优势和潜力相去甚远。策划的方案很多，经常由两国高官透露的合作计划内容丰富且规模庞大，已经签订的合作协议愈益周全，确定的合作范围和类型日趋扩大，但实际结果是，两国除了屈指可数的几个令世人瞩目的较大合作方案得到贯彻和实施外，其他能源合作项目很少。例如，在日本公司因遭美国压力退出对伊朗北阿扎杰冈油田开发之后，俄罗斯的卢克公司和天然气石油公司等曾在数年里与伊朗进行开发谈判，但无果而终。除此之外，俄罗斯这两家公司已有的同伊朗的石油勘探和开采合作实际上没有取得突破性进展。卢克石油公司虽然拥有阿纳朗地块 25%的勘探和开发份额，但之后没有取得任何进展。[①] 究其原因，第一，作为投资合作方的俄罗斯缺乏足够的合作资金。俄罗斯能源公司在本国开采的方案和项目资金都难以保证，很少能够腾出余资投入伊朗能源的合作开发之中。第二，能源合作的实际利益分歧。两国对

---

① АНДРЕЙ УСПЕНСКИЙ：《ЛУКОЙЛ》принимает приглашение Ирана，из РБКdaily，НОВОСТИ，HTTP：//WWW. OILRU. COM.

能源合作的实际利益的预期和追求存在很大差异，影响合作的成功率。第三，能源合作战略目标分歧。俄罗斯对伊朗合作战略倾向于对其资源的控制，而伊朗的合作目的在于利用外力扩大对本国油气资源的开发和开采，并倾向于资源的国家控制、调节和支配。例如，当南巴尔斯气田的资源有可能成为未来欧洲“纳普科”管道的气源时，伊朗更倾向于同土耳其、瑞士等国家在南巴尔斯气田开采上的合作。从而使得俄伊两国就某些方案、项目合作的谈判过程过长，并且不能达成协议。第四，来自欧洲和亚洲国家的合作竞争亦使俄罗斯丧失了很多合作机会。在对某个合作方案长期不能达成协议情况下，伊朗对外合作的目光转向其他合作伙伴，并且往往因此与其他伙伴达成协议。第五，两国经贸合作发展相对缓慢，经贸规模相对有限（例如，2008 年贸易额为 37 亿美元[①]），而伊朗对俄贸易长期入超的状况亦对双边能源合作产生不利影响。

俄罗斯不缺能源资源，也不急于求成，但它需要通过与伊朗合作加强自身在国际能源市场的地位和控制力，加强地缘政治影响力并在境外获得更多的实际合作收益。在俄罗斯对外能源合作领域中，无论从资源储量、供应能力还是合作的相邻关系和地理条件、合作潜力和合作的战略效应等方面看，伊朗都是俄罗斯的理想合作伙伴，更何况，除了能源合作，两国在其他领域亦有着广阔的合作前景和潜力。显然，俄罗斯与伊朗现阶段的有限合作不等于将来也会如此，它不会为了美国的利益而拱手相让自己的战略利益和实际利益。

值得注意的是，俄罗斯与伊朗的一系列能源合作没有受到美国和西方对伊朗经济制裁的致命影响。例如，20 世纪 80 年代初，当时的联邦德国（西德）因美国对伊斯兰革命后的伊朗实施

---

① Товарооборот между РФ и Ираном в 2008 году составил ＄3，7 млрд，http：//www. rian. ru/economy/20090220/162683041. html.

制裁使得布舍尔核电站停建，而俄罗斯则不顾及美国的面子，于1992年着手同伊朗的核能合作。又如，当2010年7月2日美国总统奥巴马在联合国安理会出台对伊朗新的核制裁之后半个月就宣布对伊朗的单方面经济制裁时，俄罗斯同样不顾美国的制裁压力，毅然于7月中旬同伊朗签署能源合作的一揽子协议并发表联合声明。虽然俄罗斯的“苏霍伊”飞机制造公司曾因与伊朗发展合作关系遭美国制裁，虽然俄罗斯卢克石油公司的美国大股东（康菲石油公司）慑于美制裁而宣布退出对伊朗的合作从而损失数千万美元，虽然有同一系列同伊朗的能源合作项目和机会因美国的制裁而失之交臂，但俄罗斯在与伊朗的能源合作上并不服软、服输，持之以恒，实施了前后一致的立场和方针。不仅如此，俄罗斯还往往在美国宣布新的制裁措施的同时有针对性地及时与伊朗签署相关的能源合作文件，表明自身对外合作方针的独立性和原则性。

就最新的联合国安理会对伊朗核制裁决议而言，一方面，俄罗斯和中国持类似立场，在安理会投票支持对伊朗实施核制裁，另一方面，它坚持同伊朗除核交易外的其他合作的独立性和自主性。根据这一原则，俄伊合作的前景不会受到明显影响。俄伊2010年7月的联合声明已经从侧面表明，近期俄美关系改善并不意味着这两个国家之间不存在根本的利益摩擦，两国关系好转的趋势并不稳定，亦不能弥合两国战略利益的根本分歧。相比之下，俄伊合作具有更多的战略利益和积极的地缘政治意义，从而更符合俄罗斯的根本利益。

美国制裁作用的有限还因为欧洲国家反对对伊朗实施石油和天然气出口制裁。显而易见的事实是，一旦对伊朗油气实施全面禁运，国际市场油气价格必将急剧攀升，结果将会既使得伊朗经济遭受重创，也会使得欧洲国家和世界其他地区国家的经济利益受到损害。显然，欧洲国家不愿意为追随美国的政治利益需要而得到这种两败俱伤的结果。更何况，欧洲国家致力于自身油气来源的多元化战略，而伊朗将是这项战略中的重要棋子，即使为了保证将来的“纳普科”天然气管道的输气源问题，欧洲国家也不得不考虑在可能的条件下缓和同伊朗的关系。欧洲国家清楚，能够长久保证“纳普科”管道天然气输送能力和使欧洲国家实现另外的天然气进口的，是伊朗的天然气资源。实际意义在于，伊朗南巴尔斯气田拥有 14 万亿立方米的已探明储量，天然气开采规模在最初 8 个阶段的开发完成之后将达到每年 730 亿立方米开采水平，从而完全能够保证“纳普科”的输气需要。[①] 显然，较之对俄罗斯天然气资源的依赖，欧洲国家更愿意与伊朗开展一系列油气合作。作为先例，瑞士和与欧洲有密切关系的土耳其已经率先开展同伊朗的油气供需和开发、开采合作。

就伊朗而言，它也希望通过对欧洲的油气输出打破西方的经济制裁。它对“纳普科”方案有着巨大兴趣，因而希望积极参与方案，致力于自身的天然气输往欧洲，甚至为此可能会不惜减缓同俄罗斯的能源合作进程（尽管伊朗高官已经多次声明，伊朗发展同欧洲国家的能源合作绝不损害“第三国利益”[②]）。自然，伊朗不仅与欧洲的天然气合作具有现实可能性，伊朗同世界其他国家实现能源合作都具有可能性，尤其是一旦伊核问题得到解决，伊欧、伊俄油气合作的方案就会急剧增多，届时，在欧亚范围很可能形成另一个以伊朗为地区圆心的国际能源合作重要区域。

三、俄伊能源合作对中伊能源合作的启示

某种意义上，在严峻国际环境下的俄伊能源合作不但自己闯

---

① “Газета”: Москва и Тегеран договорились вместе искать и добывать сырье, НОВОСТИ WWW. OILRU. COM，24. 04. 08.

② Манучехр Моттаки: Газовое сотрудничество Ирана и Европы не направлено против третьих стран，28. 01. 08，НОВОСТИ WWW. OILRU. COM.

出了一条合作发展的道路，而且为其他一些友好国家同伊朗的能源合作提供了重要参照。伊朗长期遭美国制裁，自身发展受到很大影响，尤其是，美国的制裁亦使得欧盟、加拿大、日本等地区、国家纷纷仿效，实施对伊朗的单边制裁措施。在这种情况下，伊朗自然更重视和珍惜同俄罗斯发展合作关系。同时，伊朗丰富的油气资源对于需要油气资源并拥有大量自由资金和科技发展潜力的中国亦具有很大吸引力，坚持与之合作显然符合中国的能源战略和基本利益。

自从20世纪90年代初中国与伊朗建立起积极的合作关系以来，两国的经贸能源合作获得长足发展，经贸额从最初的10亿美元发展到2009年200多亿美元。除了愈益扩大从伊朗进口原油，中国在伊朗石油天然气开采领域的合作也取得了重要进展。中国同伊朗合作的有利方面在于：第一，伊朗既有着丰富的油气资源，又愿意同中国发展从油气出口、勘探、开采到加工的全面互补合作关系。第二，处于经济迅速发展阶段的伊朗需要大量外部投资和技术支持。在缺乏西方参与合作条件下，中国的资金和技术就成为伊朗十分宝贵的经济发展资源。比较而言，俄罗斯缺乏对伊朗实施大规模投资的能力。第三，中国与伊朗的油气供需合作同样是战略合作。虽然中国同中亚和俄罗斯保持着愈益增强的油气合作关系，但伊朗油气对于中国实施能源多元化战略具有不可或缺的重要意义。不同于中亚石油天然气资源对华出口潜力的相对有限和俄罗斯石油天然气出口的“惜售”心理，伊朗对华油气合作正好能够填补这两方面的缺陷。第四，中国和伊朗合作有着水陆两种便利的油气运输方式选择和地理上更为安全的运输条件，使之既可以通过传统的海运方式将石油和液化天然气运往中国，也可以在时机成熟时通过陆地铺设油气管道将石油和天然气输往中国。第五，伊朗油气加工能力薄弱，可以得到中国的帮助。第六，伊朗是上海合作组织观察员国，伊朗与中国的友好合作关系能够在互信基础上不断加强。第七，中国和伊朗的合作潜力巨大，不局限于油气领域。伊朗对中国工业产品需求的急剧增加可以成为两国油气合作关系稳定发展的另一重要基础。同俄伊油气合作的传统比较，中国与伊朗的油气合作在很多领域还刚起步。不过，出于战略考虑，中国必须大力发展与伊朗的油气合作，取长补短，加强合作，与俄伊油气合作并进。

中国与伊朗能源经贸合作有可能产生的风险为：第一，中国参与同伊朗发展油气和其他领域合作的公司有可能因遭美国的惩罚而失去欧美市场。第二，不排除伊朗坚持发展核工业而遭美国等军事打击的可能性。第三，伊朗所处中东地区政治局势动荡以及伊朗与以色列交恶等有可能引发地区战争。第四，伊朗国内在外部势力干预下有可能产生不稳定局势。除了第一种情况，其余几种情况的发生都会使中国在伊朗的利益遭受重大损失。显然，中国必须考虑与伊朗合作的风险因素，参照俄伊合作经验，研究避免遭受巨大利益损失的途径和对策，取得双赢或相对完美的合作结果。不仅要研究如何克服美国对伊朗制裁风险，也需要研究对付诸如地区动荡等现实和潜在风险的手段。

根本在于，手中要有应对美国“撒野”的筹码。换言之，一旦美国对伊朗的制裁损害到中国在伊朗的合作利益，中国要有使美国人产生顾忌的手段。例如，中国可以在增持和减持美国国债问题上做文章。由于中国已经拥有美国 8000 多亿美元的国债，它的增减会在一定程度上在美国产生心理层面的影响，波及经济的稳定。当美国政府“表现”好一点的时候，中国可在遵循利益原则条件下适当给予保持或增持美国国债的“鼓励”，而当美国政府的政策有损于中国在伊朗的利益的时候，中国可以采取规模不等的减持行动。又如，如果美国单边制裁影响到中国与伊朗其他合作领域的利益，那么中国亦可以采取迂回的立场处理伊核问题，使之既坚持原则，又不让自身利益受美国立场的左右。重要的是，要让美国人知道中国利用上述手段的意图，“有言在先”，从而对美国过分损害中国在伊朗利益的行为意图起到有效遏制作用。

加强与俄罗斯联手具有重要意义。这是因为，中俄两国在对伊朗经贸能源合作问题上利益一致。虽然中国与伊朗的能源合作更多是为了获得自身需要的油气资源，因而两国对伊朗能源合作的出发点和实现目标具有根本区别，但都是为了取得互利的合作结果。重要的是，伊朗对中国参与其油气领域的合作同样极具兴趣。中俄在与伊朗的油气合作领域有着竞争关系，但没有根本的利益冲突（这和中俄在中亚地区的油气合作一样），因而在伊朗的能源合作有着联手的条件和基础。此外，两国对伊朗的合作利益都受到美国对伊制裁的威胁，有共同保障利益的需要。中俄两国都是联合国安理会常任理事国，两国在伊核问题上协调行动，在对伊合作上立场一致，就使美国难以各个击破，使其对两国公司的惩罚措施难以有效实施。如果中、俄与伊朗进一步形成紧密的、连手合作的油气伙伴关系，那么将会产生更积极的合作综合效应。同样，三国联手亦有助于伊核问题的和平解决，从而使美国不敢贸然对中俄在伊朗的合作利益实施粗暴的干预。

增加对伊朗能源合作的有效性具有重要意义，因为这将促进两国合作的可持续扩大和深化。就油气合作而言，中国同伊朗合作可以大有作为，中国可以在更大的规模上加强同伊朗在资源开采、加工、天然气供应和运输等方面的合作。总之，在同伊朗的能源合作中需要保持对中国有利的合作态势，保持和加强双边合作成功的兴趣、互信基础和发展势头，不断获得加强合作的补充动力。伊朗所处不利的外部环境造就了中国和伊朗愈趋紧密的合作状况，加强和扩大双边合作对于中国和伊朗都是重要机遇，良好的合作态势是双边合作成功的重要保证。重要的是要将这一态势保持和扩大，换言之，即使伊朗的外部环境得到改善，伊朗的对外合作关系得到扩大，中国仍要争取保持对伊朗合作的有利位置并不断拓展双边合作的有利条件。此外，中国需要更积极地参与中东和海湾地区的和平进程，采用适当的手段和机制，防止伊朗与周边地区国家发生大规模的军事冲突。因为保持中东和海湾地区的和平与稳定亦有利于保证中国在伊朗的合作利益，有助于促进双边合作关系的持续扩大。

俄伊合作取得的积极成果给包括中国在内的其他国家同伊朗合作提供了重要的经验；西方对伊朗的制裁以及俄伊能源合作进程相对迟缓为包括中国在内的其他国家发展同伊朗的能源合作提供了一系列重要机会和条件。重要的是，俄伊能源合作进程告诉我们，虽然对伊朗能源合作存在一定的政治、经济风险，但结果将是有利的和积极、有效、有益、互补的。伊朗面临的外部环境将促使它采取积极的对外合作方针，促使它慎重处理核能利用问题，使之尽快消除危机，促进发展。

新兴经济体承接海外代工的升级

——理论梳理与中国台湾的实践

黄烨菁*

内容提要： 新兴经济体承接发达国家企业的代工业务作为产业垂直分工的一个微观路径，在制造业国际化进程中得到了广泛的应用，成为发达国家向发展中国家"片段化"国际转移最重要的载体，所涉产业覆盖劳动密集型产业以及以电子通讯业为代表的高技术产业。而承接跨国企业的代工业务成为诸多新兴经济体推动产业国际化的道路选择，后者当地的产业由此获得的影响在技术提升、出口渠道建设以及管理模式发展等多个层面上体现出来。在此基础上，需要进一步思考的问题是：如何认识新兴经济体承接代工的升级，它受哪些因素的影响。本文将通过理论梳理与中国台湾企业代工发展进程的实践来考察影响代工形态的升级，并对目前中国台

* 黄烨菁，上海社会科学院世界经济研究所副研究员。

湾企业谋求代工升级的策略加以归纳。

一、承接海外代工的升级：多视角的理论解读

跨国代工一般形态是发达国家跨国企业将产品或中间品的生产转移到发展中国家企业，后者是基于生产成本的优势而成为跨国公司长期的代工合作伙伴。相比发包企业，这类企业属于技术后进方，因此，本文把技术后进方企业成长理论作为主要视角，并结合代工产品和企业的特征综合分析考察新兴经济体承接代工升级的影响因素。

根据亚洲新兴经济体相关产业的历史经验，承接海外代工的模式一般是经历沿着 OEM-ODM-OBM 路径的发展，从三种模式的形态特征看，OEM 阶段企业在代工规模上的扩大属于相对单纯的代工升级，而 OEM 向 ODM 的演进则体现了初级代工向高级代工的升级，也是通常意义上的代工升级。除此以外，企业跨产业代工以及自创品牌也都属于代工企业发展的形态，OEM 与 ODM 两个阶段之间具有明显的延续性，而 OBM 阶段下自创品牌的安排则与前两者的经营模式有明显的跨越，由此引发的问题是如何解释代工升级的最终目标是不再代工并开展自主品牌的经营？在传统的厂商理论里无法回答后起者在何时何等情况下必然进入自创品牌，下文的理论分析结合考虑包含产业竞争形态与产品生命周期特征的客观环境展开研究。

（一）基于产品生命周期特征的企业成长论

海外代工策略从代工购买企业的视角看是企业将产品价值链内制造环节转移的外部化策略，从企业内部分离出来转而由其他专业生产企业完成，成本与效率取向是企业代工策略的主导动

因。代工合作双方决策机制是相关产品在跨国公司即代工购买企业在全球根据要素市场格局配置生产区段的结果，而后者与产品的生命周期有密切关系，这在电子通讯和计算机产业上表现得尤其突出。依据 Vernon 产品周期理论，产品的第一阶段是初创期，即新产品期，掌握先进技术的厂商竞相推出创新产品以提高市场竞争地位，生产成本的竞争并不是经营策略的取向。第二阶段则是产品技术趋于标准化，即产品成熟期，生产成本的竞争变得愈来愈重要。在这个周期中，技术原创国企业在第二阶段将产品制造转移给技术相对落后的国家的企业，后者成为制造代工企业。因此，企业的代工策略实际上由特定产品生命周期各阶段要素配置的内在要求所决定。

这个代工关系目前基本上建立在发达国家跨国企业与新兴经济体当地企业之间在跨国公司与新兴经济体企业合作初期，跨国公司作为技术先行者以创新为竞争取向，而代工企业作为后起者不参与创新相关的投入，专注于提供产品成熟后的代工生产服务其竞争优势体现为快速扩大生产规模。代工企业为了尽可能降低生产成本缩短交货时间，积极谋求大规模生产，谋求低成本生产与高效开展生产管理的格局，这个特征契合产品生命周期的第二阶段。综合上述产品生命同期的两个阶段内在特征与要素投入的主体，对先行者与后起者加以对比，可以看到新兴经济体企业的竞争优势所在（表 1）。

发达国家代工购买企业与新兴经济体代工企业之间的生产分工关系在从 OEM 发展到 ODM 直至 OBM 三类模式中具有不同的特点（表 2）。

表 1　先行者与后起者的比较

产品周期阶段	厂商	产品在生命周期中的阶段特征	要素投入的主体	企业动态竞争优势累积能力
第一阶段：新产品	先行者	产品创新程度	高额研发经费	理解市场、应用技术、掌握机会
第二阶段：成熟产品	后起者	规模/低成本、速度	较熟练的制造工人	制造能力、计昼执行能力

资料来源：瞿宛文、安士敦：《超越后进发展—— 台湾的产业升级策略》，中国台湾联经出版社，2003 年版。

表 2　代工购买企业与代工供应企业之间的分工形态

		研发		生产		行销	
		创新	开发	设计	组装/制造	运筹	品牌推广
OEM	初级代工	买主进行			代工者	买主进行	
ODM	高级代工	买主进行	代工者				买主进行
OBM	代工者（取代买主）	→			（外移）	←	

资料来源：同上。

由此可见，OEM 与 ODM 两个代工模式在经营形态上相对接近，而 OBM 则与这两者存在巨大差异。在 OEM 和 ODM 两个发展阶段，代工购买企业的经营集中于产品生命周期的第一阶段，占据新产品竞争的优势，而代工供应企业参与的是第二阶段，其优势体现为能够快速并以低价生产标准化的产品。而在 OBM 阶段下，代工供应企业几乎是重建竞争模式，相关的竞争优势转向创新能力而不是生产能力，可以说是基于经营模式的转换的新代工模式。基于这个形态，后起者的代工选择实际上是产品生命周期阶段指向的专业化优势的内要要求。

综上，基于产品生命周期特征的企业成长理论视角将代工置于产品生命周期的框架下，将其视为应对产品生命周期特定阶段的经营模式，是一种相对静态的分析，并不涉及代工企业谋求进一步发展的可能途径。

（二）基于企业资源的成长理论

企业代工形态的升级本质上是企业开放条件下竞争力提升的表现，升级的源动力来自厂商学习、模仿以及自主技术投入。企业升级的形态上跨度很大，包括代工厂商代工规模的扩大、从代工业务中获得更高的附加值以及改变代工模式而转向自主品牌的制造。传统厂商理论认为后起者的代工模式是因自身缺乏尖端技术而采取的策略，企业升级的条件与限制因素存在着路径依赖，这是以历史视角对代工者成长路径的解释。而以企业资源为视角的成长理论，其前提是企业不会将外在的市场需求视为既定的，代工企业的选择取决于动态的组织能力，这个能力随着代工进程的深入而发生变化，企业会四处寻找适合的成长机会，不会受限于现存需求。因此，代工与自创品牌被认为是任何时候都可以选择或改变的策略选项。

以企业资源为生产战略出发点，代工企业既有的资源是较低的综合成本与完善的生产组织能力，企业先谋求代工规模的扩大，之后代工模式通常沿着 OEM-ODM-OBM 次序发展，这一过程伴随着技术含量与附加值的提高。因此代工的升级在同一产业层次上表现为既有管理者能力从 OEM 向 ODM 形态的晋升，体现企业对于资源效率的追求，而在不同产业层面上则呈现跨产业代工，即跨越到新产业承接代工，以相同的代工经营模式进入不同的产业，无论是跨次级产业抑或大产业界线，企业代工组织方式及所用的技术会不同于既有的状态。由于跨行业代工仍然是基于代工者不具备世界尖端技术的条件，这一升级的假设是跨业代工所需取得的技术人力资源相对有限。此外，另一个假设是企业既有管理者的代工经营模式对新产业的适用性较高，补足新行业技术能力缺口对于代工企业是可行的。

代工企业的升级也与整个产业技术创新周期有关，作为后起者在新产品刚成熟时才介入进行代工生产。如果产品不久就被新技术开发的产品所替代，其成长的空间就非常有限。这在更新速度快，周期短的高科技产品中非常突出。当产品发展到成熟期，市场需求成长趋缓，后起者在该产品市场的市场占有率已经无法继续扩大，表明这一路径已陷入停滞。在达到此阶段之前，后起者应已经走完“延续性”的代工升级阶段，而面对跨业代工与自创品牌的选择。如果此时产业创新技术障碍不高、且有成长潜能的，企业选择跨业代工的可能性就非常大。但如果行业内竞争非常激烈，企业会更多考虑自创品牌，即OBM模式。

在OBM的情境下，新兴经济体企业通过已往代工经历积累起来的管理经验对企业还不够，企业面临的挑战不只是要学习掌握包括创新研发、品牌营销等能力，同时更必须改变经营模式。相对专注于生产活动的学习，OBM所牵涉的内部研发与营销层面的学习则更加复杂，并且费时费资金，难以快速学习。OBM模式意味着以全新的优势作为竞争手段，而非只是价格与生产效率。要创新就需要对研发付出长期大量资金与人力的投入，风险高且资金周转慢回收期长。品牌营销也同样需要长期大量资金与人力的投入，风险高且回收期长，并且营销费用完全是当期费用，而不像购买机械设备可列为资产。因此，代工厂商的自创品牌面临巨大的资源不足，自主性意愿是不高的，不仅诱因较低，而且资源的限制较大。

综上，发展中国家制造代工企业作为后起者，其核心能力体现为制造、加工与组织生产的能力，而非产业尖端技术知识，这一能力作为企业既有资源是代工的决定因素，同时又会限制扩张的速度。因此，比较跨业代工与自创品牌两种选择，代工企业管理人若认为技术障碍可以克服，其努力方向就是使既有能力逐步脱离跨行业代工导向的建设，而转向自创品牌的能力调整。如果仅仅从现有能力的延续性来考虑，代工者在扩张途径的策略选择上，可能会以如下顺序来安排企业战略，即向制造与设计综合代工模式发展优先、跨业代工次之、自创品牌再次之。

二、代工升级的现实形态——基于中国台湾IT企业的实践

20世纪七八十年代，中国台湾企业是全球IT产业OEM方式出口最集中的地区，台湾的电子通讯产业在过去20年里的代工历程是后进国家依托跨国公司国际生产网络提升产业国际化程度路径选择的缩影。这个发展历程也深刻体现了技术后进国家在产业国际化进程中谋求价值链升级的轨迹。因此，对台湾代工产业的分析是考察国际化生产方式影响企业技术能力的典型案例。

中国台湾地区承接海外代工的产业重点已经从20世纪80年代的简单电子元器件产业发展为广泛用于手机、笔记本电脑和电子智能产品的芯片制造行业，目前的代工模式足以芯片设计与芯片制造相结合的代工，相比早先手机与笔记本电脑的制造加工，具备更高的技术复杂度，是当代信息技术产业中技术密集度最强的制造与服务活动，这是中国台湾企业多年来在IT产业国际化生产进程中积累的技术和管理能力所决定的。在整个亚洲地区，中国台湾已经成为半导体集成电路国际生产网络内的主导经济体。台湾地区在代工规模上已经实现世界之最，而且若干企业在芯片设计和制造领域也已经达到世界领先水平，在产业国际生产网络内具有举足轻重的地位。构建了台湾在IT产业的综合制造优势，为目前台湾承接国际芯片制造设计的外包打下了基础，芯

片作为半导体集成电路产业的核心中间品，通过代工模式实现集成电路产业价值链的“生产分离”本身就是台湾企业首创的，从这个意义上，代工模式本身成为台湾IT产业的组织模式的一大创新。

台湾承接芯片代工的OEM厂商的发展成为全球电子通讯行业OEM生产模式的“样板”，集中体现OEM方式的典型特点。20世纪七八十年代期间，跨国公司大量在台湾投资发展通用型零部件国际供应链。当地企业从事电子元器件的标准化生产与组装集成工作，总体上属于价值链的低端环节，经历了二十年的发展，相关产业的竞争优势从单纯制造成本的优势发展为制造与技术服务的综合优势，主要特点包括三个方面：

首先，台湾企业在代工业务过程中自身技术学习能力得到发展。代工活动初期阶段属于价值链的生产加工环节，企业不参与任何研发与营销。企业各方面的能力很有限，但随着代工规模的扩大以及代工模式创新的积极探索，在学习曲线上攀升。从一些调研结果可以发现，承接海外代工的企业对代工带来的学习效应总体上是认同的。一项于20世纪80年代末针对台湾43家OEM供应商（27家本土的和16家外商投资）的调查显示，大约有70%的OEM合同是被认为具有转让生产技术的特征，企业能从中获得产品设计能力。[①]

其次，代工模式的升级进程也有反复。20世纪90年代中期以来，IT行业的竞争日趋积累，产品同质竞争局面非常突出。为消除这些不利因素，很多台湾电脑公司也试图扩大自己自主品牌产品的市场份额。然而，从生产加工环节过渡到自创品牌阶段非常困难，大多数公司没有成功，本质原因还是建立全球品牌形象的高成本以及极大的市场风险，只有一些较大的公司，如宏基

① San Gee, “The Status and an Evaluation of the Electronics Industry in Taiwan”, *OECD Development Center Technical Papers*, No. 29, Paris, 1990.

公司，取得了品牌建设的成功，但在整个行业内属于个别情况。因此，不少台湾企业回过头来又集中资源搞制造回到制造加工高度专业化的模式。在经过整个20世纪90年代初的下降后，台湾企业的OEM出口与ODM出口的比例在所有台湾计算机硬件销售中从1995年的66%上升到目前的75%。[①]

第三，代工模式在不同产品类别下存在差异。台湾电信设备生产厂商的生产中，本地产量和海外企业产量比重基本维持在30%与70%的关系，而个人移动终端设备的海外生产比重超过60%。OEM（原始设备制造商）和ODM（原始设计制造商）为当地出口最主要的模式，大约有92%的企业依赖这个路径。维持国际化经营进一步分析其中的结构，ODM模式的生产相比OEM模式的生产有所提高，前者目前的比例是76%。而以自创品牌为特征的OBM所占比例从2007年的9.4%下降至8%。在个人移动设备上OEM和ODM的总和比例是52%，而OBM的比例在2007年同期从37.4%上升至38%（见表3）。OBM模式发展活跃的产品类型包括全球定位系统、小灵通和移动电话，特别是宏达公司制造的智能型手机为该企业OBM的收入作出了重大贡献。

代工模式的升级还与产品的市场需求特点相关。个人移动终端设备行业相比电信设备制造业市场需求变化快，产品外延型的开发制造更为活跃，且主流技术的生命同期较短，消费者也更愿意接受新企业品牌，因此OBM模式发展很快，目前这个模式下的国际化生产比重更高。

---

① 中国台湾“经济部”投资审议委员会研究报告《台湾地区产业价值链外移大陆之趋势》，2007年，转引自“全球新兴市场商业咨询数据库（EMIS）”。

表3 台湾IT产业部分行业国际化生产模式的变化

模式	在出口导向的生产中所占比重	2008年相比2007年
电信设备制造		
OEM	26%	降低
ODM	76%	提高
OBM	8%	降低
个人移动终端设备制造		
OEM + ODM	52%	
OBM	37%	提高

资料来源：Ai-Dyi Hsu，ITIS Program，IEK/ITRI，Communication Industry Outlook，p. 93，台湾工研院研究报告（ITIS），2008年版。

三、台湾在代工升级进程中面临的挑战与应对策略

台湾半导体芯片代工能力已达到世界先进水平，但是芯片制造所需的关键设备以及高精度材料上很大程度上受制于国外企业，包括设计自动化设备（EDA）在内的关键设备以及高技术含量的硅片材料上仍高度依赖美国企业。目前，台湾半导体生产整体设备的自制率不到15%，其中用于产品开发的设备仅为5%左右，封装测试设备大约为21%。[①] 因此，台湾芯片代工产业除了少数几家具备国际知名度的企业，大部分本土企业在芯片代工业务上的收益水平并不是很高。目前代工活动的进一步发展面临两方面的挑战。

① 资料来源：Ai-Dyi Hsu，ITIS Program，IEK/ITRI，Communication Industry Outlook，p. 93，台湾工研院研究报告（ITIS），2008年版。

（一）台湾地区的芯片代工在升级取向上的困境

芯片代工究竟是走自创品牌的OBM道路，还是在技术创新上谋求突破，是企业发展目标上的选择。首先，一些在国际市场上有较大市场占有率的代工企业面临扩大代工与发展自主品牌之间的矛盾，在后续国际化生产战略选择，即究竟是继续承接国际外包业务还是转而发展自有品牌，自主品牌的发展与代工客户产品已经在市场上构成了正面竞争，如果品牌做强了，代工业务可能会萎缩，两者之间已经难以作到两全其美，因此，企业无法实现资源的相对集中。其次，IT产业内技术上高度专业化趋势的不断加深，在高端集成电路产品设计中已经遇到硅片“可制造性”的挑战，即根据用于集成电路的硅片材料的性能，目前集成电路的加工程度已经逼近硅片材料的极限，再要提升集成电路性能的空间已经不存在了。在这个情况下，台湾企业在芯片制造工艺上的继续突破已经遇到瓶颈，企业专业化优势再要突破将面临越来越大的风险，这对台湾的ODM厂商以及芯片代工专业工厂都带来巨大压力。

（二）应对策略——多元化创新

目前，台湾承接海外芯片代工的大企业在代工业务上致力于芯片的设计服务，相关企业正积极参与到全球芯片设计网络，在国际主流芯片产品设计上逐步崭露头角。然而目前芯片功能需求的日益多样化和技术创新周期的缩短对台湾企业设计人才专业技能以及设计网络组织能力提出了严峻挑战。台湾企业正在实践的创新战略是多元化的，相关的路径有两个方面：一方面是与跨国公司合作推动产品的技术创新，旨在站在产业的技术前沿，提高技术竞争优势；另一方面是企业致力于技术服务活动的组织与管理模式创新。两条路径的融合在台湾代工领先型企业中得到了体现。

首先，在跨国公司研发全球化战略加速推进的大背景下，跨国公司在台湾当地寻求研发资源的热情很大，而与此同时，台湾企业出于成本考虑向大陆转移制造活动的进程不断扩大，随之扩大技术投入，积极谋求获得欧美跨国公司的研发项目，提升产业创新能力。台湾地区自2002年以来推出“鼓励跨国企业在台设立研发中心计划”，该计划对于台湾引入高水平的创新资源发挥了积极作用。全球共有20家IT跨国企业在台湾建立了研发中心。整体上看，在台湾的大部分跨国公司研发中心在当地的活动在产业技术链条上的位置属于中端。根据相关的研究，半导体、资讯与通信产业的研发中心活动高度集中于产品/制程开发与原型开发环节，较少有基础研究功能。跨国公司在当地的研发中心的特点包括：(1)利用台湾生产供应商快速商品化优势，以提高全球市场占有率；(2)结合台湾IT硬件制造优势，推广软件应用平台；(3)以母公司现有技术应用为主，积极扩大市场销售与应用范畴；(4)在台研发中心大多直属于跨国公司全球行销或者技术转移部门，并不属于研发总部。

其次，台湾企业自身探索国际化生产与经营模式上的创新，除了在现有代工基础上通过与下游供应商发展联盟而更多介入价值链下游环节以实现控制综合成本而延续OEM的优势，企业还联合专业研究机构通过组织方式的创新，力求芯片设计的升级。前者是对现有专业化优势加以延续的策略，旨在获得芯片制造环节更高的效率；后者则是基于“跨界合作”的平台谋求设计组织形态的创新策略，对于构建芯片设计服务上的差异化优势带来积极作用，另外，在一些中等规模的芯片代工企业，与专业设计机构合作发展ODM模式，也是相关企业比较现实的升级取向。综合上述特征，台湾企业的升级形态可以总结为四类形态（见表4）。

大企业之间结成联盟目前非常活跃，一般是台湾最具竞争力的几家国际型芯片代工企业长期战略的手段，体现了这些企业积极谋求研发创新的努力。此外，台湾最大的代工企业台积电公司积极与业内专业研究机构台湾工研院合作，已经在芯片设计组织模式领域取得了重大创新，首创了 SoC 设计模式（System-on-Chip），即

表 4 台湾芯片代工企业升级的主要路径

四类升级路径	主要特征
维持目前专业分工格局	以集成器件制造商（IDM）为主导的产业组织形态，但是面临产能利用率下降的局面。
与下游环节合作加强，谋求价值链覆盖区间的延伸	晶圆代工企业与封装厂发展策略联盟，晶圆代工与测试厂也加深策略合作，从而谋求价值链的延伸。
与价值链上游服务环节整合的 ODM 模式	设计/代工垂直整合，系统厂商与集成电路设计企业（Fabless）加深合作。
发展企业间以及企业与研发机构的联盟	强势企业之间结成创新联盟，共同开发新产品与新型的设计组织模式，例如 SoC 芯片组织模式。

资料来源：作者自行整理。

"基于芯片的系统"[①]。在这个模式下，芯片的设计被作为垂直集成的系统工程，每个模块的供应商公司聚焦于一项独立功能的设计工作，这些模块再被汇集到一个印制电路板中集成为一个芯片。这个创新的设计模式帮助企业将设计价值链进行分解，分散在全球不同的地理区位上，由此组织起来的芯片价值链依托一个复杂的、多层次的全球设计网络，大大推动了芯片项目运作的垂

① 这个"系统"代表了半导体设备与终端产品之间的高度关联，SoC 实际上是一种新的半导体设备，是由多个被称为 IP（Intellectual property）的预先设计完成的集成电路模块构成的，每一个 IP 对应一个特定功能，例如图像处理或者声音处理，因此，与过去一个终端产品的系统是建立在多个芯片上的模式不同，SoC 能够实现在一个芯片上构建出一个多功能复合的系统。

直专业化，提高了设计效能。这个设计网络根据特定项目的需求，构成多变的结构形态，基于芯片设计这一价值链“高端”内部的专业化，行业内领先的跨国企业与台湾为代表的发展中经济体企业之间通过跨国纽带构成一个多层次结构的网络化架构，即芯片行业的 GDN（Global Design Network），该网络不同于早期垂直分工的国际生产网络的特征是，它在很大程度上改善芯片设计的国际化网络的组织形态，使该网络内各节点下的工作呈现相对简单的合作关系且不易有摩擦。而且这个模式能促进设计价值链的专业企业之间共享“知识库”，对企业设计经验的积累带来积极作用，成为企业发展和深化组织管理创新的实际载体。这是芯片设计网络形态在设计组织模式上的一个重大突破，是实现一个芯片集成多种功能目标的设计模式。

总之，台湾由于在代工领域多年的制造经验，已经积累了相当丰富的代工制造能力，这在今后相当长一段时间内是延续其国际竞争力的基础。在谋求升级的进程中，不同企业的取向也相应不同，自创品牌脱离代工的“终极式升级”就目前而言可行性不大，代工企业的现实取向是通过开放式技术创新平台以及服务活动组织方式创新等多元化创新路径谋求国际竞争力的提升。

中国的对外战略态势

"麻烦"的中美军事关系

——结构性原因分析

张 茗*

内容提要：军事关系既是中美关系的重要组成部分和风向标之一，也是中美关系中最为敏感和不确定的环节。本文以美方视角下的中国军事现代化和中方视角下的美国亚太安全战略调整为主题、从结构性层次分析了冷战结束以后的中美军事关系一波三折、麻烦不断的原因。作者认为，中美双方在中国军事现代化和美国亚太安全战略调整上的互动，体现了作为新兴大国的中国与作为传统大国的美国的军事关系在结构层面上的困难和局限。应辩证地看待中美军事关系的结构性因素和功能性因素，积极拓展双方的功能性合作。考虑到中美军事关系结构性矛盾和功能性合作并存的局面在可以预见的未来将长期存在，时冷时热的中美军事关系将继续在磕磕绊绊、一波三折中前行。

* 张茗，上海社科院亚洲太平洋研究所副研究员，博士。

军事关系是中美关系的重要组成部分，中美双方的军事互动不仅关系两国本身的安危，而且对亚太地区乃至全球安全格局都将带来重大影响。尽管如此，冷战结束以后的中美军事关系却一波三折、麻烦不断，可谓时冷时热、时断时续。中美军事关系不仅远远落后于中美之间其他相对成熟的关系，而且是“中美关系中最为敏感和不确定的环节”。[①]由于中美军事关系内容十分广泛，非一篇短文所能涵盖，考虑到中国军事现代化和美国亚太安全战略的调整既是双方目前最为关切的议题之一，二者的进展以及中美双方就此展开的互动也是深刻影响中美军事关系的深层次结构性因素，本文试图通过讨论美方视角下的中国军事现代化和中方视角下的美国亚太安全战略调整来窥豹于一斑，考察影响中美军事关系麻烦不断的症结所在以及中美军事关系的未来走向。

一、中国军事现代化：美国的视角

中国军事现代化自20世纪70年代末开始有计划有步骤地推进。进入21世纪以来，中国人民解放军不断提高打赢高技术条件下特别是信息化条件下局部战争的核心军事能力和非战争军事行动的能力，初步形成快速机动、立体突击的陆军装备体系，海空一体、适应近海防卫作战的海军装备体系，空地一体、攻防兼备的空军装备体系，核常一体、射程衔接的第二炮兵地地导弹装备体系，综合集成、一体化发展的电子信息装备体系。[②]与此同时，为巩固党的执政地位提供重要的力量保证、为维护国家发展的重要战略机遇期提供坚强的安全保障、为维护国家利益提供有

① 谢峰、陈舟：“中美军事关系的回顾”，《军事历史》，2010年第2期，第31—36页。

② 中华人民共和国国务院新闻办公室：《2008中国的国防》，2009年1月20日，http://mil.news.sina.com.cn/2009-01-20/1058539493.html。

力的战略支撑、为维护世界和平与促进共同发展发挥重要作用的中国人民解放军新阶段历史使命逐步明确。[①]

中国军事现代化进程引起了美国的高度关注。中国军事现代化不仅是美国政府及各军种情报机构（如海军情报办公室）、兰德公司、2049 项目研究所等智库以及陆伯彬等众多学者关注的重要内容，从 2000 年开始，美国国会还授权美国国防部每年发布所谓《中国军力报告》，内容需涉及中国人民解放军军事技术的现状与未来进程，中国大战略、安全战略、军事战略、军事组织以及作战概念的信条和可能发展趋势等广泛内容。对于中国军事现代化，美方从认知到行动上都做出了反应。

（一）中国军事现代化进展评估

美方认为，两个世纪以来第一次，中国拥有足够的财力（军事预算保持每年以两位数增长）来支持一个系统的、深思熟虑的军事现代化。近年来，通过采购外国先进武器、国内防务与科技产业的高水平持续投资、深刻的机构与信条改革等措施，中国军事现代化的步伐和范围得到提升和扩展。[②] 为了确保"体制安全、领土完整、国家统一、海上安全和地区稳定"，[③] 中国军事现代化正在加速度推进，中国人民解放军发展或采购了一系列大大提高其能力的新的武器系统，包括采购诸如苏－27 和苏－35 先进战机、S－300 地对空导弹、装备先进反舰巡航导弹的现代级（Soveremenny）驱逐舰、基洛（Kilo）级先进常规潜艇等俄

① "中央军委主席胡锦涛 2004 年 9 月 20 日出席在京召开的中央军委扩大会议上的讲话"，《解放军报》，2004 年 9 月 21 日，第 1 版。

② Office of the Secretary of Defense，*Military Power of the People's Republic of China 2009*，March 24，2009.

③ Taylor Fravel，"China's Search for Military Power"，*Washington Quarterly*，Vol. 31，No. 3，2008，pp. 125－141.

制先进武器系统；大大扩充了常规短程和中程弹道导弹；部署可以从陆上、空中和海上平台发射的反舰巡航导弹和陆地攻击巡航导弹；发展可用于攻击航空母舰的反舰弹道导弹；部署包括机动的东风－31（DF－31）和东风－31A（DF－31A）在内的第二代核洲际弹道导弹；打造新的携带第二代潜射弹道导弹的“晋”级核弹道导弹潜艇等。在2010年的中国军力报告中，美方对中国人民解放军的“反—进入/地区—拒止”（anti-access/area-denial，A2/AD）[①] 能力、行动半径的扩展、战略能力和（远程）力量投送能力给予了重点关注。[②] 报告宣称，作为中国长期、全面军事现代化的一部分，中国正在研发和部署大量先进中程弹道导弹和巡航导弹、新的装备先进武器的攻击潜艇、越来越强的远程防空系统、电子战和计算机网络攻击能力、反太空系统。[③]

中国海军、空军、核力量现代化尤其受到美方高度关注。美方认为，中国人民解放军海军正在发展包括把战舰和潜艇延伸到大陆以外地区的“蓝水海军”能力，具体体现在提高反舰作战能

---

① 所谓“反—进入/地区—拒止”，是美国造的新词，2001年首次出现在《四年防务评估》报告中，此后逐渐成为美方中国军力评估中的一个热门字眼。其中，“反—进入”以阻止对手进入作战战场为目的，“地区—拒止”则以防止对手在己方直接控制区域的行动自由为目的。特定到中国，指以在台湾海峡攻击范围以内的美军以及为保卫台湾而驶向临近区域的美国海军航母战斗群为目的，并从军事上予以挫则的能力战略。Andrew Krepinevich，Barry Watts，Robert Work，*Meeting the Anti-Access and Area-Denial Challenge*，Center for Strategic and Budgetary Assessments，2003，p. 5；U. S. Department of Defense，*Quadrennial Defense Review Report*，September 30，2001，pp. 31，43.

② 在2010年的《四年防务评估》报告中，“中国”、“中国的”、“反—进入”（2A，有或没有连字符）和“地区—拒止”（AD，有或没有连字符）共出现34次，为2006年和2001年的《四年防务评估》报告18次和16次之和。Ronald O'Rourke，*China Naval Modernization：Implications for U. S. Navy Capabilities—Background and Issues for Congress*，CRS Report，RL33153，August 5，2010，note 75，pp. 31－32.

③ U. S. Department of Defense，*Quadrennial Defense Review Report*，February 1，2010，pp. 31－34.

力，中国海军能够发射巡航导弹的潜艇数量比过去增长3倍，水面战舰拥有更先进的导航装备和远距离导弹，并且发展了世界唯一的反舰弹道导弹；加强海上防空能力，现役新型水面战舰拥有防空导弹以及与美国宙斯盾系统类似的相控阵雷达；改善力量投送能力，中国海上编队的补给能力比过去提高了67％，能够长久维持在远海的行动。在未来5到10年，中国将继续朝着建设一支能够超越台湾海峡的海军这一目标迈进。远程巡航导弹、先进的侦察系统和数据链通讯能力，将成为中国海军未来发展的重要“力量倍增器”。[①] 先进的SA－20 PMU地对空导弹防御系统、大量先进的苏－27和苏－30多用途战斗机以及自主生产的4代机的服役、以及空中情报雷达网络的建成大大提高了中国人民解放军空军的防空和攻击能力。中国拥有空歼－200（KJ－200）和空歼－2000（KJ－2000）空中早期预警与控制机，许多战斗机装备精确制导炸弹。就核力量而言，中国是全球陆基弹道导弹与巡航导弹项目最为活跃的国家。[②] 中国正在进行核力量、特别是发射手段的现代化，中国战略导弹部队的质和量都在提高。中国正在研发和部署大量先进中程弹道和巡航导弹，比如射程能够达到美国西部的巨浪－2型（JL－2）核弹道导弹以及以航母为攻击目标的常规反舰弹道导弹，继续在台湾海峡对面部署大量常规短程导弹并发展大量新的机动常规中程系统，这些导弹不仅能够到达台湾的重要军事和民用设施，而且能够覆盖美国及其盟友在本地区的军事

① The Office of Naval Intelligence, *The People's Liberation Army Navy: A Modern Navy with Chinese Characteristics* , August 2009.

② Office of the Secretary of Defense, *Military and Security Developments Involving the People's Republic of China* , August 16, 2010, p. 1.

设施。[①] 另外，中国还对指挥与控制、通讯、情报以及其他相关能力进行升级。在几年内，中国可能从美国西太平洋港口和基地上方的太空拍摄照片并在几分钟内传送给中国导弹系统和空军，而这一优势自第一次海湾战争以来一直为美国所独有。[②]

总之，美方认为，中国军事现代化已经使中国人民解放军以其庞大规模、以其精良武器成为亚洲最强大的军事大国。[③]虽然为可能爆发台湾冲突做准备继续主导着中国人民解放军的现代化和突发情况计划和项目，并有可能至少在 2020 年以前继续充当主要推动因素，但随着中国国际利益的扩展，中国正在考虑是否以及如何扩大中国人民解放军的国际作用，中国人民解放军正在进行从强调陆上安全向强调陆海平衡转变的大转型。中国远程精确打击能力的逐步扩展，特别是越来越先进的常规弹道导弹和陆基巡航导弹正在改变战略态势。这些系统如果部署到足够程度，考虑到其速度、精度和部署可行防御的难度，在发生领土或主权冲突时将可能给予中国决定性的军事优势。[④] 到 2020 年，中国

---

① 虽然驻关岛的安德森空军基地目前还没有受到威胁，但美国驻韩国的乌山和群山空军基地将面临 480 枚战术弹道导弹和 350 枚陆基巡航导弹的威胁，美国驻日本嘉手纳、三泽（Misawa）和横田（Yokota）空军基地将面临 80 枚战术弹道导弹和 350 枚陆基巡航导弹的威胁。U. S. Department of Defense，*Ballistic Missile Defense Review Report*，February 2010，p. 7；Jeff Hagen，"Potential Effects of Chinese Aerospace Capabilities on U. S. Air Force Operations"，testimony presented before the U. S. -China Economic and Security Review Commission，May 20，2010，http：//www. rand. org/pubs/testimonies/2010/RAND _ CT347. pdf.

② Bruce W. MacDonald，*China，Space Weapons，and U. S. Security*，Council Special Report，No. 38，September 2008，p. 22.

③ Office of the Secretary of Defense，*Military and Security Developments Involving the People's Republic of China*，August 16，2010，p. 29.

④ Mark A. Stokes，prepared statement before the U. S. -China Economic and Security Review Commission Hearing on China's Emergent Military Aerospace and Commercial Aviation Capabilities，May 20，2010，http：//www. uscc. gov/hearings/2010hearings/written _ testimonies/10 _ 05 _ 20 _ wrt/10 _ 05 _ 20 _ stokes _ statement. pdf.

将为一支能够达成更加广泛的地区和全球目标的军队打下基础。①

另一方面，美方也注意到了中国军事现代化的不足。以中国人民解放军海军而论，在远水大型编队持续行动的能力、与中国其他军种的联合行动、指挥、控制、通信、计算机、情报及监视与侦察系统（C4ISR）、防空战（AAW）、反潜战、多芯片模块（MCM）、某些关键舰只配件的对外依赖等几个领域仍不尽如人意。② 以中国人民解放军空军而论，中国空军现役战斗机（约1600架）的2/3仍然是基于米格－19和米格－21的机型（2代机），不到1/4的战斗机部队拥有4代机，许多飞机还不能搭载超视距导弹和精确制导炸弹，中国缺乏远程重型轰炸机，没有隐形机，空中加油和战略运输能力也很有限。此外，单纯购买装备并不能赋予军队行动能力。有效的测试、持续而踏实的训练、足够的战时维护和与目标信息、指挥控制等支持因素的有力联系必须与装备同步推进。虽然过去10年中国空军训练的质量明显提升，但离美国标准还很遥远。③由于维持远距离军事力量的能力有限，虽然中国人民解放军频繁地在海外采取行动，但它还不能被视为一支全球性军队或一支可以全球到达的军队。④

（二）中国军事现代化影响评估

美方认为，全球政治、经济和军事力量的分布正在发生转移

---

① Office of the Secretary of Defense, *Military and Security Developments Involving the People's Republic of China*, August 16, 2010, p. 29.

② Ronald O'Rourke, *China Naval Modernization: Implications for U. S. Navy Capabilities—Background and Issues for Congress*, CRS Report for Congress, RL33153, April 9, 2010, p. 3.

③ Roger Cliff, "The Development of China's Air Force Capabilities", testimony presented before the U. S.-China Economic and Security Review Commission, May 20, 2010, http://www.randproject.com/pubs/testimonies/2010/RAND_CT346.pdf.

④ The U. S.-China Economic and Security Review Commission, *The 2009 Annual Report to Congress*, November 2009.

并正在变得越来越分散，中国的崛起将继续重塑国际体系。中国在地区和全球经济与安全事务领域的存在和影响的持续扩大是亚太地区及全球变化中的战略形势最重要的因素之一。[①] 目前中国军事能力的发展趋势是改变东亚军事平衡的一个重要因素，并能够给中国提供一支能够在台湾以外的亚洲执行一系列军事行动的军队。[②] 中国在本地区日益增长的存在和影响对美国和本地区国家既带来了机遇也带来了挑战，中国武装部队快速而全面的转型正在影响地区军事平衡，且具有超越亚太地区的意义。[③]

总体上，美国对中国军事现代化的反应颇为矛盾。美方宣称，美国从中国军事现代化中既看到了更多合作的机会，也注意到了其所蕴含的风险：一旦觉得在台湾海峡问题上退无可退，中国可能会发布最后通牒，可能动用武力恫吓其邻国，中美之间的误解和沟通不畅可能引发争端、危机或冲突。[④] 一方面，美方表示，中国军事现代化的某些进展使得中国在国际维和、人道主义救援和灾难援助、打击海盗等提供国际公共产品方面做出更大贡献，美国对此表示欢迎。另一方面，美方又故意夸大中国军力、歪曲中国战略意图，渲染“中国军事威胁论”和中国军事不透明。2006 年美国《四年防务评估报告》宣称，中国是最有潜力与美国展开军事竞争，并把破坏性军事技术投放战场以抵消美国

---

① U. S. Department of Defense, *Quadrennial Defense Review Report*, February 1, 2010, p. 60.

② Office of the Secretary of Defense, *Military and Security Developments Involving the People's Republic of China*, August 16, 2010, p. 37.

③ Admiral Robert F. Willard, the U. S. Pacific Command Commander, *Statement before the House Armed Services Committee on U. S. Pacific Command Posture*, March 25, 2010, http://armedservices.house.gov/pdfs/FC032510/Willard_Testimony032510.pdf.

④ Wallace C. Gregson, Assistant Secretary of Defense for Asian and Pacific Security Affairs, "China: Military and Security Developments", *testimony before the House Armed Services Committee*, January 13, 2010, http://armedservices.house.gov/pdfs/FC011310/Gregson_Testimony011310.pdf.

来还不断加强空海战[①]、网络战、反潜战、濒海战等作战样式的模拟和演习。反潜战是2010年美国在亚太地区的双边和多变军事演习的重要演习科目，而美国第一艘濒海战斗舰[②]"自由号"在"环太平洋"军演中下水和亮相，表明美国对濒海战这一新的作战样式的摸索也已开始。

（四）调整美国亚太安全战略

除了保持和巩固自身军事优势以外，美国还展开亚太安全战略的调整（详见第二部分）、试图通过调兵遣将、借助盟友和伙伴国家共同应对中国军事现代化。盖茨宣称，美国在亚洲的防务态势正在向地理上更加分散、行动上更富弹性、政治上更可持续转变。[③] 当然，美国调整亚太安全战略有其战略上的通盘考虑，但防范中国的意图也不言而喻。举例来说，为应对所谓中国海上"反—进入"能力，美国海军以及导弹防御局近年来采取了大量措施，包括增加太平洋舰队反潜战训练，把太平洋舰队3艘洛杉矶级核潜艇调防至关岛，把最大、重装备程度最高的全部3艘海狼级核潜艇驻扎在太平洋东岸华盛顿州的基特萨—布雷默顿，2艘改装了"三叉戟"巡航导弹核潜艇（该型核潜艇共4艘）驻扎在华盛顿州的班戈尔（Bangor），16艘具有弹道导弹防御能力的

① 主要探索空军与海军如何在海、陆、空、太空和网络空间所有行动领域实现能力一体化来应对美国行动自由遭到的越来越大的挑战。Jan van Tol *et al*, *AirSea Battle: A Point-of-Departure Operational Concept*, Center for Strategic and Budgetary Assessments, 2010.

② 濒海战斗舰（LCS）的主要任务是反潜战（ASW）、水雷反制措施（MCM）和针对小型船只的水面战（SUW），尤其是在近海水域；其他任务包括和平时期的接触与伙伴关系建设行动、情侦监行动、海上拦截行动、支持特种作战部队行动以及国土防御行动等。

③ Robert M. Gates, Secretary of Defense, remarks delivered at the 9th IISS Asia Security Summit, Singapore, June 5, 2010, http://www.defense.gov/speeches/speech.aspx?speechid=1483.

宙斯盾舰（总共 21 艘）以太平洋为母港，增加标准—3 型（SM—3）弹道导弹防御拦截导弹采购的数量，开发并采购海基终端弹道导弹防御能力以补充宙斯盾中途弹道导弹防御能力等。[①] 2010 年 9 月，美国海军最先进的弗吉尼亚级“夏威夷”号攻击型核潜艇停靠日本横须贺美军基地，服役以来首次驶入亚洲周边海域。

总之，美方表示，美国将监控中国的军事现代化并保持对冲突的威慑，确保美国的利益及其地区及全球盟友不会遭受负面影响。[②] 美国如何应对中国军事现代化与中国如何应对美国亚太安全战略调整如同一枚硬币的两面，相辅相成，不可偏废。因此，在讨论了美国视角下的中国军事现代化之后，下文转入对中国视角下的美国亚太安全战略调整的讨论。

二、美国亚太安全战略调整：中国的视角

冷战结束以后，美国原先服务于美苏两极对峙的传统战略越来越难以为继。为适应新的战略要求，2005 年美国启动了史上最大规模基地重组与关闭（BRAC）行动，对其全球军事基地网络进行深刻调整。在 2008 年全球金融危机打击下，美国的相对衰落与以中国、印度等为代表的“其余世界的崛起”形成了鲜明对照，亚太地区地位的上升和中国的崛起尤其吸引了美国的高度关注。一方面，亚太地区在美国全球安全战略中地位上升。自 2009 年奥巴马上台以来，美国频频发出了重视亚洲、继续保持其在亚太地区存在和领导地位的决心。奥巴马自称“首位心系太

① Ronald O'Rourke，*China Naval Modernization：Implications for U. S. Navy Capabilities—Background and Issues for Congress*，CRS Report，RL33153，August 5，2010，p. 38.

② White House，*National Security Strategy*，May 2010，p. 43.

平洋的美国总统"，宣称美国是一个太平洋国家，美国和亚太地区的命运比以往更加紧密地联系在一起。[①] 国务卿希拉里表示美国要重返东南亚，国防部长盖茨宣称美国是一支亚洲的"常住力量"（resident power）而非"访问力量"，美国是、且将继续是一个太平洋国家。[②] 而在美国新任太平洋司令部司令威拉德（Robert F. Willard）看来，亚太地区对美国至关重要，该地区的经济扩展和潜力正在使其迅速成为全球战略轴心枢纽。[③]另一方面，中国在美国亚太安全战略中地位上升。虽然伊拉克、阿富汗两场战争和全球金融危机一度使美国无暇他顾，考虑到2010年8月美国毅然决然结束其在伊拉克的作战任务、力促巴以重启和谈以及力求尽快从阿富汗战场抽身，未来美国亚太安全战略的重心从中东地区向东亚沿海转移的意图呼之欲出。可以说，随着亚洲的整体崛起和中国的和平发展，美国的全球战略和亚太战略的重心正在悄然发生改变：全球层面上战略重心从大西洋向太平洋转移，亚太地区层面上战略重心由"陆"向"海"转移。

（一）美国亚太安全战略调整进展评估

中方注意到，美国将持续保持对亚太地区的战略关注和投

① Barack Obama，remarks at Suntory Hall，Tokyo，November 14，2009，http：//www. whitehouse. gov/the-press-office/remarks-president-barack-obama-suntory-hall.

② Robert M. Gates，Secretary of Defense，remarks delivered at the 9th IISS Asia Security Summit，Singapore，June 5，2010，http：//www. defense. gov/speeches/speech. aspx? speechid=1483.

③ Admiral Robert F. Willard，the U. S. Pacific Command Commander，*Statement before the House Armed Services Committee on U. S. Pacific Command Posture*，March 25，2010，http：//armedservices. house. gov/pdfs/FC032510/Willard _ Testimony032510. pdf.

入，强化军事同盟，调整军事部署，增强军事能力。[①] 2010年美国《四年防务评估报告》宣称，美国在亚太地区的基本立场是：与盟友和主要伙伴一道确保一个和平与安全的亚太地区。美国在增加并调整美军的前沿部署的同时，鼓励盟友与伙伴提高其在安全和定期多边安全合作中的作用。[②] 具体来说，美国亚太安全战略的调整主要体现在如下3个方面。

1. 美军前沿部署的调整

美军14万多前沿部署的军队是确保美国对亚太地区承诺的关键。[③] 目前，美国空军和海军的活动中心已由大西洋转移到太平洋，体现为美国远东军事基地的重组与扩建，保持军队及武器的技术优势，比如F－22隐形轰炸机、核潜艇以及航母战斗群等的重新部署等。海军方面，2006年美国《四年防务评估报告》要求美国海军至少保证6艘航母和60％的潜艇驻扎在太平洋来支持美军的接触、存在和威慑。[④] 在未来313艘的海军建设计划中，181艘或者58％（包括11个核动力航母中的6个）舰艇将归太平洋舰队。[⑤] 空军方面的调整包括增加并加强空军基地的建设、改善远程打击能力、增进空军与海军战舰的作战协调、继续推进战斗机部队主力机型从4代机向5代机的转变等。自2004

---

① 中华人民共和国国务院新闻办公室：《2008年中国的国防》，2009年1月20日，http：//mil. news. sina. com. cn/2009－01－20/1058539493. html。

② U. S. Department of Defense，*Quadrennial Defense Review Report*，February 1，2010，pp. 64－66.

③ Admiral Robert F. Willard，the U. S. Pacific Command Commander，*Statement before the House Armed Services Committee on U. S. Pacific Command Posture*，March 25，2010，http：//armedservices. house. gov/pdfs/FC032510/Willard _ Testimony032510. pdf.

④ U. S. Department of Defense，*Quadrennial Defense Review Report*，February 6，2006，p. 47.

⑤ Ronald O'Rourke，*China Naval Modernization：Implications for U. S. Navy Capabilities—Background and Issues for Congress*，CRS Report，RL33153，August 5，2010，p. 42.

年以来，美国空军在关岛安德森空军基地轮流部署B—1、B—2或B—52轰炸机，保持战略轰炸能力的连续存在。美国空军计划把3个F—22“猛禽”战斗机中队（共7个）部署到太平洋地区，并考虑将来把F—35“闪电—II”部署到阿拉斯加的艾尔森空军基地和日本的冲绳空军基地等太平洋地区的关键位置。[①]而在美国的基地建设规划中，未来关岛作为五角大楼亚太地区驻军与军事基地重组的重要一环，作为美国空军构建阿拉斯加、夏威夷和关岛战略三角的关键部分，将发挥亚太地区安全行动的枢纽作用。

2. 修复并巩固传统联盟体系

7个与美国订有相互防御条约国家中有5个（日、韩、泰国、菲律宾、澳大利亚）分布在亚太地区。冷战结束以后，虽然美国在亚洲以双边联盟为主要内容的“辐辏”体系有所波动，与某些国家的防务联系一度有所松弛，但美国在亚太的双边联盟体系并没有随冷战的结束而解体，近年来还不同程度地得到修复和巩固。2010年1月，美国国务卿希拉里重申，美国在亚太的同盟关系是美国亚太地区政策的基石。[②]美国为此采取的措施主要包括推进驻日韩美军的军力和基地重组、向日韩提供更广泛的威慑保证、深化与澳大利亚的同盟、加强与泰国、菲律宾的联盟等。就美日关系而言，过去15年，美国与日本采取从军队态势重组到角色、任务、能力评估等措施提升同盟关系，联盟范围大大拓展，涵盖了从导弹防御到信息安全合作[③]等广泛领域，另

① Carrol H. Chandler, “An Airman's Perspective: Air, Space, and Cyberspace Strategy for the Pacific”, *Strategic Studies Quarterly*, Vol. 2, No. 2, 2008, pp. 9—21.

② Hillary Clinton, “Regional Architecture in Asia: Principles and Priorities”, East-West Center, January 12, 2010, http: //www. state. gov/secretary/rm/2010/01/135090. htm.

③ 美国在日本青森（Aomori）部署X波段雷达，日本金刚级驱逐舰上配备“宙斯盾”反弹道导弹系统。

外，日本还每年为驻日美军提供近17亿美元的驻军支持。[①]尽管民主党上台使美日军事同盟因驻冲绳美军基地重组问题遭受冲击，但2010年5月28日美日共同声明的发表表明美日安保同盟作为日本对外战略的基轴并未根本动摇。目前美国在日本拥有123处军事基地，[②]驻日美军超过4.8万，包括美国唯一一个前沿部署的航母战斗群、第5空军和海军陆战队第3远征军。[③]就美韩关系而言，美国在韩国拥有87处军事基地，[④]驻韩美军规模达2.85万人。而由于"天安号事件"，不仅原定于2012年美国向韩国移交的战时指挥权推迟到2015年移交，而且自7月下旬以来，双方连续举行"不屈意志"、"乙支自由卫士"、黄海反潜联合军演3场大规模军演。此外，近年来，美国与菲律宾、泰国和澳大利亚的军事关系也有所加强。2002年，美国与菲律宾签署新的《后勤互助协定》，菲律宾同意美国军队使用菲律宾的基地和港口，为美军人员、战机和军舰提供补给和后勤服务，而美国则向菲律宾提供武器。2003年，美国把泰国提升到非北约条约盟友的地位。澳大利亚与美国在情报、监视、侦察（ISR）以及人道主义援助和灾难救援（HA/DR）等方面展开了广泛的合作，而且自2006年起，美国和日本还定期与澳大利亚举行"三边战略对话"（TSD）。

---

① Wallace C. Gregson，Assistant Secretary of Defense for Asia and Pacific Security Affairs，"Recent Security Developments Involving Japan"，statement submitted to the House Armed Services Committee，July 27，2010，http：//armedservices. house. gov/pdfs/FC072710/Gregson _ Testimony072710. pdf.

② U. S. Department of Defense，*Base Structure Report——FY 2009 Baseline*，2009，p. 7.

③ Kurt M. Campbell，Assistant Secretary of State，Bureau of East Asian and Pacific Affairs，"U. S. -Japan Relations for the 21st Century"，statement submitted to the House Armed Services Committee，July 27，2010，http：//armedservices. house. gov/pdfs/FC072710/Campell-Testimony072710. pdf.

④ U. S. Department of Defense，*Base Structure Report——FY 2009 Baseline*，2009，p. 7.

3. 拉拢和扶植新加坡、印度等新的力量

通过军售、军事援助、培训、联合军演和情报共享等多种方式，深化与新加坡的伙伴关系，强调印度作为印度洋及以外地区安全提供者的重要性，与印尼、马来西亚和越南发展新的战略伙伴关系等。2005 年，新加坡与美国安全协定的签署使新加坡正式成为美国的“主要安全合作伙伴”。新加坡不仅允许美国舰只和军事人员驻扎新加坡，而且参与了在阿富汗的行动、指挥在亚丁湾的多国打击海盗联合任务部队等。就美印关系而言，从 1995 年开始，美国与印度开展打击恐怖主义以及应对地区其他危机的联合行动。2002 年至 2005 年间，美印进行的联合训练演习超过 25 次。2005 年，美印签署《美印防务关系新框架》(NFDR)，美印进一步加强了军事联系、共同生产武器、导弹防御等方面合作，在打击恐怖主义、阻止大规模杀伤性武器扩散以及巩固本区域陆海空贸易通道安全等方面的合作也得到加强。2009 年，美国对印售武超过 20 亿美元，双方在印度洋及其以外地区的合作涵盖了在亚丁湾打击海盗、打击恐怖主义、加强海上安全、战争罪犯/失踪人员（POW/MIA）康复、人道主义援助和灾难救援等广泛领域。美国不仅与印度尼西亚、马来西亚等“老东盟国家”的防务合作有所修复，而且加强了柬埔寨、越南等“新东盟国家”的军事合作。“9·11”事件后，美国逐步放松对印尼的军事制裁和禁运，两国的军事合作逐步恢复。2005 年，美国政府宣布恢复自 1992 年中断的与印尼军队的军事训练合作，放宽对印尼的军售限制，允许向印尼出售非致命武器装备，解除对印尼的军事援助禁令，美国与印度尼西亚军事关系全面正常化。2010 年，印尼与美国签署《防务合作框架协议》，并首次参加了“环太平洋”14 国联合军演。2009 年，奥巴马政府将老挝和柬埔寨从贸易黑名单中删除，并增加了对它们的发展和军事援助。2010 年 6 月，美国还首次与柬埔寨举行海上军演。而美国与越南不仅启动了年度防务对话，2010 年 8 月，美国“乔治·

华盛顿”号核动力航母还造访越南岘港，并与越南军队举行了联合军事演习。

（二）美国亚太安全战略调整的影响评估

美国全球安全战略重心从大西洋向太平洋转移、亚太安全战略重心由“陆”向“海”转移必将对亚太安全格局乃至中国安全带来深远影响。从历史上看，离岸平衡、分而治之、防止地区性大国的一国独大（无论是在欧洲还是在亚洲）是杰斐逊总统以来美国外交传统之一。保持其在亚洲的主导地位、防止中国（包括日本）在亚太地区拥有压倒性优势是美国亚太安全战略的重要目标。中方认为，为确保其在亚太地区的军事主导和领导地位，一方面，美国将继续保持军事上的对华高压态势，不管是通过3大“岛链”对中国进行海上封锁，[①] 还是构筑“C”型包围圈。[②] 换言之，美国将与中国展开一场长期的“能力竞争”以确保其军事能力的“水涨船高”，中国能力提高，美国的能力也相应提高。恰如陆伯彬所言，中国对美国海上安全的挑战将受到美国目前质和量的优势和持续的现代化的限制。[③] 另一方面，美国也试图借

---

① “岛链”的说法始于20世纪50年代初。1951年1月4日，时任美国国务院顾问约翰·福斯特·杜勒斯提出：“美国在太平洋地区的防御范围应是日本—琉球群岛—台湾—菲律宾—澳大利亚这条岛链线。”这是美国最早关于“岛链”的概念雏形。1955年2月，升任美国国务卿的杜勒斯进一步阐述了“岛链”概念，称台湾“构成了太平洋西部边缘所谓‘岛屿锁链’中的重要环节”。这是西方国家第一次正式提出“岛屿锁链”，即“岛链”的概念。通常认为“第一岛链”包括日本列岛、琉球群岛、台湾、菲律宾以及婆罗州，大致以中国东海和南海为界。“第二岛链”北起小笠原群岛南至马里亚纳群岛、关岛以及加罗林群岛，包围西菲律宾海。“第三岛链”——以夏威夷群岛为中心，涵盖广阔的西太平洋区域。它既是支援亚太美军的战略后方，又是美国本土的防御前哨。彭玉磊：“美国最关注亚太地区 构筑3大岛链对华层层包围”，《广州日报》，2010年8月29日。

② 戴旭：《C型包围圈：内忧外患下的中国突围》，文汇出版社，2010年版。

③ Robert S. Ross, “China's Naval Nationalism: Sources, Prospects, and the U.S. Response”, *International Security*, Vol. 34, No. 2, 2009, pp. 46—81.

助盟友和伙伴关系国，通过朝鲜、台湾、南海等地区热点问题来牵制中国，中国的安全形势将更加复杂化。

（三）继续推进中国军事现代化

“兵者，国之大事，死生之地，存亡之道，不可不察也。”一方面，推进中国军事现代化是中国和平发展、维护中国国家利益的根本需要，有其内在逻辑。另一方面，毋庸讳言，包括美国亚太安全战略调整在内的亚太安全形势的变化也是推进中国军事现代化的重要外部原因。如前所述，中国的军事现代化还处于“在路上”的阶段，还需要进一步推进和实现新的突破。这既包括技术上的突破，也包括行动方式、范围上的突破。随着中国越来越多地参与国际维和、人道主义援助和灾难救援、打击海盗等国际行动中去，中国人民解放军不仅对维护国际稳定与安全做出了积极贡献，对自身能力也是难得的磨练和提高。2010 年 7 月，中国人民解放军海军舰艇还首次穿越宫古海峡，进入太平洋公海。此举虽然引起了外界的诸多猜测，但作为一种符合国际法的行为，未来中国类似的行动或演习将趋于常规化。

（四）积极开展亚洲安全外交

与此同时，以亚太地区多样性和共同利益为基础，我国努力深化全方位、宽领域、多层次的亚洲军事外交，加深战略互信，加强务实安全合作。其一，通过共同举行联合军事演习和训练、相互观摩军事演习和部队建设、广泛开展专业技术领域交流合作、积极参与人道主义救援等非传统安全领域的交流与合作，深化与周边国家军队的务实交流与合作。其二，推动地区安全对话与合作机制的建设。中国是上海合作组织和东盟地区论坛的创始成员。上海合作组织是第一个以中国城市命名、总部设在中国的多边国际组织。2007 年，上海合作组织成员国缔结《长期睦邻友好合作条约》，为安全合作奠定坚实的政治法律基础。中国不仅在上海合作组织机制化过程中发挥了积极作用，而且积极参加上海合作组织框架下的多边合作，在共同打击恐怖主义、维护边境安全等多个领域取得丰硕成果。中国也高度重视东盟地区论坛的作用，积极参加东盟地区论坛框架下的安全政策对话，不断增强与有关国家的军事互信。作为朝核问题六方会谈的重要成员，中方还为实现朝鲜半岛无核化、推动东北亚地区多边安全机制的建立积极斡旋，发挥了积极作用。[①] 与此同时，中国还主张通过亚太安全合作理事会、东北亚合作对话会等第二轨道对话，增进各国相互了解与信任，促进地区和平与稳定。[②]

三、中美军事关系的未来

有学者指出，21 世纪初中美关系呈现出一种兼具结构性和功能性的两枝化（ bifurcation）现象。所谓结构性，指中国的发展所引起的中美两国力量对比以及中国在国际体系中所处地位的变化。结构性因素孕育着紧张、摩擦甚至冲突的风险，并呼应着“大国政治悲剧”的宿命论观点。[③] 就中美军事关系而言，中美双方围绕中国军事现代化和美国亚太安全战略调整展开的互动正是中美结构性矛盾和局限的一个典型。也正因为此，相对于较为成熟的中美经济关系而言，中美军事关系是脆弱的、不均衡的。

首先，中美军事力量的不均衡。美国是世界上最强大的国

---

① 赵景芳、朱涛新：“中国军事外交 60 年：历程、特点与经验”，《世界经济与政治》，2009 年第 9 期，第 33—44 页。

② 中华人民共和国国务院新闻办公室：《2008 中国的国防》，2009 年 1 月 20 日，http：//mil. news. sina. com. cn/2009—01—20/1058539493. html。

③ 吴心伯：“中美关系的重新国际化”，《世界经济与政治》，2009 年第 8 期，第 21—29 页。

家，是唯一能够远距离投送并维持大规模行动的国家。[①] 美国的防务支出约占全球防务总支出的1/2，美国716处海外军事基地遍及六大洲（除南极洲外）、四大洋，辐射全球38个国家。[②] 作为世界第一大武器出口国，美国占据了全球军事出口30%的份额。[③]而美国的军事技术优势更是无可匹敌。以海军为例，虽然中国人民解放军海军拥有260艘舰艇，主要作战潜艇和两栖战舰的数量更是亚洲之冠，[④] 但其中仅有75艘现代化舰艇。而美国海军则是一支拥有超过60万军事和文职人员以及286艘舰船的庞大力量，并准备在未来几年扩大到313艘的规模。[⑤] 美国海军现有11艘在役核动力航母，就吨位和打击力量而言，甚至没有任何国家拥有哪怕一艘可与之比肩的航母；10艘大甲板的两栖舰，可作为海上基地供直升机及垂直起降飞机使用，没有任何一支其他海军超过3艘；美国海军在海上能够携带的飞机是世界上其余各国海军之和的2倍；57艘核动力攻击潜艇和巡航导弹潜艇，比世界上其余各国之和还多；79艘宙斯盾级战斗舰，携带约8000枚垂直发射导弹装置。美国海军总导弹火力超过了后20个海军强国之和。美国作战舰队的排水量比后13国海军（其中11国是美国的盟友或伙伴）排水量之和还多。而美国规模达20.2万的海军陆战队更是世界上该军种的翘楚，超过了世界上

---

① U.S. Department of Defense, *Quadrennial Defense Review Report*, February 1, 2010, p.1.

② U.S. Department of Defense, *Base Structure Report——FY 2009 Baseline*, 2009, p.7.

③ Paul Holtom, Mark Bromley, Pieter D. Wezeman & Siemon T. Wezeman, *Trends in International Arms Transfers 2009*, SIPRI, March 2010.

④ DOD Background Briefing on Military and Security Developments Involving the People's Republic of China, August 16, 2010, http://www.defense.gov/transcripts/transcript.aspx?transcriptid=4674.

⑤ Gary Roughead, Chief of Naval Operations, statement before the House Subcommittee on Defense Committee on Appropriations, March 11, 2010, http://www.navy.mil/navydata/people/cno/Roughead/Testimony/Gary_Roughead.3.11.10.pdf.

大多数国家陆军的规模。[①] 中美之间军事力量的差距不仅体现在硬件上，而且体现在软指标上。在军事效率的某些枯燥但很关键的组成部分——后勤（比如空中和海上战略运输）、训练、准备就绪、信条上，中美之间的距离也不能以道里计而应以鸿沟计。近代以来，美国不断在全球作战，这虽然有其缺点，但这同时意味着美国的领导人、战术、信条持续地接受着战争的锤炼。相比之下，中国人民解放军的上一次主要战争是发生在1979年2、3月之间的中越边界冲突，除此以外中国人民解放军鲜有任何作战经验。[②]

其次，中美战略互信的脆弱。在中方看来，美国在亚太地区部署导弹防御体系，严重威胁地区军事平衡；美国罔顾中国核心国家利益，拒不停止对台军售，更是阻碍两岸和平统一的最大外部障碍；而美国试图把南海问题国际化则不仅无助于南海争端的和平解决，而只会使地区局势恶化。美方对中国军事现代化也充满了狐疑。2010年5月，美国太平洋司令部司令威拉德宣称，中国持续增强的自负正引发整个地区越来越多的关切。[③] 6月，美国参谋长联席会议主席麦克尔·马伦（Michael Mullen）宣称其对中国军事项目发展的态度已经从好奇变为真正关切了。[④]如果说苏联的解体一定程度上促使美国陷入了“寻找敌人”的焦虑，2008年全球金融危机的打击则让美国陷入了实力相对衰落

① Robert M. Gates, Secretary of Defense, remarks delivered to the Navy League Sea Air Space Expo, Gaylord Convention Center, National Harbor, Maryland, May 3, 2010, http://www.defense.gov/speeches/speech.aspx? speechid=1460.

② James Fallows, "Cyber Warriors", *Atlantic Monthly*, March 2010, http://www.theatlantic.com/magazine/archive/2010/03/cyber-warriors/7917/.

③ Kathrin Hille, "US Admiral Warns over Beijing's 'Assertiveness'", *Financial Times*, May 26, 2010.

④ Admiral Mike Mullen, chairman of the Joint Chiefs of Staff, remarks delivered at Asia Society of Washington Award Dinner, June 9, 2010, http://www.jcs.mil/speech.aspx? id=1405.

后的霸权的焦虑，而中国的崛起尤其让美国人感到不安。兰德公司的军事专家罗杰·克里夫（Roger Cliff）指出，美国2010年的《四年防务评估报告》中关于中国威胁的分析是推动大量现代化项目建议的原因。①

第三，突发事件的干扰。1999年的炸馆事件、2001年发生在南中国海的EP—3侦察机事件、2007—2009年间发生在中国东海和南海的中美摩擦（如"无瑕"号事件）、2007年中国击毁报废气象卫星的事件以及次年美国摧毁失灵卫星（被视为对中国摧毁卫星行动的一次"以牙还牙"回应）事件以及美国持续的对台军售等一再干扰中美军事关系的正常展开。以最近对台军售为例，2010年1月，奥巴马政府宣布了总额达64亿美元的对台军售，其中不乏爱国者—3导弹防御系统、黑鹰直升机、鱼叉反舰训练导弹、对博胜指挥与控制项目的后续技术支持、鱼鹰级猎雷艇等先进武器。美国此举激起了中国政府和民间的强烈反应。在政治上提出严正交涉和抗议以外，中国政府决定推迟中美两军部分交往项目，并对参与售台武器的美国公司实施制裁。

不过，尽管中美关系的结构性层面对中美军事关系的发展形成掣肘，但中美关系还存在功能性的一面。所谓功能性，指中美共同面对全球化所带来的问题和挑战，双方有必要加强合作、共同应对地区乃至全球性问题，推进地区乃至全球治理。所以，尽管遭受挫折，2009年以来，双方推进军事交流的努力一直未曾停止。2009年《中美联合声明》指出，为了加强双方开展务实合作的能力，增进对彼此意图和国际安全环境的理解，要推进两军关系未来持续、可靠地向前发展。②2009年4月和8月美国海

① John T. Bennett, "China Language Softened in Final Version of QDR", *Defense News*, February 7, 2010.

② 《中美联合声明》，2009年11月17日，新华网，http://news.xinhuanet.com/world/2009—11/17/content_12475620.htm。

军作战参谋长拉夫黑德（Gary Roughead）和陆军参谋长凯西（George Casey）先后访华，2009年10月中央军委副主席徐才厚访美。2009年，双方还举行（包括恢复或重启）第10届中美防务磋商会谈（DCT，6月）、中美不扩散对话（ND，9月）、第5次年度中美防务政策协调会谈（DPCT，12月）、关于重新激活《中美海上军事磋商协定》（MMCA）的会谈（12月）等中美防务对话。2010年5月，中国人民解放军副总参谋长马晓天与美国太平洋司令部司令威拉德以及国防部助理部长格雷格森（Wallace C. Gregson）在第二轮中美战略与经济对话期间还举行了美售台武器后中美军方首次会谈。

2009年7月，奥巴马在第一届中美战略与经济对话开幕式上表示，中美关系将塑造21世纪，其重要性不亚于其他任何双边关系。美方也承认，尽管中美之间存在风险，但这些风险是任何两个拥有如此广泛和复杂关系的国家之间固有的，[1] 那种中美必将是对手的概念并非是事先注定的。[2]因此，“可持续和可靠的”中美军事关系作为中美“积极、合作和全面的双边关系”的重要组成部分，必须继续向前发展。为此，双方至少应采取如下努力：

1. 积极消除阻碍双方军事交流的障碍

中方认为，中美两军关系发展存在三大障碍：第一是美对台军售；第二是美国军舰、飞机在中国南海、东海对中国进行高强度监视、侦察（抵近侦察）；第三是美国国会通过的《2000财年国防授权法》和《迪莱修正案》，对两军在力量投送、军事训练、

① U.S. Department of Defense, *Quadrennial Defense Review Report*, February 1, 2010, p.60.

② Office of the Secretary of Defense, *Military and Security Developments Involving the People's Republic of China*, August 16, 2010, p.53.

核作战、后勤等 12 个领域的交流做出限制性规定。[①] 中方不仅反对美国对台军售，反对美国插手南海事务，而且先后 9 次对美韩黄海联合军演表示了高度关切。

2. 积极消除彼此的不信任

针对中国军事不透明的批评，我国已经积极采取措施予以改善，包括：从 1998 年起，每两年发布一次国防白皮书，阐释国防政策和军事战略，及时、客观地反映国防和军队建设新发展等基本情况；建立国防部权威信息发布平台，及时准确发布有关国防和军队信息。2004 年开通中国军网（2009 年改版为中国国防部官方网站）；2008 年成立中国国防部新闻事务局，采取定期或不定期举行发布会、书面发布等方式，发布军队的重要新闻。[②] 美国对中方不能一味指责，应该看到中国为消除彼此的不信任而做出的努力。

3. 辩证地看待中美军事关系的结构性因素和功能性因素，积极拓展双方的功能性合作

中美双方在中国军事现代化和美国亚太安全战略调整上的互动，体现了两国军事关系在结构层面上的困难和局限。为了有效推进中美军事关系，双方应致力于抑制和降低中美两国相互对抗的冲动，从功能性而不是结构性的角度看待两国关系，避免以零和思维看待中美间力量对比的变化。从长远看，多极化趋势的发展有助于重塑国际体系的结构，有助于减少中美两国之间结构性张力，使中美关系中的现实主义的权力竞争和地缘政治因素下降，使中美关系的结构性层面变窄；功能性合作有利于促进中美在全球治理上的合作，也有助于管理双边关系——规范和制约各

① 丁其林、高川：“马晓天出席第 9 届亚洲安全大会”，《解放军报》，2010 年 6 月 6 日，http://news.sohu.com/20100606/n272593128.shtml。

② 赵景芳、朱涛新：“中国军事外交 60 年：历程、特点与经验”，《世界经济与政治》，2009 年第 9 期，第 33—44 页。

自的行为、调节双方的分歧、缓和两国间的矛盾。[1] 不过，在对未来保持谨慎乐观的同时，考虑到中美军事关系结构性矛盾和功能性合作并存的局面在可以预见的未来将长期存在，时冷时热的中美军事关系将继续在磕磕绊绊、一波三折中前行。

① 吴心伯："中美关系的重新国际化"，《世界经济与政治》，2009年第8期，第21—29页。

上海合作组织安全机制的准联盟视角探析①

孙德刚*

内容提要：上海合作组织是欧亚发展中国家探索新型安全合作关系的一种有益尝试。其成员国在“结伴而不结盟”的基本原则下寻求在政治上相互支持，在安全上相互协调，在多边舞台上开展全方位外交，是一种“正式的弱联盟”。本文将其界定为准联盟，认为这种“结伴而不结盟”的多边准联盟具有独特的形成动因、管理手段和绩效，它既不同于美国主导的北约和俄罗斯主导的集体安全条约组织等多边军事联盟，又不同于伊朗主导的中西亚经合组织和东南亚国家联盟等政治和经济集团，具有安全合作载体的非正式性、表现形式的动态性、成员关系的开放性和包容性、安全管理机制的特殊性、准联盟规范的独特性等特征。

---

① 本文为上海市教委科研创新项目“准联盟外交与大国准联盟战略比较研究”(11ZS66) 和上海外国语大学“211”工程三期重点研究项目的阶段性成果；本文受上海市重点学科 B702 资助。

* 孙德刚，复旦大学政治学博士后，上海外国语大学中东研究所副研究员。

上海合作组织横跨欧亚大陆，目前6个正式成员国占欧亚大陆总面积的3/5，占世界总人口的1/4。上合组织具有经济、政治和安全等多种功能。从区域整合的视角来看，上海合作组织的成立有望使成员国建立自由贸易区，从而促进欧亚一体化发展；从拓展政治影响力来看，上海合作组织的发展有望提升欧亚发展中国家在国际上的发言权；从地区安全来看，上海合作组织是成员国应对非传统安全、打击恐怖主义、民族分裂主义和宗教极端主义的一把“利剑”。本文主要研究该组织的安全机制。

一、上合组织是欧亚大陆发展中国家的“准联盟”？

目前学界对上合组织的性质存在不同的看法，有学者认为它是地区性安全机构，有学者认为它是松散的区域论坛，也有学者认为它是有前途的国际政治组织。[①] 实际上上合组织既不同于美国或俄罗斯主导的多边军事联盟，也不同于经济一体化集团，更不是一般意义上的论坛。[②] 上合组织的主要内容是安全合作，经贸合作只是安全合作的衍生物。一方面，从宣传层面来看，上合组织自成立之日起便宣布其不同于军事结盟性质的集团，是在新安全观的基础上形成的“结伴而不结盟”、“联而不盟”的新型国家间关系。上合组织不是为了与其他国家和国际组织对抗或使用武力解决成员国与其他国家的问题、矛盾和纠纷，与欧亚大陆西

① 邢广程、孙壮志主编：《上海合作组织研究》，长春出版社，2007年版，第5页。

② 崔颖：《上海合作组织区域经济合作——共同发展的新实践》，经济科学出版社，2007年版，第100页。

部的北约存在类别上的差异。[1] 相比之下，北约是冷战思维的产物，是集团政治斗争的工具，是国际冲突的潜在诱因。上合组织成立宣言中明确规定："上海合作组织奉行不结盟、不针对其他国家和地区及对外开放的原则，愿与其他国家及有关国际和地区组织开展各种形式的对话、交流与合作，在协商一致的基础上吸收认同该组织框架内合作宗旨和任务、本宣言第六条阐述的原则及其他各项条款，其加入能促进实现这一合作的国家为该组织新成员；[2]" 另一方面，成员国在应对非传统威胁层面进行了密切的安全合作，在政治上也对美国和西方国家的强权形成了"软制衡"。早在 2000 年 3 月，"上海五国" 国防部长在会晤后发表的联合公报中指出："国际局势政治发生深刻的变化，多极化的发展趋势日益明显。推动多极化的进一步发展将有助于保障国家局势的稳定和各国利益的平衡，并为世界各国和地区的社会经济发展创造更有利条件。霸权主义和强权政治依然威胁着世界的和平与稳定。"[3] 本文认为，上合组织是在新安全观理念指导下的多边安全准联盟，亦即在不结盟、不排外、不针对第三国的前提下开展安全合作，它是 21 世纪中国首次开展的多边准联盟外交范式。

本文将国际舞台上双边或多边在次级安全管理机制基础上的安全合作关系界定为"准联盟"（Quasi-Alliance），即两个或两个以上国际实体在次级安全合作协定之上形成的持久性或临时性安全合作关系，它是政治领导人运用准联盟安全管理模式与他者开展外交协调与合作的理念、机制、政策和行为的总和。

准联盟中的"准"系指"半"、"次"和"非正式"，它是介

---

① 邢广程、孙壮志主编：《上海合作组织研究》，长春出版社 2007 年版，第 252 页。

② 外交部欧亚司编：《顺应时代潮流 弘扬"上海精神"——上海合作组织文献选编》，世界知识出版社，2002 年版，第 89 页。

③ 同上书，第 205 页。

于联盟与中立之间的“灰色地带”。如果说联盟是既“联”（参与安全合作）又“盟”（签订安全合作协定），中立是既“不联”又“不盟”，那么准联盟就是“联”而不“盟”。人们对准联盟现象不一定陌生，但真正探讨准联盟理论与准联盟外交的成果并不多见。以往学界的普遍做法是，将亲密的国家间关系冠以不同名称，如“特殊关系”、“未签订盟约的联盟”、“事实上的联盟”、“心照不宣的联盟”、“非正式联盟”、“临时联盟”、“流动性联盟”、“意愿联盟”等，这些均系准联盟的表象。① 准联盟最典型的特征是：合作载体的非正式性、表现形式的动态性、成员关系的开放性和包容性、安全管理机制的特殊性、准联盟规范的独特性、解决任务的选择性、合作手段的灵活性、战略指向的模糊性及主权让渡的有限性。

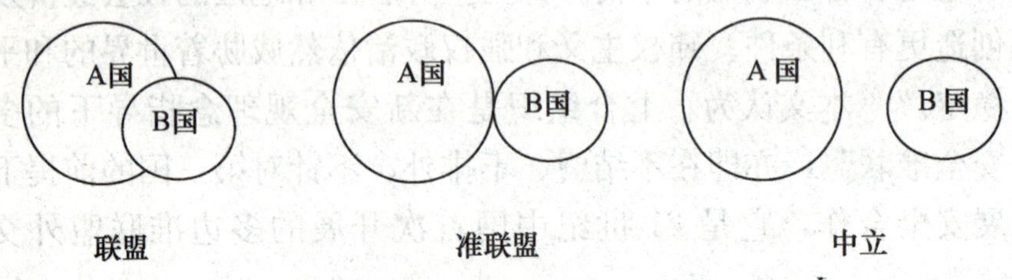

图1　联盟、准联盟和中立示意图②

二、上合组织多边准联盟的形成动因

上合组织多边准联盟的形成主要源于成员国对安全威胁的认知。新时期中国的安全战略基于中国领导人对新安全观的解读，

① 孙德刚：《多元平衡与“准联盟”理论研究》，时事出版社，2007年版，第69—75页。

② 孙德刚：《联而不盟：国际安全合作中的准联盟理论》，《外交评论》，2007年第6期，第66页。

亦即当今世界的安全必须通过和平共处、互利合作、平等对话、增进互信与和平解决争端等手段实现。“9·11”事件以来，中国安全战略主要通过两种途经得以实现，一是通过与国际和地区性大国建立伙伴关系，二是参与多边外交和地区治理，上述两种战略手段都在上合组织机制中得以体现。① 尽管“9·11”事件后，俄罗斯在反恐领域同美国进行了密切合作，对“多极化”的提法较为慎重，但伊拉克战争爆发后，俄罗斯政界和学界在界定俄罗斯国家身份和战略利益时越来越强调多极化符合俄利益。2007年2月，普京在慕尼黑安全政策大会上对单极主张进行了前所未有的猛烈批评：对于世界来说，单极模式不仅是不能接受的，也是根本不可能的。2007年3月，俄外交部发布了由俄最权威的官方和学术机构联合撰写的《俄罗斯外交概述》，宣称“单极世界的神话已经彻底破产，建立多极世界结构的客观和主观条件正在成熟”。②

上合组织六国开展的多边准联盟关系并非形成于一朝一夕，而是经历了合作安全与安全合作两个阶段。在合作安全阶段，中国与俄、哈、吉、塔围绕历史遗留的边界问题开展了磋商与合作，其安全合作具有内聚性，1996年4月26日上述各国达成的《关于在边境地区加强军事领域信任的协定》和1997年4月24日达成的《关于在边境地区相互裁减军事力量的协定》都是各方增强军事互信和强化合作安全的重要文件；③ 在安全合作阶段，中俄和中亚国家在反对恐怖主义、极端主义、民族分裂主义以及霸权主义的基础上，开展的安全合作主要针对外部共同关切，因

① David C. Kang, *China Rising: Peace, Power, and Order in East Asia*, Columbia University Press, 2007, pp. 84—85.

② 赵华胜：“普京外交八年及其评价”，《现代国际关系》，2008年第2期，第17页。

③ 李钢：《上海合作组织：加速推进的区域经济合作》，中国海关出版社，2004年版，第30—31页。

而安全合作具有外向性。

就上合组织面临的安全威胁而言，冷战结束后欧亚大陆内部产生了若干新型地缘政治动荡带，包括：1. 沿波罗的海国家经中欧到巴尔干，历史上这里经常是“火药桶”；2. 沿巴基斯坦、阿富汗、伊朗、中亚、土耳其、巴以地区、阿拉伯半岛，最后到阿尔及利亚、苏丹等国的伊斯兰“新月地带”；3. 沿南亚次大陆巴基斯坦、印度到斯里兰卡。上述动荡地区可以简称为欧洲动荡弧、伊斯兰动荡弧和南亚动荡弧，这三大动荡弧均处于欧亚大陆边缘地区，横跨两大洋和三大洲，牵动着上合组织六个成员国的“安全神经”。① 中亚是中东伊斯兰大国、中国、俄罗斯和美国四大政治力量的缓冲地带，是中国抵制西方大国军事存在和伊斯兰极端势力渗透的前沿阵地，对于中国的西部安全具有重要战略意义。

上合组织的主要功能是维护地区和国际安全。早在1999年，“上海五国”就发表了比什凯克声明；2000年，“上海五国”发表了杜尚别声明，强调建立各成员国国防部长、外交部长和其他职能部门领导人定期会晤机制。中国领导人认为，“上海五国”模式超越了冷战思维，探索国际关系的新模式，体现了一种新安全观和新的地区合作模式。2000年，五国外交部长举行了首次会晤；2001年6月15日，“上海五国”和乌兹别克斯坦共同发表了《上海合作组织成立宣言》，标志着上合组织正式成立，从一个单一的、松散的、旨在解决冷战遗留问题的安全合作机制变成了多元的、相对紧密的、旨在应对各种传统和非传统威胁的安全合作机制。9月，成员国总理举行了首次会晤。2002年6月圣彼得堡峰会后，上合组织拥有了长达26条的《上海合作组织宪章》。它为该机构组织建设打下了坚实的法律基础，明确阐明了

---

① 中国现代国际关系研究所民族与宗教研究中心：《上海合作组织：新安全观与新机制》，时事出版社，2002年版，第2页。

自己的目的、结构和运行原则。上合组织成立后，每年都发表一项政治宣言，就国际秩序、国际安全、非传统安全、能源和环保等问题发表看法。[①]

2003 年 5 月，胡锦涛担任国家元首后出访的第一站便选择了俄罗斯，体现了对上合组织的高度重视。[②] 2003 年 8 月，中国、俄罗斯、哈萨克斯坦、吉尔吉斯斯坦和塔吉克斯坦在中国边境地区举行联合反恐军事演习，这是中国历史上首次参与联合军事行动。[③] 近些年来，上合组织的机制建设不断增强，2004 年上合组织秘书处正式在北京成立，首任秘书长为张德广，并于当年 1 月在塔什干成立了反恐基地。使该组织在运作方面逐步体现出联合行动的特征。2005 年 7 月，上合组织首脑会议在哈萨克首都阿斯塔纳举行。上合组织 6 个成员国元首签署了《上海合作组织成员国元首宣言》等重要文件，并批准巴基斯坦、伊朗、印度为观察员。胡锦涛主席呼吁成员国共同努力，尽快发挥该组织的潜力，妥善处理地区和国际形势变化所带来的挑战。[④] 印度、巴基斯坦和伊朗首次以观察员身份出席上合组织首脑会议，标志着欧亚大陆的东部和西部已经出现两大政治集团——上合组织和北约，这两大政治集团并非在军事和安全上处于对抗状态，但是在安全观念、世界格局和国际体系构建、价值观等方面存在巨大的差异。北约是冷战的产物，强调军事集团斗争的对抗性、排他性和对立性；上合组织则代表了一种新安全观，是典型的多边准联盟，它反对大国集团之间搞军事对抗，反对建立排他性集团，因

---

① Bates Gill, *Rising Star: China's New Security Diplomacy*, Brookings Institution Press, 2007, pp. 39—42.

② Natasha Kuhrt, *Russian Policy towards China and Japan: The El'tsin and Putin Periods*, Routledge, 2007, pp. 115—116.

③ Judith E. Kornberg and John R. Faust, *China in World Politics: Policies, Processes, Prospects*, Lynne Rienner, 2005, p. 113.

④ Natasha Kuhrt, *Russian Policy towards China and Japan*, p. 134; Bates Gill, *Rising Star*, p. 44.

此，上合组织具有开放性、相对包容性和非对抗性，提倡共同探讨安全与发展问题。

2008年8月28日，上合组织成员国元首理事会第八次会议在吉尔吉斯斯坦杜尚别举行，各国元首共同签署并发表了《上海合作组织成员国元首杜尚别宣言》。宣言强调，应在恪守《联合国宪章》和公认的国际法准则基础上，寻求应对全球性共同威胁和挑战的有效途径，并通过各国共同努力来实现；应发挥多边外交的作用，摒弃对抗思维、集团政治和单边主义。国际安全应建立在互信、互利、平等、协作的原则基础上，建立全球反导系统不利于维护战略平衡，国际社会应该就军控和核不扩散做出努力，增强国家间信任和地区稳定，推动预防性外交，将其作为有效解决安全和发展问题的重要手段，加强联合国在预防危机方面的关键作用。各国还认为，预防冲突应遵守《联合国宪章》、安理会有关决议及国际法基本准则。联合国安理会对维护世界和平与安全负有主要责任，需发挥主导作用。本组织成员国主张根据《联合国宪章》第8章规定，全面发展和完善联合国与地区组织的合作；成员国对本组织框架内打击恐怖主义、分裂主义和极端主义的合作不断巩固表示满意，将发挥地区反恐机构的作用，将成员国安全合作提高到一个新水平。[①]

从上文可以看出，上合组织在安全合作方面主要经历了两个发展阶段：草创阶段（2001年6月—2003年5月）和稳定发展阶段（2003年5月至今）。尽管中亚地区常被视为俄罗斯的“后院”，但是中美俄大三角关系和中亚各种极端势力的兴起使中俄在战略上处于守势，双方试图通过机制建设强化对共同威胁与共同关切的认知。2003年11月，格鲁吉亚因受外部势力的插手，

---

① “上合组织成员国元首杜尚别宣言发布”，http：//news.sina.com.cn/c/2008—08—28/220916191257.shtml。

爆发了所谓的“玫瑰革命”；2004年12月，乌克兰发生“橙色革命”；2005年3月，吉尔吉斯斯坦爆发“郁金香革命”；2005年5月，乌兹别克斯坦发生安集延事件；2009年，上合组织观察员伊朗险些爆发一场“颜色革命”；2010年6月，吉尔吉斯斯坦爆发骚乱。上合组织的外部和内部爆发了数轮具有多米诺骨牌性质的“颜色革命”，使中亚国家感受到来自美国等西方国家的巨大挑战，也让中俄看到：西方在推行“大中东计划”的同时，已经将触角伸向了中亚地区，中东和中亚成为美国同欧亚陆上强国争夺战略资源、推广西方自由制度和价值观的“新生地带”。上合组织成员国曾发表一项声明，敦促美国制定从吉尔吉斯斯坦和乌兹别克斯坦撤出军事基地的时间表，暗示“中亚是欧亚大陆的中亚，不是美国的中亚”。[①] 西方国家将经济援助与中亚国家建立“民主体制”相挂钩，以扩大在中亚的影响力，迄今已成为上合组织外部不稳定因素。在中亚国家中，哈萨克斯坦强调今后将继续发挥上合组织的作用；塔吉克斯坦和吉尔吉斯斯坦则强调西方援助的重要性，而乌兹别克斯坦则强调发展与中俄关系同发展与西方大国关系一样重要，这无形中使上合组织未来合作可能丧失实质性意义。[②] 即便如此，中亚各国、中国和俄罗斯均反对在中亚实行激进式改革，认为繁荣和稳定才能消除滋生恐怖主义的土壤，反对外部势力强行干涉该地区国家的内部事务，这是中、俄和中亚国家重要的战略合作基础。[③]

---

① Chenghong Li, “Limited Defensive Strategic Partnership: Sino-Russian Rapprochement and the Driving Forces”, *Journal of Contemporary China*, Vol. 16, No. 52, 2007, p. 495.

② 姜毅：《新世纪的中俄关系》，世界知识出版社，2007年版，159页。

③ 楚树龙、金威主编：《中国外交战略和政策》，时事出版社，2008年版，第210页。

三、上合组织多边准联盟的管理机制

“9·11”事件以来，中亚地区的安全保障主要由4个因素构成：以美国为首的反恐联盟、北约的“和平伙伴计划”、独联体集体安全条约和上海合作组织，前两个机制由美国占主导地位，第三个由俄罗斯占主导地位，第四个由中国占主导地位。上合组织使中国外交有了一个赖以生存的平台，在同西方的对话中，中国有可能不再是一个国家面对一个组织，因此中国对上合组织的智力投入最大。[①] 如果说上合组织是上述6国多边准联盟的载体，这种外交类型是如何管理的？

首先，从管理机构来看，上合组织过去数年的发展历程主要表现为内部管理机制不断完善。迄今，上合组织已经形成了最高决策机构、决策机构、执行与主管机构、行政机构、辅助机构与合作机构等网络化结构（表2）。

上合组织的日常管理主要通过设在北京的秘书处和设在塔什干地区的反恐机构。秘书长按成员国名称的俄文字母顺序轮流担任，任期3年，不得连任。此后上任上合组织秘书长是哈萨克斯坦的努尔加利耶夫，任期到2009年12月31日。自2010年1月1日起，吉尔吉斯斯坦的总统顾问穆拉特别克·伊马纳利耶夫开始担任秘书长职位。就反恐机制而言，2004年6月，上合组织塔什干峰会上，反恐机构正式挂牌。2005年8月18—25日，中俄在俄罗斯符拉迪沃斯托克和我国山东半岛及附近海域举行了“和平使命—2005”联合军事演习，双方出动了海军、空军、远程战略

---

① 赵华胜：《中国的中亚外交》，时事出版社，2008年版，第234页、第409—410页。另可参见 Russell Ong, *China's Security Interests in the 21st Century*, Routledge, 2007, p.111。

表 2　上合组织的基本结构①

主要性质	会议机构	主要职能	常设机构	备注
最高决策机构	国家元首会议	全面负责，重点在政治、安全领域以及重大的原则性问题		
二级决策机构	政府首脑（总理）会议、国家安全会议秘书会议、议长会议、最高法院院长会议和总检察长会议	重点在经济、社会和人文领域		
三级决策机构	政府部长会议（外交部长、商务部长、交通部长、国防部长等）	负责各自领域内的事务		
执行与主管机构	国家协调员理事会（外交）、反恐理事会（安全）、高官会（经济、人文）、观察员代表团机制	负责各自领域的日常联络		
行政机构			秘书处、反恐委员会	负责日常管理和反恐
辅助机构	工作小组	负责具体事务		
合作机构	上合组织发展基金、实业家委员会、银行联合会和上合组织论坛、上合组织文化艺术节	促进企业界、金融界和学界的交流		

① 崔颖：《上海合作组织区域经济合作——共同发展的新实践》，经济科学出版社，2007 年版，第 319—323 页，略有调整。

轰炸机与潜艇等，演习人数达1万人。西方许多学者认为，上合组织此次军演选择了远离中亚的山东半岛，表明其不局限于特定区域，具有重要的战略意义。2006年，上合组织在乌兹别克斯坦举行了代号为“东方—反恐2006”的反恐演习；2007年8月9—17日，上合组织在俄罗斯车里雅宾斯克州举行“和平使命—2007”的联合演习，极大地震慑了该地区“三股势力”。[①] 军事演习前，俄罗斯国防部长伊万诺夫甚至指出，军事演习的内容还包括一个上合组织成员国受到武装组织进攻后，其他成员国提供援助的内容。[②] 从伊万诺夫的讲话可以看出，上合组织在传统安全领域也表现出准联盟性质，特别是上合组织中，乌兹别克斯坦和中国不是俄罗斯主导的集体安全条约组织（军事联盟）的成员，且中国也不是独联体成员国[③]，因此，上合组织无形中将上述3个组织的成员国连为一体，成为俄恢复大国地位的重要依托力量，也是中俄谋求欧亚战略稳定的基础。2010年9月，“和平使命—2010”上合组织反恐军事演习在哈萨克斯坦举行。

其次，上合组织的安全合作基于各国之间的领导人互访。以上合组织中的核心双边关系——中俄为例，仅2003年，中俄外长就见面达12次，电话交谈10次，俄罗斯副部级以上干部率代表团访华70次，中国副部级以上干部率代表团访俄40次，表明双方已经在高层和决策层建立了密切的互动机制，双方的安全合作不局限于元首之间，而是扩展至职能部门之间，处理一些具体

---

① Natasha Kuhrt, *Russian Policy towards China and Japan*, pp. 121 — 122; Chenghong Li, “Limited Defensive Strategic Partnership”, p. 483; 蒋建华、王双、司南：“安全合作与区域发展：上海合作组织两大目标的展望及对中国西部安全的影响”，《新疆师范大学学报》，2007年第4期，第70页。

② Guoguang Wu and Helen Lansdowne, *China Turns to Multilateralism: Foreign Policy and Regional Security*, Routledge, 2008, p. 110.

③ Gilbert Rozman, eds., *Russian Strategic Thought toward Asia*, Palgrave Macmillan, 2006, p. 159.

的操作问题。[①]

最后，上合组织的安全合作还基于次级安全合作协定。2001年6月15日发表的《上海合作组织成立宣言》、2001年6月15日发表的《打击恐怖主义、分裂主义和极端主义上海公约》、2002年6月7日在圣彼得堡通过的《上海合作组织宪章》都是次级安全合作协定，[②] 它们确立了“互信、互利、平等、协商、尊重文明多样性、谋求共同发展”的上海精神。[③] 上海精神实际上体现了发展中国家的地区治理观，亦即西方的“集团政治”模式、“势力范围”模式、苏联的“大家庭”模式都难以适应当今欧亚大陆不同政治制度与文化传统的国家间关系，“结伴而不结盟”模式更能够体现成员国求同存异的共同愿望。其中互信是基础，互利是目的，平等是保障，协作是途径，尊重多样文明是现实，谋求共同发展是方向。[④] 近些年来，上合组织在建立反恐机构、打击非法贩运麻醉药品和精神药物、发展观察员国、打击三股势力等问题上通过了一系列协定，这些协定主要针对非传统威胁，均属非正式性质，不具有严格的法律约束力，体现了成员国之间松散的安全合作关系。正如国内学者所指出的，通过非正式安全安排，上合组织将成为中国外交资源的一个生长点，中国在地区和国际事务中扮演了一个比中国本身更大的角色，因为它有一个组织的支撑，在同国际社会特别是西方的对话中，上合组织

---

① Chenghong Li, “Limited Defensive Strategic Partnership: Sino-Russian Rapprochement and the Driving Forces”, *Journal of Contemporary China*, Vol. 16, No. 52, 2007, p. 481.

② 这里判定其属于非正式协定主要基于其安全合作内容与共同防御条约的安全合作内容相比的非军事对抗性和非强制性，而不是其条约本身的非正式性。

③ 外交部欧亚司：《上海合作组织文件选编》，世界知识出版社，2006年版，第34—89页。

④ 潘光、胡键：《21世纪的第一个新型区域合作组织：对上海合作组织的综合研究》，中共中央党校出版社，2006年版，第199页。

成为重要的平台。[①]

四、上合组织多边准联盟的绩效评估

目前，上合组织承担着交流信息、制定规范、协调立场、联合行动等职能，[②] 对促进区域一体化、增进互信、应对非传统威胁和协调政治立场起到了重要作用。但是，上合组织的绩效有待进一步提高。

首先，上合组织为扩大成员之间的共识，采用求同存异的办法，倡导“上海精神”，成员国承诺将永做好邻居、好伙伴、好朋友，在平等合作、互信互利的基础上构建不结盟、开放和不针对第三国的新型关系。[③] 在重要原则问题上，上合组织往往措辞模糊，缺乏强制力，对新成员的加入标准无明文规定，这为成员在关键时刻背离“上海精神”乃至采取机会主义行动提供了想象的空间，影响了这个欧亚大陆最重要的多边准联盟的外交绩效。例如，“9·11”事件后，俄罗斯为协调同美国的立场，撇开上合组织同美国在阿富汗合作，中亚国家如乌兹别克斯坦、吉尔吉斯斯坦和塔吉克斯坦等国则允许美国设立军事基地[④]，使刚刚成立的上合组织一度出现了空洞化危机。

其次，上合组织的绩效与地区公共产品的有效供给息息相关，而公共产品的供给在很大程度上取决于成员国提供公共产品的意愿和能力。目前中俄在组织内部提供了主要地区公共产品，

---

① 赵华胜在上海外国语大学国际关系与外交事务研究院主办的研讨会“中国与国际组织三十年：1978—2008”上的发言，2008年11月17日。

② 邢广程、孙壮志主编：《上海合作组织研究》，第85—88页。

③ 外交部欧亚司编：《顺应时代潮流 弘扬“上海精神”——上海合作组织文献选编》，第153页。

④ Guoguang Wu and Helen Lansdowne, *China Turns to Multilateralism*, p. 108.

尤其表现为经济援助、融资渠道、机制建设、议题设置等，今后还需鼓励哈萨克斯坦承担更多的义务，鼓励其在中亚发挥一定的“领头羊”作用，成员国还需在文化领域提供更多的公共产品。但是，上合组织成员国均是处于转型时期的发展中国家，经济基础设施落后，国内影响发展和稳定的不确定因素较多，难以提供足够的经济和安全公共产品，势必在未来影响上合组织的绩效。

再次，作为上合组织中的核心国，中俄未来战略走向影响上合组织的绩效。从普京到梅德韦杰夫，俄罗斯经济伙伴的排序主要是欧盟、独联体、美国、拉美、亚太地区；而中国亦将美国、日本、欧盟、韩国、澳大利亚、加拿大等看作主要经济伙伴。除个别时期外，中俄长期以来都不以对方为自己的战略重点的局面至今尚未完全改变，这在一定程度上成为影响上合组织绩效的重要政治因素。[①] 正如美国前国家安全事务助理布热津斯基所言：中俄之间很难建立真正意义上的战略合作关系，主要是因为各自的现代化进程都离不开美国主导的国际经济体系。[②] 中俄之间缺乏足够信任的问题也未彻底解决。如中国直到 2002 年才获得生产 50 架“苏—30”战斗机的许可证，而印度早在 1999 年就同俄罗斯签署协定，生产这类战斗机。即便到了 2004 年，俄对华军售也仅为 57 亿美元，主要不是中国拒绝购买俄先进武器，而是因为俄对华军售仍然存在某些疑虑，这与中俄两国军事交流的广度与深度是不相称的。[③]

最后，上合组织的内部安全利益分歧对该多边准联盟的绩效也产生了一定负面影响。第一，无论是在核心还是在非核心问题上，现行的上合组织安全管理机制均采取一国一票制，强调协商一致的原则，这无形中使该组织的效率大大降低。尤其是乌兹别

① 崔颖：《上海合作组织区域经济合作——共同发展的新实践》，第 112、164 页。

② Chenghong Li, “Limited Defensive Strategic Partnership”, p. 487.

③ Natasha Kuhrt, *Russian Policy towards China and Japan* , p. 120.

克斯坦强调奉行与美、中、俄等所有大国的“等距离大国平衡外交”，这在一定程度上使上合组织出现了议而不决、决而不行的尴尬局面，使上合组织难以发挥预期效果。上合组织成员国承诺今后将推动政治协作，包括建立在互信基础上的一致性，建立在平等基础上的协商性，以期发出维护地区利益的同一种声音。但2004年，美国联邦调查局局长罗伯特·米勒（Robert Mueller）访问乌兹别克斯坦，强调双方今后将加强军事和情报合作，并同意乌兹别克斯坦使用其通信和侦察卫星。当年5月12日，美国还帮助哈萨克斯坦建立了旨在完成“北约和平伙伴计划”的情报信息中心。[①] 美国在中亚地区的渗透必将影响上合组织内部的向心力。

五、上合组织多边准联盟的未来走向

作为欧亚大陆发展中国家形成的最有影响力的多边准联盟，上合组织主要具有以下特点：1. 它超越了成员国之间在政治制度、社会传统、宗教习俗、生活方式和语言文化等层面的分歧，在共同利益与共同安全观基础上开展安全合作；2. 它是由安全磋商发展而来的，起初是为了消除内部成员之间的分歧；3. 它是成员国之间增加互信、减少猜疑的重要机制；4. 它是在首脑外交推动下自上而下发展起来的；5. 它在安全合作的基础上承载着全方位的合作，包括外交、国防、文化、公安、司法、经贸、教育、抗灾、旅游和交通等；6. 它是中国多边外交、俄罗斯东西平衡外交和中亚国家太平洋外交的共同需要。[②]

---

① 中国现代国际关系研究所民族与宗教研究中心：《上海合作组织：新安全观与新机制》，时事出版社，2002年版，第181—183页。

② 邢广程、孙壮志主编：《上海合作组织研究》，第10页。

上合组织的结构发展是通过“社会化”的进程来实现的，社会化不仅是该多边准联盟规则的创建过程，而且也是政治行为体偏好形成和改变的过程，更是规制内化的过程。[①] 今后，上合组织内部安全合作机制有待进一步完善。中国外交部长杨洁篪曾指出：“上合组织成员国为共同应对新威胁、新挑战，安全合作不断充实，从单纯打击‘三股势力’逐步扩展到战略安全、防务安全、执法安全、信息安全、禁毒、打击贩运武器弹药和爆炸物品、反洗钱、打击跨国有组织犯罪活动等广泛领域。随着上合组织安全合作的内涵与外延不断扩大，内部安全合作机制的局限性已经暴露出来。”[②] 以反恐机制为例，今后各方需强化反恐联合演习的力度，建立反恐快速反应部队，必要时与美国和北约在中亚合作，推动中亚反恐、反核扩散进程。[③] 上合组织与北约不仅不是相互对抗与相互排斥的，而且在一定程度上有合作的广阔前景。具体来说，美国和北约在阿富汗与中亚地区的反恐行动既有掣肘中、俄、中亚国家的一面，又有符合上合组织成员国利益的一面，在特定条件下也有利于该地区肃清恐怖主义。学界认为，今后俄罗斯主导的集体安全条约组织、欧亚经济共同体与当今中俄主导的上合组织进行合并也是上合组织发展的战略选项，但是上合组织应避免成为“亚洲的北约”、“第二华约”、“东方北约”

① Alastair Jain Johnston，“Socialization in International Institutions：the ASEAN Way and International Relations Theory”，in G. John Ikenberry and Michade Mastanduno，eds.，*International Relations Theory of the Asia-Pacific*，Columbia University Press，2003，pp. 107－162；赵银亮：“构建地区共同体：上海合作组织的‘社会化’实践”，《教学与研究》，2008 年第 1 期，第 82 页。

② 杨洁篪：“‘上海精神’的永恒魅力”，《人民日报》，2008 年 6 月 16 日，第 3 版。

③ 潘光、胡键：《21 世纪的第一个新型区域合作组织》，中共中央党校出版社，2006 年版，第 138—143 页。

或“反美军事与经济联盟”。[1] 中国政府倡导上合组织的机制化，实际上意味着今后各成员国应牺牲更多的次要主权，以促使共同外交政策和行为的一致性，也使各成员国的责任和权利更加明确，但是上合组织如何改革、朝何方向改革却是一项挑战。此外，上合组织还必须改变“政热经冷”现象，促进成员国内部的民间往来。

结语

中国的准联盟外交不仅限于应对传统的军事安全，而且应对非传统安全，如经济安全、能源安全、反恐、反海盗、反毒品走私和反跨国犯罪等。在应对传统安全问题上，中国准联盟外交是一组复合的多元平衡，亦即中国在开展准联盟外交时需兼顾发展中国家和发达国家的利益平衡，兼顾国际体系内成员关切与国际体系外成员关切的平衡；兼顾中国国家利益与国际责任的平衡。中国的准联盟战略旨在为中国的和平发展创造有利的周边和国际环境，它不以牺牲中国的主权为代价，也不以牺牲别国核心利益为代价，强调互利共赢，中国开展的准联盟外交与奉行的独立自主的和平外交政策相辅相成，体现了东方文化的人文关怀与和谐精神。新时期，中国的准联盟外交出现了从战争共同体到安全共同体、从共同威胁到共同关切、从传统安全到非传统安全、从双边协定到多边机制的一系列调整。

在上合组织中，中亚处于中俄之间，既是两大强国的缓冲地带，也是中俄同周边伊斯兰大国——土耳其、伊朗的缓冲地带，更是中、俄、土耳其和伊朗等中亚周边大国同美、欧、印等势力

---

① 王朝清：“上海合作组织发展面临的主要问题”，《文史博览》，2008 年第 1 期，第 35—36 页。

的缓冲地带。上合组织提出的“结伴而不结盟”思想与北约所提出的“结伴且结盟”思想形成了鲜明对比。前者强调在多元文化、多种价值观和多种发展模式的基础上开展安全合作，其核心是开放性和共同安全，彰显了发展中国家的安全合作观；后者强调在西方文化、价值观和发展模式的基础上开展安全合作，本质上具有排他性和集体防御之功能，体现了西方发达国家的安全合作观。位于欧亚大陆东部的上合组织是新兴崛起国家的治理模式，它将为今后欧亚大陆新兴国家的安全合作提供一条全新的思路，也为中国今后开展多边准联盟外交提供了试验场。

中国海洋问题现状与对策研究

——以海洋政策与法制为视角

金永明*

内容提要：我国已面临众多的海洋问题，它们直接危及我国的海洋安全。如何合理地处理这些海洋问题，是我国需及时处置的重大问题。由于我国面临的海洋问题具有不同的特点，一般无固定的解决模式可供借鉴。在国际、区域及双边关于海洋的制度或协定无法修改或缔结的情形下，需要运用综合性的策略应对海洋问题，而解决这些海洋问题的重要路径之一是制定国家海洋战略和完善海洋体制，关键是完善国内相关海洋法制。本文在指出我国面临的各种海洋问题及其特点和影响后，提出了解决海洋问题的基本思路，并指出了解决海洋问题的对策和完善相关国内法制的建议。

我国已面临的威胁主要来自海上，所谓的海洋问题引发的海洋安全或海上安全。一般的海洋安全是指国家的海洋权益不受侵

* 金永明，上海社会科学院法学研究所副研究员，法学博士；中国海洋发展研究中心研究员。

害或避免遭遇风险的状态，分为传统海洋安全和非传统海洋安全两种。[①] 从国际社会的实况来看，我国面临的海洋安全将主要来自非传统领域，包括海上恐怖主义（大规模杀伤性武器和核扩散）、海上非法活动（海盗行为）、海域划界和岛屿归属争议、海洋军事活动、海洋自然灾害、海洋污染和海洋生态恶化等。我国面临海上威胁众多之原因，主要为：我国与主要周边国家的陆地划界工作基本结束，来自陆地的威胁将明显减少；我国与他国之间的海洋问题争议众多，既包括海域划界争议，又包括岛屿归属争议，以及争议海域的资源开发问题，这些均是海洋安全中不稳定的要素；我国利用海洋及其资源的趋势日益深化和拓展，引发的诸如海洋通道安全、公海测量和航行及科研活动等问题必增；我国为海洋地理相对不利的国家之一，特别是海洋争议问题的解决和通道安全的维护今后对于我国来说，将十分重要而紧迫。为此，我国应积极应对海洋问题。而从国际实践来看，处理和应对海洋问题的有效途径之一是制定海洋战略和完善海洋体制。[②]

一、中国面临的海洋问题及其特点

根据综合规范海洋问题的《联合国海洋法公约》（简称《公约》）相关制度规定，我国管辖的海域面积约达300万平方公里。

① 国家海洋局海洋发展战略研究所课题组编：《中国海洋发展报告》，海洋出版社，2007年版，第88页。

② 国际社会一些国家制定的海洋战略和法制，主要为：2000年美国海洋法、2004年美国与海洋报告、2004年美国国家海洋行动计划、2007年新美国海洋战略；2002年加拿大海洋战略；2004年英国海洋研究开发基金、2010年英国海洋科学战略；2000年韩国21世纪海洋、2005年韩国海洋宪章；2006年欧盟海洋政策绿皮书——面向未来的欧洲海洋政策：欧洲的海洋理念；2005年日本21世纪海洋政策建议书、2006年海洋政策大纲、2007年海洋基本法、2008年海洋基本计划、2009年海洋能源和矿物资源开发计划、2009年管理对海洋的保全和管理离岛基本方针等。

其中争议的海域面积约达150万平方公里，包括专属经济区和大陆架的划界争议，以及岛屿归属争议海域。我国面临的海洋问题主要来自管辖海域和争议海域，其他还包括在公海引发的一些海洋问题。主要体现在以下方面：

1. 在东海，我国与日本存在海域划界争议，包括钓鱼岛及其附属岛屿（简称钓鱼岛列岛）主权归属争议。中日两国虽就东海问题已进行了11次磋商，但由于在海域划界的原则和适用、钓鱼岛列岛的归属上存在严重的对立和分歧，致使迄今仍未达成最终的海域划界协议。而为实现中日首脑达成的使东海成为和平、友好和合作之海的政治意愿，双方于2008年6月18日公布了《中日关于东海问题的原则共识》（简称《原则共识》），从而初步达成了意向性的原则共识。[①] 但双方对《原则共识》的内涵理解不同，所以依然出现了认识和理解上的分歧，关于东海问题的争议不断显现。最近，日本外相和媒体针对春晓油气田的主张和报道，就是这些分歧的具体表现。例如，2010年1月17日，日本外相冈田克也在会见中国外长杨洁篪时指出，如果中国决定在春晓油气田开展生产，日本政府将判断其违反两国共同开发协议，并会采取必要措施；[②] 2月21日，日本《每日新闻》报道称，如果中国对东海油气田实施单独开发，则日本会将此事提交

① 《原则共识》主要包括两个方面的内容。第一，中日关于东海共同开发的谅解。其中的共同开发区块由七个坐标点组成，面积约为2700平方公里。对上述共同开发区块的要求是，双方应经过联合勘探，本着互惠原则，才可选择双方一致同意的地点进行共同开发。前提是双方应努力为实施上述开发履行各自的国内手续，尽快达成必要的双边协议。第二，关于日本法人依照中国法律参加春晓油气田开发的谅解，即中国企业欢迎日本法人依照中国对外合作开采海洋石油资源的有关法律，参加对春晓油气田的开发。换言之，《原则共识》中春晓油气田的开发活动是一种主权属我国的合作开发。笔者认为，上述两个方面的内容是可以分开单独进行的，并不是需要一起展开推进的。参见金永明："中日推进东海开发的路径选择"，《东方早报》，2010年2月25日，第A17版。

② http://www.fmprc.gov.cn/chn/gxh/tyb/fyrbt/t652306.htm，2010年1月23日访问。

国际海洋法法庭。[①] 可见，此报道明确了日本强调的所谓“必要措施”即为向国际海洋法法庭提交诉讼的内容。可以预见，这种分歧和事态今后依然会不断发生，所以，需要加强对东海问题的研究，特别需要就东海划界和钓鱼岛列岛归属争议继续与日本进行谈判，在无法用政治方法解决这些问题的情形下，可以考虑利用司法手段解决，为此，我国应加强对国际司法制度的研究，特别应积累相关的证据。

2. 在南海，我国的大片海域已被越南、菲律宾、马来西亚、印度尼西亚、文莱等国分别划入各自的专属经济区。同时，南海的岛礁，特别是在南沙的岛礁被多国抢占，其资源遭到掠夺式开发，渔民时常被抓扣，我国海洋权益严重受损，应对海洋问题的举措受到挑战。例如，在南沙群岛的全部岛礁（178 个）中，各国已进占 51 个，其中他国进占 42 个；[②] 且他国有继续霸占南海岛礁之趋势，包括制定国内法侵占南海岛礁、宣示对南海岛礁的主权等。例如，菲律宾国会于 2009 年 2 月 17 日通过了领海基线法案。该法案将中国的黄岩岛和南沙群岛部分岛礁划为菲律宾领土。对此，我国外交部重申：黄岩岛和南沙群岛历来都是我国领土的一部分；中国对这些岛屿及其附近海域拥有无可争辩的主权；任何其他国家对黄岩岛和南沙群岛的岛屿提出领土主权要求，都是非法的、无效的。[③] 2009 年 3 月 5 日，马来西亚总理登陆南沙群岛的弹丸礁，宣示对该礁及其附近海域的主权。对此，我国外交部指出，中国对南沙群岛及其附近海域拥有无可争辩的

① http：//www.cima.gov.cn/news.aspx?ClassID＝13&WorksID＝199，2010 年 2 月 24 日访问。

② 具体为：越南进占了 29 个，马来西亚进占了 5 个，菲律宾进占了 8 个，而我国大陆控制的只有 7 个，台湾为 2 个。参见姜皇池：“论两岸南海海上执法合作可能议题：现状与发展分析”，中国海洋法学会编：《海峡两岸海上执法的理论与实践学术研讨会论文集》，2008 年 11 月 9—10 日（北京），第 53—54 页。

③ http：//www.gov.cn/gzdt/2009－02/18/content_1235387.htm，2009 年 2 月 19 日访问。

主权；中方愿通过协商妥善解决有关争议，并希望有关各方切实遵守《南海各方行为宣言》，不要采取可能使争议复杂化、扩大化的行动，共同维护南海地区的和平与稳定。[①] 我国在南海的海洋权益日益受到损害和挑战。

此外，在南海，已发现了多国的船舶（军舰）在我国专属经济区内从事的测量或调查（军事）活动，也严重威胁我国的海防安全。例如，2009 年 3 月 8 日，美国海军“无瑕”号船舶在南海的我国专属经济区内进行了军事测量或调查活动，引发了对峙。可见，在南海既存在海域划界和岛屿归属争议问题，也存在诸如军事活动带来的海防安全问题，但它们的性质是不同的，解决的路径也是不同的。前者是我国与东盟国家之间的争议，后者为我国与主要海洋军事大国特别是美国针对通道安全、海防安全方面的争议，必须分开对待。前者可以适用或完善区域制度或双边协定解决，后者可以利用国际社会的力量，包括修改《公约》相关制度，以及通过双边关于海上安全机制磋商解决。

3. 在黄海，我国也面临与韩国、朝鲜的海域划界问题。我国虽然与它们之间不存在岛屿主权争议，但对各自一些岛屿享有的效力存在分歧，而这些分歧影响海域划界问题。与东海、南海相比，黄海的争议似乎比较缓和，但也出现了美国军船在我国黄海专属经济区内的军事活动。例如，2009 年 5 月 1 日，美国海军监测船“胜利”号未经许可在我国黄海的专属经济区内从事军事测量活动，对此，我国外交部严正指出，“胜利”号违反有关国际法和中国法律法规规定，在未经许可的情况下进入黄海中国专属经济区活动；中方对此表示关切，已要求美方采取有效措施避免再次发生类似事件。[②] 因此，在黄海我国也不能放松，应提

---

① http：//www.gov.cn/xwfb/2009－03/07/content_1253075.htm，2009 年 3 月 8 日访问。

② http：//www.gov.cn/gzdt/2009－05/06/content_1306112.htm，2009 年 5 月 7 日访问。

前规划和研究。

4. 在公海，特别是在索马里、亚丁湾海域，我国也遇到了如何维护通道安全、打击海盗行为的问题。为保护我国途经索马里、亚丁湾海域的商船船员及其物资安全，我国政府于2008年12月26日首次派遣了军舰实施巡航任务，以保护我国的商船和需要我国护航的他国船舶，从迄今的护航效果来看，已取得了很好的成绩，也深受国际社会的好评。[①] 可以预见，我国今后将会继续执行类似的活动，以不断保护我国的海外利益，特别是海洋通道安全利益。但在广袤的公海实施诸如打击海盗行为那样的活动，也存在一些无法克服的难题，例如，如何惩治海盗行为者、如何与他国或国际组织合作打击海盗、如何实施信息共享和交流合作、如何完善国内惩治海盗行为者的法规、如何提供补给包括修养人员和物资供应等问题。

在公海，如何保障因设定外大陆架侵害我国海洋权益，并影响我国在原为公海海域的航行、测量和科研等活动的利益问题。《公约》大陆架制度内的外大陆架案自2001年俄罗斯向大陆架界限委员会提交首份外大陆架划界案以来，于2009年5月13日达到高潮。其中，损害我国海洋权益的外大陆架划界案，主要为：越南和马来西亚联合划界案（2009年5月6日）、越南针对南海的单独划界案（2009年5月7日），上述两个划界案损害了我国

① 中国海军先后派出四批11艘舰艇赴索马里、亚丁湾海域执行了护航任务，已顺利完成172批1643艘中外船舶护航任务，解救遭海盗袭击的中外船舶23艘，为维护国家利益和世界和平做出了突出贡献，受到国际社会的广泛赞誉。海军南海舰队“广州”号导弹驱逐舰、“微山湖”号综合补给舰已于2010年3月4日从海南三亚起航，赴索马里、亚丁湾海域执行第五批护航任务，它们将与先期到达的“巢湖”号导弹护卫舰组成编队，以接替第四批护航编队。参见 http：//www.gov.cn/jrzg/2010—03/04/content_1547199.htm，2010年3月5日访问。

在南海的海洋权益；① 日本划界案（2008 年 11 月 12 日）主要损害了我国在冲之鸟礁附近因设定专属经济区和大陆架而影响我国在该海域的航行、测量和科研等权益。② 为此，我国应继续关注大陆架界限委员会对这些划界案的审议进程，并加强调查大陆架的力度，适时提交我国在南海、东海的划界申请案，以维护自己的海洋权益；同时，应研究日本划界案中冲之鸟礁的资格和地位，特别研究日本是否对琉球群岛拥有主权的问题，以从根本上消除其主张。

从上可以看出，在我国的管辖海域和争议海域以及在公海等海域，我国面临的海洋安全问题众多，且我国的海洋权益正在遭受不同程度的损害，解决海洋问题的举措正在受到挑战，为此，笔者认为，研究海洋问题特别是海洋安全问题就显得十分紧迫和重要。

---

① 针对越南和马来西亚联合划界案，中国常驻联合国代表团向联合国秘书长提交了照会，阐明了中国政府的严正立场，郑重要求大陆架界限委员会按相关规定不审议上述划界案。例如，中国在照会中指出，由于该划界案侵害了中国在南海的主权、主权权利和管辖权，中国政府按照公约和大陆架界限委员会议事规则的相关规定，如果已存在陆上或海上争端，该委员会不应审议争端任一当事国提出的划界案。参见方晓，《中国反对奏效，马越划界案流产》，http：//www.dfdaily.com/node2/node23/node259/userobjectlai167701.html，2009 年 5 月 8 日访问。针对越南单独划界案，我国外交部也指出了内容基本相同的立场。参见《外交部就越南提交南海“外大陆架划界案”等答问》，http：//www.gov.cn/gzdt/2009－05/08/content _ 1309143.htm，2009 年 5 月 9 日访问。

② 针对日本划界案，我国常驻联合国代表团于 2009 年 2 月 6 日向联合国秘书长提交了针对冲之鸟的书面声明。主要内容为：实际上，冲之鸟只是《公约》第 121 条第 3 款所指的岩礁，以冲之鸟为领海基点不具有主张大陆架的权利基础，大陆架界限委员会没有审查以冲之鸟为基点的大陆架的权限。参见 http：//www.un.org/Depts/los/clcs _ new/submissions _ files/jpn08/chn _ 6feb09 _ c.pdf，2009 年 3 月 12 日访问。此外，韩国针对日本冲之鸟问题也于 2009 年 2 月 27 日提出了与中国政府的声明内容基本相同的声明。参见 http：//www.un.org/Depts/los/clcs _ new/submissions _ files/jpn08/kor _ 27feb09.pdf，2009 年 3 月 12 日访问。

二、解决海洋问题的基本思路与具体路径

鉴于我国面临的海洋问题众多，且各具特色，不能采取统一的模式解决，应分开对待和处理。解决海洋问题的基本思路和具体路径为：

1. 在东海。对于东海海域划界问题，我国应继续与日本进行磋商和谈判，以确定海域最终界线。同时，在协商中应继续坚持大陆架的基础——自然延伸原则，并延伸至冲绳海槽中间线的立场；坚持专属经济区和大陆架制度是两个不同的制度，需要分开划界，至于最终界线是一条还是两条，需通过磋商确定；继续批判日本单方面主张的“中间线”的非法性；坚持钓鱼岛列岛为我国的固有领土的立场；进一步研究将海域划界和钓鱼岛列岛争议提交国际法院或仲裁的具体方案和对策。

对于东海资源开发问题，特别是春晓油气田的开发问题，需要深入研究《原则共识》的内涵和具体的对策。基本观点为：《原则共识》是一个双方为实现政治意愿的临时性安排，属阶段性成果，有待发展和完善；《原则共识》的三项内容是各自独立的，是可分开实施的，即合作开发和共同开发是可分开进行的，且它们在本质上是有区别的，特别是合作开发海域是主权没有争议的海域；针对春晓油气田的合作开发，我国可设置比较高的合作开发门槛，在日本法人合作开发春晓油气田之前，我国可继续开发春晓油气田资源，这不违反《原则共识》的实质，即使日本将其提交国际海洋法法庭，我国也能泰然应对，绝无败诉的可能；在《原则共识》共同开发方面，我国可与日本政府就共同开发方案展开磋商和谈判，显示我国想推进《原则共识》的意愿，但不应就共同开发的具体方案进行妥协，并应发挥春晓油气田在解决东海问题进程中的积极作用。

对于钓鱼岛列岛主权归属争议问题，基本思路与路径为：在磋商和谈判中，应让日本政府承认两国在钓鱼岛列岛主权归属问题上存在争议；应设法让日本政府削弱或解除对钓鱼岛列岛附近海域的警备体制；强调钓鱼岛列岛在东海划界中不应作为划定领海基线的基点，在东海海域划界中赋予其零效力；应让台湾在钓鱼岛列岛问题上发挥作用，包括创设两岸联合巡航合作机制、共同主办钓鱼岛列岛问题研讨会等。因为，台湾具有保护钓鱼岛列岛的法律责任。[①] 两岸合作的基本路径为可在“两会”协商中签署两岸海洋问题合作框架协议。另外，如果两国谈判无法解决钓鱼岛列岛问题，建议将钓鱼岛列岛周边海域设为海洋自然保护区，并实行合作管理。同时，也应做好提交第三方解决钓鱼岛列岛争端的准备工作。

2. 在南海。对于南海岛屿主权争议问题，特别是针对南沙群岛的争议问题，基本思路和路径为：加强对南海诸岛的巡航执法力度，发现问题及时采取措施；关注美国对南海问题的政策转向，因美国的南海政策已由过去的中立主义转向目前的介入或干涉主义，需抑制美国在南海问题上支持或怂恿东南亚国家非法侵占和开发南海资源的行为；公布我国南沙群岛的领海基线；在《南海各方行为宣言》等原则下解决与他国之间存在的岛礁争议问题，包括就海域划界问题举行磋商和谈判；探索开发和利用南

---

① 例如，台湾在1999年2月10日公告的《第一批领海基线、领海及毗连区外界线》中规定了钓鱼岛列岛采用直线基线的领海基线表。参见崔延宏、尹章华编：《台湾海域法规汇编》，（台湾）文笙书局，1999年版，第194—196页。而大陆并未出台针对钓鱼岛列岛的相关政策和法制。同时，台湾“行政院”第11676号令（1971年12月2日）指出，钓鱼岛列岛为台湾省的一部分，由宜兰县管辖。参见“台湾宣布将钓鱼岛列岛划归宜兰县令”，《中国国际法与国际事务年报》（第5卷），第200—201页。在大陆与台湾分治、钓鱼岛列岛为台湾附属岛屿的现况下，台湾具有保护钓鱼岛列岛的职权。而在台湾力量薄弱、日本无视台湾主张的情形下，两岸合作保护钓鱼岛列岛就显得尤为重要。笔者认为，为使大陆保护钓鱼岛列岛具有法律依据，两岸制定海洋问题的合作协议就显得十分必要。

海海底资源的新机制；研究两岸在南海问题上的合作机制。

针对他国船舶在我国专属经济区内的军事活动问题，基本思路为：批驳一些海洋大国坚持在专属经济区内可自由进行军事活动的观点，坚持沿海国事先同意原则；分析军事活动与海洋科学研究的区别，指出军事活动损害沿海国的和平与安全，应受沿海国相关法规的管辖；修改《公约》关于军事活动的制度规范，包括增加对军事活动的内容，具体的路径为根据《公约》第312条规定，向联合国秘书长提交要求修改《公约》内容的书面通知；同时，继续与美国磋商海上安全制度，以建立相应的机制；积极修改完善我国相关法规，例如，在《涉外海洋科学研究管理规定》中增加军事活动应实行事先许可的内容。

对于资源开发中引发的安全问题，主要指在东海和南海的争议海域进行单方面海底资源开发活动引发的安全问题，基本思路和观点为：进一步明确争议海域范围，包括公布专属经济区的界线坐标；加强对争议海域的执法力度，包括制定海域巡航执法条例；设法阻止他国在争议海域单独进行资源开发活动；制定开发海底资源管理规章、海上构筑物安全水域设定法等类似的法规；与相关国家进行磋商和谈判，缔结海上事故预防协定和海上热线联络机制等。

3. 在公海。对于海上能源运输通道安全问题，基本思路与观点为：积极参与国际海峡（特别是马六甲海峡）管理合作活动，共同维护海洋运输通道安全，确保能源资源保障供应；继续参与公海海盗行为打击活动，特别是应将打击索马里、亚丁湾海域海盗行为的经验和合作体制等适用于其他海域，确保海上通道安全；探索打击海盗行为的补给和惩治非法行为人员的制度，包括军舰和船员在其他国家租借港口和基地进行补给、委托第三者起诉和制裁违法者的具体措施，以及制定和修改惩治海盗行为人员的国内立法和国际条约，例如，制定海盗行为处罚法；因全球变暖导致极地海域冰层缩小，探讨适合国际航行的通道维护和管理问题，并研究极地资源开发制度，包括创设国际管理机构和适用国际海底制度的可行性。

对于外大陆架制度引发的安全问题，即国家设定外大陆架界限后，使原在公海的调查、测量、航行等利益受到影响的问题，基本思路与观点为：关注大陆架界限委员会审查和建议国家外大陆架划界案的相关发展与动向；分析其他国家因设定外大陆架对我国造成的在原为公海的调查、测量、航行等活动的影响，特别应关注日本针对冲之鸟的具体进展、越南和菲律宾等国家的外大陆架划界案的进展；加强我国在东海和南海的大陆架调查工作，尽早向大陆架界限委员会提交我国外大陆架划界案，包括加强两岸针对大陆架调查的合作制度；[①] 研究《公约》岛屿制度内涵和存在的问题，批驳日本冲之鸟为岩礁，无法主张专属经济区和大陆架的观点，并研究岛屿制度适用于南海岛礁主张专属经济区和大陆架的可行性。

考虑到中日之间的争端将主要集中于海洋领域，为此，针对日本划界案中的冲之鸟问题，笔者认为，我国具体可以从以下方面予以应对，主要为：

1. 以冲之鸟为基点主张专属经济区和大陆架，违反公平。因为，以冲之鸟为基点主张的专属经济区面积（约 40 万平方千米）远远地超过了冲之鸟的实际面积，并严重地损害了其他国家在此海域的航行和测量活动等利益，违反公平。

---

① 2009 年 5 月 11 日，我国常驻联合国代表团向联合国秘书长提交了《中国关于确定 200 海里以外大陆架外部界限的初步信息》（简称《初步信息》），内容涉及中国东海部分海域 200 海里以外大陆架外部信息。初步信息共 17 页，包括 12 条、4 个附图和 8 个附表。对于中国提交大陆架外部界限划界案的情况，初步信息第 7—8 条表示，中国正在进行提交 200 海里以外大陆架划界案的准备工作；中国开展了相关海域所需数据的采集和处理，正在依据相关要求及准则编制划界案，并进行相关评估工作；在上述工作完成后，中国将在适当时候提交全部或部分 200 海里以外大陆架外部界限划界案。参见“中国提交 17 页外大陆架初步信息”，《东方早报》，2009 年 5 月 13 日，第 A14 版。

2. 对冲之鸟的人工加工工事，依然满足不了自然形成的陆地区域的要件。尽管日本政府出巨资强化了对冲之鸟的保护，包括构筑了钛制网、防堤波等，目的是避免其沉入水下，显然，这种通过人工方法的引入，依然改变不了其无法满足自然形成的陆地区域的要件。即冲之鸟依然是岩礁，而不能成为岛屿。

3. 日本试图通过调查冲之鸟周边海域的珊瑚生存环境，培养适合其生长的条件，并企图利用珊瑚的残片和有孔虫壳构筑洲岛，以满足所谓的经济生活的要件。对此，我国可以以培养和繁殖珊瑚、构筑诸如洲岛那样的人工设施等有损海洋环境，引发海洋污染为由，加以反对。

4. 加强对《公约》岛屿制度的研究，并收集和研究其他国家的相关实践，以在制定包括修改《公约》关于岛屿制度的协商过程、确立新的规则中，提出我国政府的立场和态度。

对于海洋环境污染问题，由于各国利用海洋及其资源的力度和广度不断拓展，由此引发的海洋环境污染问题必将增加，为此，应积极利用国际和区域相关制度，并完善国内法制，处理来自陆地、海底活动、国际海底区域资源开发活动、倾倒造成和来自船舶的污染，实现海洋及其资源的可持续发展。

当然，对于上述问题引发的争议，包括因对《公约》的条款和制度的不同解释和立场引发的争议，需要通过政治方法和法律方法予以解决，为此，需研究解决这些争议的具体制度，重点为国际法院和仲裁制度。同时，也需要研析类似争议问题的判例，以供借鉴。

三、我国应对海洋问题的对策建议

应该说，在相关国家间利用和平方法是解决海洋问题的基本原则，而在利用和平方法无法解决海洋问题争议的情形下，可以考虑利用国际司法制度解决。尽管我国已于2006年8月25日依据《公约》第298条规定，向联合国秘书长提交了书面声明，对于《公约》第298条第1款（a）、（b）和（c）项所述的任何争端（涉及海洋划界、领土争端、军事活动等争端），中国政府不接受《公约》第15部分第2节规定的任何国际司法或仲裁管辖。但不排除我国撤回该声明，利用司法或仲裁解决海洋争端的可能性。因为，《公约》第298条第2款规定，缔约国可随时撤回上述声明，或同意将该声明所排除的争端提交本公约规定的任何程序。

从国际实践来看，在国际、区域或相关国家间无法修改或缔结关于海洋问题的制度或协定的情形下，应对海洋问题的策略为：国家应制定海洋战略，并完善海洋问题的体制和机制，重点应完善相关国内海洋法制。这是我国可以借鉴的基本模式之一。具体对策建议为：

1. 制定国家海洋战略。考虑到海洋安全日益影响我国的海洋权益，而我国对海洋及其资源的依赖性日增，原先制定和出台关于海洋的政策和措施（例如，1995年《全国海洋开发规划》、1996年《中国海洋21世纪议程》、2002年《全国海洋功能区划》），已经无法适应海洋问题发展要求，需要修改和调整，为此，我国应尽快制定和实施国家海洋战略，即将国家开发利用海洋及其资源作为国家的基本政策。换言之，从战略上重视海洋问题引发的安全问题，通过制定和实施国家海洋战略，为构建和谐海洋提供保障作用。

2. 完善海洋体制机制。海洋问题复杂而多样，且海洋新问题不断涌现，同时，人类未知的海洋领域众多，应对和处置海洋问题一般无固定的模式可以套用，为此，应综合地应对和处理海洋问题，即设立国家海洋事务委员会等那样的机构就显得十分重要。具体的路径可以在国家海洋战略中作出设立国家海洋事务委员会的规定，也可以在制定海洋开发基本法或海洋基本法中作出规定。国家海洋事务委员会应由国家主席或国务院总理任主任，相关部委办局的主要领导任委员。具体模式可参照国家能源委员会，以提升应对海洋问题机构的地位和职权，统一协调相关海洋职能部门，消除机构之间的职责障碍和缺失，以有效快速处理海洋问题。

同时，鉴于海洋问题的多样性，可以在国家海洋事务委员会内设立相应的小组委员会，例如，钓鱼岛研究会、南海问题研究会、中美海上安全研究会、中日海域划界研究会、海洋争议解决制度研究会等，以应对各种海洋问题引发的争议。

3. 完善国内海洋制度和法规。在国际、区域和双边关于海洋问题的条约或协定无法改变或缔结的情形下，进一步完善国内相关海洋制度和法规就显得尤为必要。具体建议为：

(1) 提升"海洋"的地位。建议在《宪法》第 9 条中增加"海洋"为自然资源的组成部分，以确立"海洋"在《宪法》中的地位，加强对"海洋"的保护。[①] 同时，应进一步加强对"海洋"的宣传和教育活动，包括通过摄制和播放与海洋有关的电影和录像，加强海洋宣传日活动，开展诸如爱海、知海、守海和用海等相关学习和实践活动，加强中小学和大学海洋学科教育和建设活动等。

(2) 制定海洋开发基本法。海洋问题的应对和处理，需要有根本性的海洋法规来统领和指导，为此，我国制定综合规范海洋问题的法规（例如，海洋开发基本法）在近期就显得十分必要。

(3) 完善我国海洋相关法规。特别应完善《专属经济区和大陆架法》（1998 年）配套法规，以实施和细化其基本原则和制度。主要为：大陆架油气资源开发规则、建筑物与结构物安全区

① 我国《宪法》第 9 条第 1 款规定，矿床、水流、森林、山岭、草原、荒地、滩涂等自然资源，都属于国家所有，即全民所有；第 2 款规定，国家保障自然资源的合理利用，保护珍贵的动植物，禁止任何组织或者个人用任何手段侵占或者破坏自然资源。

域管理办法、应对外国企业和船舶侵害我国专属经济区与大陆架资源开发活动的措施、应对外国船舶测量我国管辖海域活动的措施，等等。

制定完善海洋事务部门新法规，以应对新出现的海洋问题，例如，海盗行为处罚法、海洋安全法等。

修改我国《涉外海洋科学研究管理规定》（1996 年）相关内容（例如，第 4 条），以明确我国采用广义的海洋科学研究（包括军事测量活动）概念，坚持沿海国事先同意原则，并考虑提升其法律的位阶（即将《规定》提升为法律）。

（4）加强海域执法力度。海洋权益的维护，需要有强有力的执法队伍。首先，应进一步宣布我国的领海基线及明确管辖海域界限。因为，我国于 1996 年 5 月宣布了大陆领海的部分基线和西沙群岛领海基线后，迄今未公布其他岛屿的领海基线，为切实维护我国的海洋权益，特别是为巡航执法，我国应进一步宣布其他所属岛屿的领海基线，以明确确定我国有权管辖的海域界限。[①] 同时，领海基线的公布对于进一步实施《海岛保护法》（2010 年 3 月 1 日起施行），也是十分必要的，为此，近期加强对相关岛屿的调查就显得尤为重要。其次，应整合海上执法队伍，并完善相关法规。考虑到我国管辖海洋事务，特别是执法部门众多的现状，存在条块分割、缺乏统一协调和职权缺位等弊端，因而无法形成合力包括有效处理海洋问题，所以，我国应进一步整合涉海部门的海上维权执法力量，包括以中国海监为基础组建海岸警卫队，以加强海上执法力量。同时，为使巡航执法有法可依，建议制定海域巡航执法条例。

（5）完善海洋研究机构的研究成果转化为决策的体制。我国应继续发挥海洋问题研究机构和咨询机构的积极作用，包括加强

① 例如，《中国政府关于中国领海基线的声明》规定，中国政府将再行宣布中国其余领海基线。

对这些机构研究海洋核心、热点问题的资助力度，为解决海洋问题提供决策咨询，同时，采取有效措施，使研究成果能快速地转化为国家政策或具体对策，以促进海洋问题的妥善和合理解决，并推进我国海洋事业的发展。

（6）切实实施《海岛保护法》。《中国海洋 21 世纪议程》第四章《海岛可持续发展》指出，中国岛屿众多，鉴于海岛是连接陆域国土和海洋国土的海上基地，兼备丰富的陆海资源，各国均重视海岛的开发、利用和保护，以及综合管理，即既要合理、适度地开发利用海岛资源，又要避免盲目和破坏性的开发活动；在开发过程中既要重视生态环境的保护，又要特别重视岛屿中的生物多样性的保护，为此，《中国海洋 21 世纪议程》提出了四个方案，以实现海岛的可持续发展，即海岛经济开发、海岛资源和环境保护、无人岛屿的管理和保护、海岛基础设施建设和社会发展。根据上述要求，以及国家海岛立法要求，我国于 2003 年 6 月，由国家海洋局、民政部和总参谋部联合印发了《无居海岛保护与利用管理规定》。其明确了无居民海岛属于国家所有的原则，规定了无居民海岛功能区划、保护与利用规划、开发利用申请审批程序、海岛保护名录、海岛名称等制度。为进一步贯彻落实上述制度，国家海洋局又于同年编制了《无居民海岛功能区划》和《无居民海岛保护与利用规划》，为无居民海岛管理提供了科学决策依据。另外，为规范无居民海岛利用审批工作，国家海洋局于 2003 年 11 月印发了《关于印发“无居民海岛利用申请审批暂行办法”等有关制度的通知》。考虑到上述规定和相关制度的法律位阶较低，在实际的管理中依然无法保护海岛等缺陷，即我国对海岛重要性的认识依然不够，海岛规划、管理政策研究滞后。主要的问题体现在以下几个方面：第一，海岛地区经济发展总体滞后；第二，海岛地区社会事业和基础薄弱，居民生产生活条件艰苦；第三，海岛资源破坏加剧，生态环境有所恶化；第四，海岛法律制度不健全，开发建设缺乏规划；第五，海岛地区发展政策支持不够，投入严重不足；第六，海岛管理体制不顺，缺乏统一管理。[①] 同时，如果将海岛与海域的使用和管理相对照，自《海域使用管理法》（2002 年 1 月 1 日）实施以来，我国的用海秩序发生了根本性的转变，基本克服了无序、无度、无偿的现象。为此，为切实保护海岛的利用价值和其他附加价值，经过周密的调研和试点工作，我国于 2009 年 12 月 26 日在第十一届全国人大常委会第 12 次会议上通过了《海岛保护法》，并于 2010 年 3 月 1 日起施行。《海岛保护法》对海岛的开发和利用作出了规范，实施该法将对海岛管理产生极大的促进作用。

另外，针对《海岛保护法》的实施，我们应考虑以下几项配套措施，以切实发挥《海岛保护法》的功效。主要的措施为：编制全国和地方海岛保护规划；根据各个海岛的实情，采取有效措施，整治和修复海岛污染或破坏的生态环境；强化国家和地方各级政府对海岛管理的体制；对海岛实施进一步调查、巡访和监测制度，以及时发现问题，采取救济措施。

总之，国际实践已经告诉我们，凡是世界强国必是海洋强国，而为振兴中华，实现和谐海洋理念，我国全力保障海洋安全已迫在眉睫，这对于海洋地理相对不利的我国来说，尤为重要。而保障海洋安全的有效措施之一是实施国际、区域和双边关于海洋问题的制度，关键是完善国内相关海洋法制。

结语

21 世纪是海洋的世纪，特别在近期，国际社会主要国家均加大了开发利用海洋及其资源的力度，而制定海洋战略和完善海

---

① 王秋蓉："坚持以法治岛，实现可持续发展"，《中国海洋报》，2009 年 12 月 11 日，第 1 版。

洋体制是一个重要的路径抉择，也是国际社会的普遍选择，对此，我国也不能例外。鉴于我国海洋问题已经危及国家安全，我国制定和实施国家海洋战略和完善海洋体制机制，就显得尤为紧迫，即我国经略海洋、规划和利用海洋及其资源的时代已经来临，且刻不容缓。

中国构建"印度洋战略"及其内涵

胡志勇*

内容提要：近年来，随着中国对能源需求的增长，作为海上能源生命线的印度洋的重要性与日俱增。印度的印度洋战略对中国产生了一定影响，中国构建和谐"印度洋战略"，与中国的南亚战略相适应，努力为中国的国家安全与国际海洋安全与环境带来积极的影响。

印度洋作为中国的西部邻海，蕴藏着丰富的战略资源，印度洋是中国通向南亚、中东、西亚和欧洲、非洲的重要的交通、贸易、能源通道，对中国的经济可持续发展至关重要。印度洋的安全和稳定对中国的战略、经济利益的意义重大，是中国走向海洋，发展海洋战略的重要通道，成为中国的"海上生命线"。作为马六甲海峡的"前端"，印度洋对中国的海洋安全有着与马六甲海峡同等的制约作用。21 世纪以来，随着中国经济的快速持续发展，中国对能源的需求日趋增长，中国有多达 80%的石油

* 胡志勇，上海社会科学院亚洲太平洋研究所副研究员。

供应需要经过印度洋，中国对印度洋、南中国海的依赖程度也越来越强。[①]

印度洋在中国的资源战略上占有十分重要的地位，无论中国从中东进口石油，还是从非洲进口石油和矿产，都得经过印度洋航道，这是一条最经济、最便捷的海上航线，印度洋“能源通道”与“贸易通道”的安全，直接影响到中国的国家安全，印度洋对中国的国家发展具有十分重要的意义。

一、中国海洋权益面临的挑战

21世纪以来，海洋权益重要性与日俱增，各国都加大了对本国海洋权益的保护力度。中国海洋事业经历了积极的变革和发展，海洋战略地位日渐重要，民族的海洋意识不断增强。海洋管理立法实现了突破，基本建成了海洋法律体系；海洋战略研究初见成效。海洋产业不断壮大，海洋经济有了较快发展。但是，中国公民的海洋意识刚刚起步，海洋权益面临着诸多挑战，中国不仅需要坚决捍卫领海，也需要及早制定海洋发展战略，加快海洋开发，推动海洋经济发展。这种挑战一方面是美国日益加大在中国南海、东海和黄海的战略介入，谋求形成对中国的海洋战略包围和牵制，另一方面是海洋邻国也在不断加强与中国争夺海洋权益。[②]因此，在严峻的挑战面前，中国需要及早制定本国的海洋发展战略，加快海洋开发力度，推动中国海洋经济的发展，努力维护海洋生产活动的正常秩序和我国的海洋权益，提高参与国际海洋事务的能力。为中国完成由“陆上大国”变为“海洋大国”

① 王新龙：“印度的海洋战略及其对中印关系的影响”，《南亚研究季刊》，2004年第1期。

② 钟理：“中国高调捍卫海洋利益解读”，《紫荆》，2010年8月号。

打下坚实的基础。

因此，首先，中国应坚决守护国家的领海和海权。将南海列为中国的“核心利益”，表明中国的海洋战略已初显轮廓，表明不允许任何国家任意染指中国。其次，应不断强化中国的海防能力。2010 年以来，中国海防能力呈现出由点成线、从局部走向统一的特征。中国海军北海舰队跨越宫古海峡，穿越巴士海峡，抵临马六甲海峡以东海域，在南沙群岛和西沙群岛展开军事演练。中国海军东海舰队穿过冲绳群岛和宫古海峡，到达西太平洋冲之鸟礁附近海域。此举不仅意味着中国海军已具备突破“第一岛链”的能力，而且，表明了中国的海防能力已从局部防御发展到整体协同巡航。第三，学习和借鉴世界大国的海洋发展经验。如美国海军发展的思路，以及与外交软实力相辅相成的方式等等，值得中国学习与借鉴。

中国的海洋战略不以追求绝对制海权为目标，在维护领海主权的同时，确保海上交通线的安全。

中国已经将海军建设写进了 2008 年中国国防白皮书中，为海军的发展提供了政策框架。中国在白皮书中陈述了中国国防力量建设的目标，就是发展战略导弹和太空资产，快速打造能到远海实施行动的蓝水海军，以及系统性提升边境地区基础设施、监视和作战能力系统的目标。

中国全国人大常委会 2009 年 12 月通过了《海岛保护法》，以立法形式来保护海岛，旨在加强对岛屿的系统管理。《海岛保护法》是中国的海洋法律制度的“重大突破”。①

随着中国国力以及海上经济利益的发展，中国“建设海洋强国”、“扩大管辖海域”的趋势已不可避免。

2010 年 5 月 11 日，中国国家海洋局低调发布了《中国海洋发展报告 2010》，正式对外公布了中国海洋战略的原则，“建设

① 韩咏红：“中国要建‘海洋强国’”，《联合早报》，2010 年 5 月 13 日。

海洋强国”成为中国海洋战略的目标。《中国海洋发展报告2010》指出，2009年中国与海上周边地区既存在经济依存度增大、利于海上局势稳定，同时也面临一些国家争夺海洋权益和外部势力介入的挑战，周边海洋开发活动所引发的环境和资源保护问题凸显。在描述“海洋经济与海洋科技”的部分里，海洋经济是中国经济“新的增长点和亮点”。①

为此，中国应扩大管辖海域，维护中国在全球的海洋权益，而且要建设海洋经济强国，同时形成海洋防卫战略和海洋科技战略。

2020年中国海洋发展战略研究报告已初步完成，具体战略任务包括：维护海洋权益、发展海洋经济、加强海域使用和海岛管理、保护海洋生态环境、发展大洋和极地事业、促进海洋科学与教育事业发展等。②

但是，由于中国海洋战略缺乏清晰度，中国海军建设滞后于中国经济的快速发展。因此，中国向海洋大国发展，必须强化中国海军建设。中国在反潜作战和空中加油等高技术领域取得突破，则意味着中国有能力守护自己的海域和海权。③

因此，中国必须撇开传统思维，必须重新认识海洋的重要性，海洋武装力量是实现国家战略的最有效的工具。积极发展海军力量，建设一支远洋护航力量，提高远洋护航能力，努力早日成为海洋强国，积极寻找海洋战略的突破点。中国的海上武装力量建设应该走综合均衡发展的道路，使我国的海上武装力量成为一个综合、均衡、强大的力量体系。

---

① 韩咏红：“中国要建‘海洋强国’”，(新加坡)《联合早报》，2010年5月13日。

② 同上。

③ 陈冰：“中国海洋战略初显轮廓”，(新加坡)《联合早报》，2010年7月9日。

二、印度的"印度洋战略"对中国的影响

美国著名的海权战略家马汉在100多年前就曾预言："21世纪将在印度洋上决定世界的命运。"印度自独立以来，一直致力于实现"世界海洋大国"的战略目标，积极实施控制印度洋的海洋战略。作为印度洋沿岸的大国，印度一直追求对印度洋实际控制的战略目标，因为控制了印度洋，就能支配印度洋和印度洋沿岸国家，就能控制从地中海到太平洋之间的广大地区。世界历史的演变也证明印度的命运与印度洋休戚相关，印度的强盛必须依赖于印度洋。因此在20世纪60年代末70年代初，印度就着手制定本国的海洋控制战略，采取两个方面的步骤：第一，控制印度洋北部水域；第二，向远洋海区推进，逐步制约和排挤其他大国在印度洋的军事影响和存在，使印度洋真正变为"印度之洋"成为印度海洋战略的目标。①

2004年印度洋发生海啸后，印度海军开始在国际上发挥了积极的作用，印度调动了本国军舰帮助遭受破坏的斯里兰卡和印度尼西亚等国，使印度利用海上军事实力展现其大国形象。2005年印度公开宣布了其海军新武器采购计划，从而使印度在印度洋战略能源通道拥有了更大的影响力。

印度海洋战略经历了变化和发展的演变历程，至21世纪初形成了全面的海洋安全战略理论。印度海洋战略是其大国战略的有机组成部分之一。近年来印度加快了推进"印度洋控制战略"的步伐，主张由"攻势战略"取代"防守战略"，在通过政治、经济、外交等方式增强在印度洋的影响力的同时，把建立一支远

① 谭正平、章明："三艘航母控制印度洋印度海军航母战略新支撑"，《军事世界画刊》，2010年第2期。

洋攻击型海军作为实现“印度洋控制战略”的重要途径。将战略利益区延伸至波斯湾及马六甲海峡，印度国防部还制定了一项新的海上部队体系和战略草案计划，使海岸警卫队在维护国家安全方面发挥更大的作用。其最终目的就是慑止区域外地区大国染指印度洋和有效限制世界大国在印度洋的军事活动。确保海上交通线的安全成为印度海军和海洋战略的首要目标。

印度独立以来致力于成为世界海洋大国，积极实施控制印度洋的战略。印度逐步完善了海洋战略思想体系，尤其是近年来印度扩充海军军备，令周边国家颇感不安。如何看待印度海洋战略的内涵和利益指向是包括中国在内的国家应当审慎思量和切实应对的重要问题。① 印度海洋战略直接或间接地给中国的海上安全带来了一定的压力，也成为我国处理中印关系时不可忽视的问题之一。在地缘政治视角下围绕印度洋海权之争，美中印三国在印度洋极力谋求均势，以获取最大的战略利益。②

印度在谋求控制印度洋的同时，还把触角伸向了东南亚和南中国海地区。此举无疑对中国的能源开发和运输都将产生重大的影响。③

印度洋地区将对中国愈益重要。中国在若干沿岸国家已经建立了重要的经济利益。中国的发展依赖世界的资源和能源，更依赖一个稳定和谐的国际环境和周边环境。④ 中国和印度应预见到未来的海上冲突，推动两国海军针对所共同关注的问题展开切实的对话，增进交流的深度。

印度实施印度洋战略对中国安全和利益构成了一定的威胁，

---

① 张威：“印度海洋战略析论”，《当代社科视野》，2009 年第 11 期。

② 王丽华：“印度洋海权之争——地缘政治视角下的美中印三角博弈”，《云南行政学院学报》，2005 年第 6 期。

③ 胡庆亮：“印度海洋战略及其对中国能源安全的影响”，《南亚研究季刊》，2008 年第 1 期。

④ ［印度］克·拉简德拉·辛格著，周水玉、李淼译：《印度洋的政治》，商务印书馆，1980 年 4 月第 1 版，第 99 页。

影响到中国未来的能源安全，也影响到中国今后发展的空间。

21世纪以来，印度非常关注中国扩大在印度洋地区的影响力，进一步凸显了两国在该区域争夺资源和地缘政治权力的激烈竞争。[①]

21世纪以来中印关系中的印度洋问题逐渐浮出水面。这一问题之所以出现，既与冷战后印度洋地缘战略地位的凸显有关，也与印度和中国对印度洋在各自国家发展中的价值判断有关。中国为了维护在印度洋地区合法的战略利益，采取了“非直接进入”，即合作的方式进入印度洋。印度认为中国是一个竞争性的大国。因此，中国进入其视为“后院”的印度洋被看作是对印度的威胁。从这一认知出发，印度采取了诸多措施制衡中国在印度洋的势力发展，中国的反应则较为谨慎和温和。印度洋问题不应该成为中印关系中的“热点”。中国希望未来的印度洋是和谐、合作的印度洋，而不是冲突的印度洋，印度洋问题的妥善解决，对中印关系的良性发展非常有益。[②]

随着中印经济实力的增强，印度洋对两国经济发展的重要性会越来越突出。印度洋被称为“21世纪的丝绸之路”，中国、印度和日本等经济发展所需要的绝大部分原油和矿产资源都需要通过印度洋运输，重要性不言而喻。海上护航是影响两国安全关系的新发因素。2008年年底中国海军为了保证过往中国商船的安全，维护正当的权益，根据联合国的有关决议，在国际海域实施了护航行动。但是印度却认为，中国进入印度传统上认为是自己势力范围的印度洋，发展同有关国家的关系，是对印度的战略包围，是要用“珍珠链”绞杀印度。这显然是对中国所采取行动的误解。中印两国必须从战略的高度、从两国人民的根本利益出发，摒弃过去的思维定势，在军事安全领域尽量做到增加互信、

① 路透社，新德里2010年9月1日电。

② 刘新华：“论中印关系中的印度洋问题”，《太平洋学报》，2010年第1期。

增强信任、加强合作、减少摩擦、避免冲突。[①]

三、中国的“印度洋战略”及其内涵

21世纪以来，中国在经济实力快速增长的基础上，确定了“建设海洋强国”的国家海洋战略，而建设一支“远洋积极防御型海军”则是维护国家海权的重要内容。

随着中国经济实力的不断增强与海外利益的日趋扩大，中国海军力量的建设必须加强。提高与保持海军远程作战能力，提高后勤保障能力已逐步成为建设现代化海军的主要内容。中国海军建设的目的仅是维护自己的正当海洋权益，维护海外利益的安全。中国海军派遣舰艇编队前往亚丁湾、索马里海域护航，与包括美国在内的其他国家共同维护世界航运的安全，就是中国海军和平走向深蓝的范本。[②]

繁荣活跃的跨印度洋贸易有利于中国经济持续高速增长。但长期以来，中国进出印度洋的主要通道只有马六甲海峡。85％以上的进口石油要通过马六甲海峡运输，而马六甲海峡狭窄、拥挤，海盗出没，运输成本巨大，特殊时期更可能遭遇“锁喉”。“马六甲困境”已成为中国经济持续发展的一个阻力。就马六甲海峡对中国能源安全的影响而言，应该着重处理的是和平时期的能源安全。[③]

南下寻找通往印度洋的新战略通道，并伺机拓展在印度洋的

---

① 马加力：“海上护航影响是两国安全关系新发因素”，《中国网—中印建交60周年专栏》，2010年6月10日。

② 梁嘉文、于胜楠：“中国海权发展可‘以美为师’向海洋突围步履艰难”，《国际先驱导报》，2010年8月26日。

③ 薛力：“中国‘马六甲困境’被高估 下一步怎么办?”，（新加坡）《联合早报》，2010年8月13日。

战略空间，是中国经济快速发展所要求的必然举动。不仅如此，“两洋”战略的实施一定程度上也能缓解西太平洋海域的紧张，减少中国由陆权向海权扩展的外部阻力。

因此，构建有中国特色的“印度洋战略”，符合中国的国家利益，有利于中国经济持续快速发展，因而具有十分重要的现实意义：

1. 加强与印度洋沿岸国家的睦邻友好、合作关系。中国应主动加强与印度洋沿岸各国睦邻友好合作关系。积极开辟中国的西部通道。中国与印度洋沿岸国家之间不存在根本性的利害冲突。发展和保持印度洋沿岸国家的睦邻友好合作关系，构成了中国印度洋战略的基础。其中，巴基斯坦和缅甸是构建中国“印度洋战略”的两个战略支柱。半个多世纪以来，中国与巴基斯坦保持了全天候的传统友谊，巴基斯坦不仅在中国发展与世界联系方面发挥了重要的作用，而且成为中国在中亚地区发挥影响力、加强与穆斯林世界沟通的重要渠道。与中国发展友好关系已成为巴基斯坦历届政府对外政策的重要组成部分。[①] 在加强中巴两国政府间友好合作关系的同时，中国还应加强与巴基斯坦内部各种力量与民间人士的交往，使中巴关系长期保持一种“准同盟”的关系。

中国和缅甸一直保持着友好合作的关系，约20%的华人生活在缅甸，这种天然优势有助于中缅两国长期合作。而且，中缅双方都有合作的需要。在缅甸政府面临困难与压力的不利态势下，中国更应加大对缅甸的政治支持和经济援助。而且，中国还需加强与缅甸社会各政党、各阶层和民间的交流，包括在尊重缅甸现政府的前提下，适度保持与缅甸反对党的必要接触，并支持缅甸政府与反对党的和解与谈判。中国应努力将缅甸打造成稳定

---

① ［巴］马苏德·汗：“巴基斯坦对南亚地区安全局势的认知”，《南亚研究》，2009年第3期。

的战略合作伙伴。

因此，中国必须对巴基斯坦和缅甸两国在政治上积极支持，在经济上积极援助，实现互利互惠，在军事上提供必要的支持和保护，在国家主权上积极尊重。以结成全方位的战略伙伴关系，形成政治、经济、军事上的一致，从而保障中国在印度洋的安全和利益。

中巴、中缅之间的长期合作关系符合中国的国家战略，有助于中国构建和谐“印度洋战略”，中国必须长期苦心经营，使巴基斯坦和缅甸真正成为中国的战略后方。

中国应积极利用与印度洋国家之间的关系，适时建立军事基地。而与周边国家在政治上和军事上的合作是建立军事基地的首要条件。因此，中国必须深入发展与周边国家的关系，为将来建立军事基地做准备。印度洋对中国经济和安全利益的重要性日趋上升，中国制定了战略性的部署，多年来致力于在印度洋沿岸培养与印度洋沿岸国家的友好关系。

同时，中国应着眼于印度洋中部的军事存在。由于马尔代夫作为阿拉伯海和孟加拉湾的门户战略地位重要而独特，在军事上扼守此地区，将成为保障中国海上石油通道安全的重要保证。马尔代夫国土由南向北分布在北印度洋两海之间，在此选择适宜的良港建立军事基地是中国“印度洋战略”的重要步骤。中国应当利用经济影响，为将来的军事存在创造有利条件。

2. 打通印度洋的陆上通道。中国与印度洋没有陆上通道，打通中国通往印度洋的陆上通道对构建中国的“印度洋战略”至关重要。而巴基斯坦正处在这个通道的有利位置上。巴基斯坦拥有印度洋上良好的出海口和优良的海港。中国与巴基斯坦陆路接壤。所以，中国应当加快南疆铁路的建设，与巴基斯坦境内的铁路连成一体，打通中国至印度洋的陆上通道。建设南疆铁路通向巴基斯坦，利用巴基斯坦在印度洋的优良港口，建立我国的军事基地，形成陆上通道和海上力量相配合的有利战略态势。中国至印度洋陆上通道的建成将极大地提高中国在南亚地区的影响力，是中国成为印度洋一支重要的军事存在和政治力量的保证。

借助巴基斯坦的力量甚至只是这个国家的地理位置，中国的海上力量可以在印度洋找到一个支点，从而支撑起21世纪中国的“印度洋战略”。如果能将中国西北陆地运输网络延伸到巴基斯坦瓜达尔港口，则可提高中国在印度洋维护地区平衡与稳定的能力。借助巴基斯坦通向海洋这一策略将给中国带来巨大的战略利益，同时使中巴传统友谊得到更深入的发展。

因此，中国应重点发展海军力量和航母舰队。在中国的国家战略指导下，中国的国防建设应重点发展海军力量，改变过去只注重发展陆军和空军的观念，建设一支强大的现代化航母舰队，为中国海军走出去保驾护航。

3. 积极支持和鼓励印巴和解。中国与印度之间并不存在根本性的利害冲突，中国与巴基斯坦长期保持着友好合作的“兄弟”关系。印巴和解有利于中国实现自己的战略利益，是中国构建和谐“印度洋战略”的重要途径。

4. 打通克拉地峡，打通印度洋与中国南海的另一条通道。该通道将是中国保证石油运输安全的一个保障。但克拉运河与克拉输油管道在短期内没有修建的可能性。而且，考虑到美国在泰国有多处驻军的事实，即使修成它们也同样无法摆脱美国的封锁与控制。[①] 同时也为印度军事力量染指中国南海提供了良机，因此如何控制地区利益成为中国构建“印度洋战略”必须考虑的问题。

5. 建立和长期保持在波斯湾地区的军事存在，打破西方大国对中东石油的垄断。中国应利用与阿拉伯国家在政治关系和传统友好上的基础，建立和长期保持在波斯湾地区的军事存在。只

---

① 薛力：“中国‘马六甲困境’被高估 下一步怎么办?”，（新加坡）《联合早报》，2010年8月13日。

有控制了波斯湾，才能打破西方大国对中东石油的垄断。

中国必须不断加大在印度洋的投入，既要在印度洋扩展和维护本国的利益，也要共同维护对于全球化至关重要的海洋秩序。因此，要构建中国的“印度洋战略”，中国还必须积极发展与斯里兰卡的友好关系，保障中国印度洋航线的安全。同时，积极构建伊朗这个西亚、中东的战略支点。伊朗在西亚、中东具有重要的战略支点作用，又有丰富的油气资源，有利于中国构建“印度洋战略”。中国迫切需要加强对伊斯兰文明、国家和民族进行深入研究，加强对伊斯兰教激进分子与现代化、资本主义、全球化等问题的研究，因为这场现代化与传统主义的纷争主导着未来国际社会的意识形态斗争。[①] 遏制和打击伊斯兰极端势力也成为伊斯兰国家面临的一项长期而艰难的任务。[②] 积极促进不同文明之间的对话与交流，化解因不同宗教而积累的冲突因素。[③] 为中国与周边穆斯林国家的友好交往和发展提供智力和人才支持。

同时，在构建中国的“印度洋战略”过程中，中国需要进一步加大与非洲国家的联系和友谊。中国发展与印度洋沿岸非洲国家的关系，最大限度地维护中国的战略利益。

为了加强石油和贸易安全，中国正在积极构建和谐、合作的“印度洋战略”：

2008 年 12 月 26 日，中国海军舰艇从海南三亚启航前往亚丁湾、索马里海域，2009 年 1 月 6 日抵达任务区域执行护航任务。海军舰艇编队执行此次护航任务，是中国海军首次赴远洋执行军事任务，是我国首次使用军事力量赴海外维护国家战略利

① Robert Kagan：*The World Regression to the Ideology again*，*Sunday Times*，September 4，2007.

② 张玉兰：“伊斯兰极端势力：困扰巴基斯坦的梦魇”，《南亚研究》，2004 年第 1 期。

③ 胡志勇：“南亚恐怖主义根源及对策析论”，《现代国际关系》，2008 年第 12 期。

益，是我军首次组织海上作战力量赴海外履行国际人道主义义务，是我海军首次在远海保护重要运输线安全，引起国外高度关注。这次远洋护航，是在国际法、联合国决议的框架内，合理合法运用军事力量保护我国安全利益和经济利益的正当行动，标志着我军职能使命由维护国家陆地安全向维护国家海洋权益的历史性转变。中国军舰在印度洋上的常态化出现是不可避免的，为商船护航、参与保护国际海运通道体现出中国负责任的大国的态度，客观上也是对印度洋上的敌对势力的威慑，有助于减轻陆地上的压力。①

中国海军出入外洋，确保本国安全与海上通道。中国的目的在于维护主权，获得能源和资源。另一方面，为了表明“作为一个大国的国际责任”，中国将积极为国际维和行动作贡献。②

印度洋上的贸易通道安全和秩序稳定是包括印度、美国、中国和日本诸国的共同利益所在。在一国的力量及有能力辐射全部印度洋的情况下，在各个航段协同编队可能是最好的选择。面对索马里海盗危机的压力，现在多国合作巡海，已经创下了良好的范例。③

中国将加强同印度之外的印度洋沿岸国家的经济和贸易联系，加大对巴基斯坦、孟加拉国、缅甸和斯里兰卡的经济和技术援助。中国将在这些国家建设或租借大型港口，以石油安全名义派驻一定数量的海军和军舰，保护中国在印度洋上的石油安全贸易安全。

中国新的战略通道可由陆及海，借助陆桥走向印度洋。具体而言，就是从面向印度洋的 3 个边疆省份云南、西藏和新疆出

① 车轔：“印度洋的战略地位及与中国国家安全的关系”，《重庆社会主义学院学报》，2010 年第 1 期。

② ［日本］野口东秀：“日本如何应对中国的‘必经之路’”，《参考消息》，2009 年 8 月 10 日。

③ 郭凯：“共享型的印度洋战略”，《21 世纪经济报道》，2009 年 03 月 13 日。

发，通过水、陆、空交通网络接入南亚乃至中东国家，从而间接获得印度洋“出海口”。[①]

1. 从云南到印度洋，可取道缅甸。为打破封闭状态，中央政府先后在昌都、阿里、日喀则、拉萨和林芝修建了5个通航机场，还准备在海拔4436米的那曲地区兴建第6个机场。2006年青藏铁路修通后，两条分别通往尼泊尔与印度边境的客货两运支线铁路，即拉萨—日喀则—樟木线、日喀则—亚东线正在紧锣密鼓地筹划之中。

2. 新疆主要面向中亚、俄罗斯，其西南一翼接巴基斯坦和阿富汗。由新疆西行至中亚最终连贯欧亚的大陆桥，未来或许可以发展其南部支线，将伊朗、阿富汗两个资源丰富的国家连接起来，这样中国也可直接抵达阿曼湾。目前，新疆的印度洋出口主要依靠巴基斯坦。由新疆南下，目前可走中国援建的喀喇昆仑公路。该路能出海，但地质情况复杂，通车能力有限。和公路并行，修建一条直抵印度洋畔瓜达尔港的铁路，最近已被列入两国政府的规划中。该铁路以新疆喀什为起点，经中巴边境口岸红旗拉普山口，贯穿巴基斯坦全境。修通后，将使新疆触角伸向南亚、中东，并以此获取更多的出海机会。不过，由于要穿越连绵高山，加之经过克什米尔争议区，建设成本巨大。

尽早建成中缅孟国际大通道：中缅孟公路和铁路建成之后，中国就能够直接进入南亚地区，缩短运输线路，因此，战略意义重大。

中国积极构建和谐“印度洋战略”的重要举措就是2009年9月份中缅油气管道全面开工。在海上、东北、西北三大油气通道之外，中缅管道作为整体油气战略的西南大通道，有望破解威胁我国能源安全的“马六甲困局”。同时促进和强化中缅双边关系，巩固极具价值的地缘缓冲带，确保国家安全。建构南出印度

① 李因才：“中国谋局印度洋”，《南风窗》，2010年第18期。

洋战略。[①]

依托缅甸的地缘优势，中缅管道将成为中国重要的能源咽喉要道，在国防上，不仅重要的战略物资可由此直接到达中国腹地，而且对从侧面钳制印度、保障西藏安全，有着不可估量的作用。改变传统的“一洋”战略，打通大西南陆上通道，直达印度洋，并可使中国在国际战略层面形成更加安全稳妥的“双洋”格局。

中缅油气管道有必要修建，因为它有助于中国减少对马六甲海峡的依赖，并为中国西南地区开辟一条便捷、低廉的油气供给渠道，促进西南地区的经济发展；同时也有助于增进中缅双边关系，促进缅甸经济发展，推进中国对缅甸及其周边国家的投资。此外，修建、扩建中俄油气管道、中亚—中国油气管道对于中国减少过度依赖中东原油，具有重要的意义。[②]

中国出于和平目的，保障印度洋海上能源通道安全，在印度洋地区多年经营，以约定合作为前提。中国积极实施多边主义的海洋战略，通过在巴基斯坦建设瓜达尔港口、在斯里兰卡建设汉班托特港口、在孟加拉国建设吉大港等发展远洋基础设施，在缅甸建设公路和能源管线，建设网络和电子监视装置等，极大地促进了中国与印度洋沿海地区国家的海上多边外交，扩大和巩固了中国与印度洋沿海地区国家间的战略合作伙伴关系，同时也维护了印度洋地区的海上安全。中国这种多边外交战略一方面促进了印度洋沿岸地区经济发展，另一方面保障了中国在该地区的安全利益。

中国进入印度洋，把印度洋作为自己的一个近海的出口，这不仅是一种需要，而且完全也有可能。

---

① “中缅油气管道破局马六甲建构南出印度洋战略”，《时代周报》，2009年7月30日。

② 薛力：“中国‘马六甲困境’被高估 下一步怎么办?”，（新加坡）《联合早报》，2010年8月13日。

中国应利用资金和技术优势，以经济援助、商业合作等形式在印度洋周边参与援建开发，帮助一些国家修建道路、桥梁、机场和港口。港口建设成为中国能否实现从内陆南下突破的关键，直接决定着中国印度洋布局的成败。[①]

近年来，中国构建“印度洋战略”的初步成果显现出来，海上多边主义使中国在该地区获得了丰硕的成果，加强与沿岸各国海军交流与演习，辅以经济合作、建设远洋补给基地等方式，使相关国家成为中国印度洋安全架构上的利益攸关方，为中国海军进入印度洋提供入口和为其持久行动提供后勤支持，2005 年，在国际海事组织雅加达会议上，中国重申了中国支持印度洋沿岸国家加强海峡安全和保障的立场。2005 年，中国为印度洋海啸中受灾的沿岸航标指引项目提供了资助。在中国海军战略思想中积极参与执行多国海上任务演习是一项重要的内容，有助于向国际社会展示中国海军的军事实力和中国海军工业技术的现代化水平，2009 年举行的“和平－09”多国海上联合演习，是地区和全球海军合作的一个榜样，中国参与“和平－09”联合演习，显示了中国海军迈向蓝水海域日益增长的实力，同时也体现了中国与巴基斯坦密切的传统关系，全面展现和提升了中国在印度洋区域的硬实力和软实力。

2009 年以来，中国相继派出了 6 批海军舰艇编队赴亚丁湾、索马里海域预定海区，实施了护航，维护海上安全的任务。护航行动进入常态化阶段，迄今已完成 1300 多艘中外商船的护卫任务。同时，鉴于索马里海盗活动日益猖獗，中国国防部于 2009 年 11 月 6 日至 7 日举行了亚丁湾护航国际合作协调会议，俄罗斯、日本、印度、欧盟海军，以及多国海上力量、北约等执行独立或联合护航任务的国家和组织派代表参加，就如何在亚丁湾实行分区护航合作深入交换了意见。

---

① 李因才：“中国谋局印度洋”，《南风窗》，2010 年第 18 期。

通过频繁进入印度洋地区及在亚丁湾打击海盗，中国打入了印度洋的安全框架。中国多边主义的海上外交活动已成为中国提高在国际事务特别是与印度洋沿海地区国家发展双边关系的首选战略。

长期以来，中国在出海通道问题上受制于人，仅仅依靠太平洋这一方向沟通与外界联系。特别是近年来，以美国为首的发达国家在海上对中国构成了实际的“封锁”局面。中国必须适时探讨和形成开拓两洋出海大通道的战略构想，协调建立起太平洋出海口与印度洋出海口之间的互动关系。[①]

中国应更加主动、更为积极地参与到印度洋海事安全活动中去。2006 年 4 月，中国新疆维吾尔自治区政府宣布，从 2006 年 5 月起，中国和巴基斯坦将陆续开通 4 条国际道路运输线，届时，巴基斯坦还将利用卡拉奇、凯西姆、瓜达尔等港口为中国提供出海口，直通印度洋和非洲。此举标志着中国的国家发展战略获得了重大突破，地处中国内陆的新疆维吾尔自治区，一举获得了面向印度洋的 3 个重要战略出海口。上述巴基斯坦 3 个港口对中国开放后，将成为离新疆最近的出海通道，也是中国离印度洋最近的通道。中国获得印度洋出海口，将使中国可以绕过马六甲海峡，建立另一条中国连接非洲的能源走廊。这一能源通道的建立，具有重要的战略意义：它既可以保证中国的能源运输安全，又可以使南亚地区和印度洋目前的利益格局重新调整，印度洋能源平衡态势被打破，美国独大中东、控制全球石油输出通道的状态将成为历史。

---

① 李靖宇、张卓：“打通印度洋能源路”，《中国石油石化》，2010 年第 7 期。

中国的跨国移民：模式类型与特征[①]

吴前进[*]

内容提要：20 世纪 90 年代后，国际移民潮的涌动与中国大陆的进一步改革开放，中国国际移民运动的持续深入。在这个过程中，区别于“落地生根”和“落叶归根”的中国跨国移民现象应运而生。本文探讨中国跨国移民的模式类型与特征，以说明中国跨国移民之于中国和世界相互关系理解的进程与意义。

20 世纪 90 年代以前，在跨国主义理论以及相关的移民研究被介绍到中国以前，中国的国际移民，主要指华侨华人及少量的非法移民。20 世纪 90 年代后，特别是进入 21 世纪，移民研究的跨国主义理论被介绍到中国，相关研究和成果开始呈现。一些研究者注意到，作为国际移民运动的一部分，中国的海外移民正在发生与全球化进程相一致的变化趋势。如果说近代以来传统移民与民族国家的关系主要呈现为“落叶归根”或“落地生根”形

① 本项研究得到“上海市浦江人才计划”资助。

* 吴前进，上海社会科学院亚洲太平洋研究所研究员。

态的话，那么20世纪90年代后移民与民族国家的关系发生了诸多改观。这种改观的结果，被提炼和归纳为移民研究的“跨国主义理论”，与之相应的概念则有“跨国移民”、“跨国空间”、“跨国资本”和“跨国网络”等一系列配套的话语体系。中国的跨国移民及其相关研究正是在全球移民的时代背景下形成和发展的。本文需要探讨的是，何谓中国的跨国移民？他们和传统的华侨华人有何区别？中国跨国移民的模式类型与特征如何呈现？借此，我们或许能更好地理解中国跨国移民及其今后走向。

一、何谓中国的跨国移民？

所谓“跨国移民”（Transmigrants），国际学术界比较公认的定义指，那些在跨国活动进程中，将移居地同出生地联系起来，并维系起多重关系的移民群体。他们的社会场景（social field）是以跨越地理、文化和政治的边界为特征。这些跨国移民通常讲两种或多种语言，在两个或多个国家拥有直系亲属、社会网络和事业基础，持续的或经常性的跨界交往成为他们谋生的重要手段。

那么，何谓“中国的跨国移民”？相应地，除了拥有上述跨国移民的共同性之外，笔者以为，其特殊性表现在：中国的跨国移民是指那些旨在维系和加强祖籍国政府和人民与居住国政府和人民之间的互动，从而影响到个人、群体和国家之间利益相关性的移民群体。它包含积极和消极两方面内容。所谓积极方面，指移民透过连接祖籍国和居住国的行为、关系和制度安排，从事任何有关促进双边利益的活动；至于消极方面，指移民透过国际组织、第三国或居住国非政府组织从事某种与祖籍国利益相悖的活动。目前中国的跨国移民群体大抵可分为两大类，以移居地为中心向祖籍地辐射的跨国移民群体和以祖籍地为中心向移居地辐射的跨国移民群体。[①]前者主要为身居海外的华侨和华人，后者为移居海外后重返故土的归国者。他们中一部分人具有连接两地的愿望、能力和背景，愿意把个人的行为、关系纳入到跨国的实践中，从而实现个人、群体和国家之间的相关利益。这一群体涉及的对象，在地理上涵盖两岸三地中国国际移民，在时段上以20世纪60年代后台港移民和20世纪70年代后中国大陆移民为主体。需要指出的是，此处的中国跨国移民概念和新加坡学者刘宏的“跨国华人”有所区别。本项研究指涉对象，仅限于20世纪中后期从台湾、香港、澳门和大陆赴海外的新移民，不包括各移居地多代定居的华人移民及其再移民。[②]尽管全球化时代，各移居地华人移民不断在中国和居住国之间发挥积极有益的影响，且具有跨国的行为和关系特征，但这将另行著文。

21世纪以来，中国跨国移民趋势愈加显著。2000年，一项对在中国的加拿大华人新移民所做调查显示，中国新移民更愿意在获得居住国身份后，重回祖籍国生活和工作。如图所示：

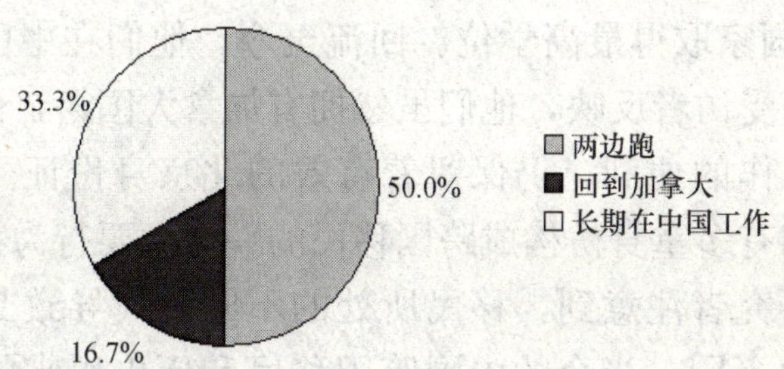

图　加拿大中国新移民的工作地点选择（2000年）

资料来源：“赴加大陆新移民回流者众”，《华声月报》，2000年第3期。转引自刘宏“‘跨国华人’的实证分析与理论思考”，美国侨网，2009年11月1日。

① 刘宏：“‘跨国华人’的实证分析与理论思考”，美国侨网，2009年11月1日。

② 各移居地多代定居的华人与中国的联系，以及他们再移民后，与原移出地之间的关系，不属本文有关中国跨国移民的讨论范围。

分析认为，这些回流人士可分三类：第一类是在加拿大留学后留下来，或在美国、德国、英国、日本等地取得各种学位后再移民加拿大的。他们熟悉西方生活方式和思维方式，适应海外生活，有满意工作。他们回到中国是为了发挥更大潜力。第二类是中国大陆技术移民。他们在加拿大遭遇了较多困难，身心疲惫，回流母国成为一种自然的选择。第三类是家庭团聚和投资移民。这一批人生活境遇较为富裕，他们中计划成立公司者占70%以上，其中一些人希望在国际贸易中大显身手。[①] 2010年5月，加拿大亚太基金会研究员郭世宝完成的“在北京的加拿大人”报告表明，北京20万外籍人口中，10%来自加拿大（即2万人）。报告访问回流或移居北京的加拿大居民，其中52%拥有加拿大国籍，其余为未入籍的加国永久居民，他们回流前在加拿大居住时间平均为5年。34%的受访者虽然返回北京，但妻女在加拿大。报告亦显示，回流北京的加拿大公民或居民学历高，30.8%有学士学位，47.7%有硕士学位，21.5%有博士学位。这些人中，65.6%在中国取得最高学位，26.6%在加拿大取得最高学位，8%在其他国家取得最高学位。回流至今，他们在中国平均居住期为4年。受访者反映，他们虽然拥有加拿大国籍，但为了在北京生活和工作的便利，仍保留着有效的北京身份证。[②]它表明在多个国家拥有多重身份构成跨国移民的一个主要行为特征。

许多研究者注意到，移民所处的不同时代导致其行为、关系类型各自不同。当今的中国跨国移民和历史以来的华侨华人存在着彼此间的区别与联系。如，冷战期间华侨华人被鼓励全方位地认同所居住的国家，而不再是遥远的中国。同化成为各移居地社会之于外来移民的主要政策，在东南亚国家尤其如

---

① 黄戈：“加拿大中国移民缘何大量回流”，《生活时报》，2000年7月26日，第9版。

② “30万加国移民大回流 海归盼望中国承认双重国籍”，加拿大华人网，http://www.sinonet.net，2010年5月18日。

此；冷战后的中国跨国移民在融入居住国的同时，亦被鼓励继续保持和祖籍国的联系，以加强和促进移居地和输出地之间的经济联系、文化交流和社会往来。可以说，华侨华人和跨国移民与全球政治、经济密切相关，二者不同的指代，反映了移民与国家关系的历史变迁。本项研究中，华侨华人作为中华民族海外族群的母概念，包含其分支构成——跨国移民，即中国的跨国移民从属于华侨华人群体，并成为该群体中最富有时代表现力的一群。

如今，中国人口虽占世界人口的20%，但中国并非移民输出的主要国家，中国国际移民仅占世界移民的1%。就中国而言，台湾和香港的国际移民比例远大于大陆的国际移民比例，但中国大陆为近10多年来国际移民增长最快的地区。在可预见的将来，由于中国大陆与移民目的地国在收入方面的巨大差距以及中国政府对合法移民的鼓励，大陆国际移民人数将继续增加。[①]尽管如此，中国新移民[②]按总人口比例计（全国约占0.1%，福建约占1.5%），仍是世界平均移民水平极低的群体。[③]2010年6月16日，国务院侨办宣布，中国海外侨胞数量

① 庄国土："近30年来的中国海外移民：以福州移民为例"，中国社会科学院《世界民族》，2006年第3期，第46页。

② 新移民是相对于20世纪70年代末期以前的老移民而言的。按照中国政协办公厅1996年51号文件《改革开放以来我国公民移居海外情况的调查报告》："所谓新移民，系指改革开放以后移居国外的我国公民"。新移民移居国外有四种类型：一是合法出境合法入境合法定居的，二是合法出境合法入境非法居留的，三是非法出境非法入境后取得合法地位的，四是非法出境非法入境未取得合法地位，但已基本立足并等待取得合法地位的。朱美荣："福建省新移民问题剖析及相关政策初探"，《人口研究》，2001年第5期。

③ 庄国土："近30年来的中国海外移民：以福州移民为例"，中国社会科学院《世界民族》，2006年第3期，第46页。

已超过4500万。[1]需要辨析的是，在这4500万华侨华人中，既包括了历代定居的华侨华人及其后裔，也包括了中国大陆改革开放后新加入的移民群体，以及台港澳新移民。亚洲（主要是东南亚）和美洲（主要是北美）依然是中国国际移民的主要选择地。此外，欧洲、大洋洲，乃至非洲，均成为改革开放后中国国际移民的新的选择方向。

中国大陆跨国移民的形成直接与改革开放相关联。1978年国务院颁布《关于放宽和改进华侨、侨眷出境审批的意见》，规定凡申请理由正当，前往国家允许入境的出境申请，均予以批准。鉴于归侨和侨眷申请出国者增多，1982年国务院侨务办公室、国家人事局、国家劳动总局、财政部、公安部又联合签发了《关于归侨、侨眷出境探亲待遇问题的通知》，通知给予归侨、侨眷出境探亲以特殊照顾，其中明文规定："只要对方不限制入境，我方应尽快审批。"这一文件为归侨、侨眷申请出国提供了法律依据和保障。1985年11月《中华人民共和国公民出入境管理法》的颁布及随后有关细则的制定，更以法律形式明确了申请出国是中国公民的一项基本权利。它为中国公民出国提供了法律保障和制度保障。1994年3月5日，全国人大颁布了中华人民共和国第19号主席令《关于严惩组织、运送他人偷越国（边）境犯罪的补充规定》，从此大陆新移民潮开始有序发展。[2]到2002年初，实施已久的出境审查制度进一步松弛，出国申请者不再需要提供海外邀请函以及事先向公安局申请出境卡。对出国留学而言，中国政府实施"支持留学、鼓励回国、来去自由"的政策，

---

① 国务院侨务办公室副主任许又声表示："在4500万侨胞中，很多是新侨。他们主要分布在欧洲地区。"中国政府对待新侨的态度有三点："首先是尊重，迁徙权是人权很重要的组成部分，当然前提是合法；其次是保护，中国将依法保护新侨在海外的合法权益；最后是引导，中国要引导新侨在海外尊重所在国的法律，融入当地社会，为当地的经济发展做贡献。"《广州日报》，2010年7月17日。

② 刘莹："当代浙南跨国移民活动的变迁"，国务院侨务办公室《侨务工作研究》，2009年第4期，http：//qwgzyj. gqb. gov. cn/yjytt/149/1476. shtml。

并以“为国服务”口号取代原有的“回国服务”。此项政策的改变，对于海外华人来说，意味着民族国家与移民的关系开始发生深刻的转变。[①]从此，中国大陆的跨国移民运动在全球化浪潮推动下和国内政策导引下终于形成并稳步发展。

与中国大陆新移民不同的是，台港澳新移民始于20世纪五六十年代，他们受惠于各移民接受国对于华人移民政策的放宽，如加拿大（1962年）、美国（1965年）、澳大利亚（1973年）、新西兰（1978年）先后取消了过去对亚洲移民的限制性条例，之后亚洲移民人口迅速增加。一大批知识精英通过留学等途径前往欧美等地，开始了他们的人生征程和规划，特别是当年赴美的台港移民，许多人如今已成为家喻户晓的著名人物，他们在政界、商界、学界，获得了公认成就。当他们成功融入移居地之后，他们与祖籍地的互动才得以真正显现。从这个意义上说，台港澳地区的海外移民们跨国身份的体现和跨国实践的作为，也是近30年的现象和事实。他们中多数人认同中华文化，为中国近年的经济成就与和平发展感到骄傲。

至于近30年中国大陆、台港澳的新移民究竟有多少人？据厦门大学庄国土教授估算，至2006年中国新移民应在600万以上[②]（其中，大陆400万—460万；台湾和香港各约70万—80万[③]）。所有中国新移民中，80%流向发达国家：美国约180万—190

---

① 刘宏：“‘跨国华人’的实证分析与理论思考”，美国侨网，2009年11月1日。

② 此一估计与中国新闻社郭招金负责的《2008年世界华商发展报告》相吻合。中国侨网，2009年2月2日，http：//www.chinaqw.com/news/200902/02/148817.shtml。

③ 据香港大学钱江估算，近30年（1980—2010）台港澳地区海外移民人数共计约140万人。其中，台湾自1980年至今，海外移民约52万人；香港1980—2005年间，海外移民人数约77万；澳门1998—2007年间，海外移民人数虽有起落，但每年大体保持在100—200人之间（详见钱江、何彩满、刘方申：“1980—2005年香港、澳门、台湾之海外移民”，暨南大学华侨华人研究院《世界华侨华人研究》第2辑，暨南大学出版社2009年12月版，第103—150页）。上述数据与庄国土的测算基本吻合。

万；加拿大约90万—100万；欧洲约90万[1]；日本约35万；澳大利亚和新西兰约30万。流向非洲和拉丁美洲的约35万—40万，东南亚可能有100万以上。[2]自然，这600余万新移民并非全部属于跨国移民范畴。他们中多数人仍属于传统意义上的“落地生根”或“落叶归根”的一代。真正可以称为跨国移民，游走于世界各地不同舞台之间的，只是某些特定群体，如知识分子、技术专家、企业家、商人和经理阶层等，他们拥有可携带的知识、技能和资金，游刃有余地成为全球化时代的宠儿。笔者估计，在中国新移民群体中的跨国移民人数，目前恐怕不会超过20%。但随着时间推移，特别是经由留学而留居的新移民增加，跨国移民群体会渐渐庞大，这个趋势在未来30年内会显现。

迄今，中国跨国移民涉及的地理范围主要包括传统移民输出地（浙江、福建、广东）、非传统移民输出地（黑龙江、吉林和辽宁）以及大都市（北京、上海和武汉）。以传统移民输出地而言，它源于近代以来社会经济条件的贫困和相应的历史文化传统，村村户户以移民海外为家庭发展和个人成功的标志。改革开放后，这些地区依然是欧美和东南亚地区中国移民的主要来源

---

① 20世纪的统计数据显示，全欧华侨、华人总数在50年代仅1万余人，60年代增加到5万余人，70年代后，以法国为主的欧洲国家接纳了大批以华裔为主体的印度支那难民，全欧华侨、华人总数猛增到50万人以上。此后，来自中国大陆的新移民源源不断涌入欧洲，至20世纪90年代中期，一般认为“欧洲华侨华人已达百万”。进入21世纪以来，欧洲华人人数直线攀升，保守估计为“150万人”，惊人说法为“500万人”。综合各类分析，李明欢认为，2008年9月欧华联会通过其隶属社团进行广泛调查后得出的目前有“250万欧洲华侨、华人”的说法较为可信（详见李明欢：“欧洲华人社会剖析：人口、经济、地位与分化”，中国社会科学院《世界民族》，2009年第5期，第47页）。若此，除去当地老华侨人口，2008年欧洲的新华侨华人人数约在200万左右。

② 庄国土：“中国新移民与东南亚华人文化”，［新加坡］《华裔馆通讯》，2007年5月第9期，第8—9页。另，据庄国土新近估计，至2007年东南亚华人新移民人数应为250万以上。详见“东南亚华侨华人数量的新估算”，《厦门大学学报》（哲学社会科学版），2009年第3期，第64页。

地；以非传统移民输出地而言，它始于 20 世纪 90 年代中期国有企业体制转轨所导致的大批下岗失业工人，他们为了改善生存状况不得不寻求海外发展。[①]东北三省因此成为新的移民输出地；而都市的移民，相对于传统移民输出地和非传统移民输出地而言，在规模上要小得多，亦未构成当地社会的主流形态。

综合而言，中国的跨国移民，属于全球化时代国际移民运动的一部分，是当下移民和民族国家关系的时代反映，是移民实现个人价值、群体利益、社会影响和国家利益的复合主体。它和华侨华人群体有着共同的历史延续性，同时又有明显的时代性。这种时代性决定了跨国移民成为学界和媒体的共同关注对象，成为政府人士重新认识移民之于民族国家意义的重要考量。这种时代性亦决定了中国跨国移民在经济贡献、文化交流、政治互动和社会反馈等方面有着自身的模式类型和内容特征。

二、中国跨国移民的模式类型和特征

中国跨国移民大抵包括如下移民群体中主要成员：留学生移民、技术投资移民和家庭、连锁移民（包括正规和非正规渠道移民）。这三个移民类别构成当今中国跨国移民群体的主要部分，他们实践和推动着中国和居住国之间的政治、经济、文化和社会联系，从而成为全球化时代“开放的空间”和“流动的地域”中较为活跃的力量之一，其具体类型表现为：

---

① “九五”期间（1996—2000 年），由于国有企业体制转轨，中国城市存在大规模下岗失业人群，尤以东北三省老工业基地为最。据测算，全国城镇国有单位在岗职工减少 3159 万人，城镇集体单位减少 1648 万人，两者合计减少 4807 万人（王绍光、胡鞍钢、丁元竹：“经济繁荣背后的社会不稳定”，《战略与管理》，2002 年第 3 期。转引自《21 世纪经济报道》，2004 年 10 月 27 日）。到“十五”（2001—2005 年）期间，再就业问题仍未缓解以及劳动力过剩，导致东北三省下岗失业人群继续谋求海外发展。

1. 经济驱动型。迄今为止，谋求经济状况的改善，寻求富有而保障的生活，乃移民运动生生不息的原动力，跨国移民也不例外。过去30年来，经济型移民主要包括乡村劳工移民和城市投资移民两个群体。前者主体是农民和工人，大多受过初中教育，他们和祖籍国联系透过家庭和连锁移民[①]方式牵引，形成移民环流。后者主体是企业家、商人和经理阶层，他们和祖籍国联系表现为“空中飞人”或“一家两国”。较之前者，他们出洋谋生需求减低了，但个人和家庭发展策略增强了，事业规划和社会保障需求更明确了。这两个经济型移民群体虽然跨国方式[②]不同，但目标一致，寻求安全、富裕的生活。以浙江为例，改革开放以来至2005年底，浙江省海外（包括港澳）移民总数达到140多万人，分布于148个国家和地区，尤以欧洲和美洲人数最多。[③]这些浙南新移民在全球经济一体化背景下，建立起多层次的跨国商贸网络，有益于居住国社会经济的繁荣，有助于多个目标国之间经济往来的扩大。近年，随着中国经济高速发展，越来越多的浙南跨国移民定期地来往于家乡与居住国之间，极大地促进了两地人口、信息和资金的流动，为原籍地的社会经济发展注入了多方面活力。[④]而侨汇作为移民家庭收入的一个主要经济来源，不仅构成海外移民和国内家庭的情感联系凭证，而且在提

---

① “连锁移民”主要表现为：一方面是家族成员之间的不断牵引；另一方面又具有文化学的意义，即通过移民之间的“连锁”关系，家乡与移居地的不同信息在有意无意中频繁地交流着，移民的家乡人对于海外生涯一点也不陌生，并把这种联系视为自己出国的特别机遇。详见 Frank N. Pieke，“*The Chinese in Europe*”. 李明欢译，北京《华侨华人历史研究》，1997年第2期，第31页。

② 值得注意的是，乡村劳工移民把海外所得汇回家乡；城市投资移民则把国内所得汇往海外。这两个经济型移民群体的安全保障和心理连接重心不同，故其经济获益的地方也不同，前者在祖（籍）国，后者在移居国。

③ 刘莹：“当代浙南跨国移民活动的变迁”，国务院侨务办公室《侨务工作研究》，2009年第4期，http://qwgzyj.gqb.gov.cn/yjytt/149/1476.shtml。

④ 同上。

高侨乡人民生活水平，促进家乡生产建设方面，功效显著。移民，由此成为侨乡人眼中快速脱贫致富的一条捷径，不断把侨乡和外部世界连接起来。同样，近年城市投资移民也正以“一家两国”方式，把自己的事业和孩子的未来，通过跨国的资金流动连接起来。海外移民不再只是贫困者的向往，而且也是富有者的选择。

2. 文化融合型：主要体现为移民以促进文化交流、分享人类共同文化为己任。这一批移民包括了20世纪60年代后台港的知识移民和20世纪80年代后大陆的知识移民。这两股力量的作用范围和影响层面各不相同：前者主要在政界和社会精英层面，担当一定智囊角色或发挥相当学术影响，从而有助于移出国和居住国决策层在政策沟通和文化理解方面拓宽认知渠道；后者在政界和精英层面影响有限，但在学界和社会大众层面有一定活力。以美国而言，如众所周知的儒学第三期代表人物杜维明教授乃当今世界最为活跃的连接东西方思想的文化桥梁。人们承认，“中国儒学走向世界，儒学之所以有未来，杜先生在里面起的作用极大”。[①]他把“己所不欲，勿施于人”，以及“己欲立而立人，己欲达而达人”的观念传播到西方世界。当他频繁来往于世界各地的时候，他是一个中国文化的传播者和践行者，也是一个时时与西方文化做沟通的倾听者和对话者。当然，在杜教授之外，更多的学者埋首于专业领域并发挥相应的学术影响。人们看到，从中国人出洋留学至今的100多年历史里，如今留在美国从事教学工作的数过去这30多年中人数最多，其中教育有关中国课程的也属有史以来最多的。[②]这种“由移动而带来的身份意

① “范曾与新儒学代表杜维明对话‘中国艺术精神’”，《学习时报》，2010年4月27日。

② 钟雪萍：“一份他者的差事：我在美国教中国”，王斑、钟雪萍编：《美国大学课堂里的中国：旅美学者自述》，南京大学出版社，2006年5月第1版，第137页。

识的变迁”[①]构成海外华人学者职业生涯的主题，它满足了华人学者的思乡渴望，促成了他们在美国教育体制内帮助各族裔学生进一步认识和了解中国，有助于不同文化之间的交流和分享。[②]同时，这些华人学者和专业人士更在不同层面推进着所在机构和中国各相关部门之间的学习培训与交流合作项目，从而为不同文明之间的对话打开方方面面的渠道。

3. 政治推动型：离散者群体往往被视作一个有能力独立于任何国家行事的跨国政治实体，其政治推动方式表现在三方面：（1）离散者在所居住的国家组织起来，以加强自身对于当地政治的影响力；[③]（2）离散者为了自身关心的问题，对祖（籍）国政治施加影响力；（3）离散者与第三国或国际组织接触，绕过祖（籍）国和居住国政府，实现群体的政治诉求。[④]目前中国跨国移民的政治推动，固然在各个地区和不同群体中各有侧重，但就现实观之，移民的政治推动重点以及最有成就的，仍然在于为促进祖（籍）国和居住国国家关系改善和发展所做的跨国努力。如，中美关系自 1972 年上海公报之后历经曲折，时好时坏。在这个过程中，在美华侨华人和留学生扮演了重要的促进角色。1989 年 6 月，在美国共和党内任多项职务的陈香梅，作为美国出口委员会副主席，为美中关系的改善进行了多方协商与和解。1990 年 5 月，她带领“美国国际合资委员会经济考察团”访华，为扫除美国对华投资障碍做出了贡献。另外，在中国大陆出生、台湾读书、美国留学和工作的田长霖教授（已故）在美中关系中

① 石之瑜：《社会科学知识新论——文化研究立场十评》，北京大学出版社，2005 年 11 月第 1 版，第 173 页。

② 钟雪萍：《一份他者的差事：我在美国教中国》，王斑、钟雪萍编：《美国大学课堂里的中国：旅美学者自述》，南京大学出版社，2006 年 5 月第 1 版，第 137 页。

③ 如，新华侨华人开展的各类事关中国国家利益的声援、签名等活动，对居住国决策层和社会各个阶层认识和了解中国政治和文化有所助益。

④ http://zh.wikipedia.org/zh-hans/%E9%9B%A2%E6%95%A3%E6%94%BF%E6%B2%BB，维基百科，2010 年 9 月 6 日访问。

的作用十分明显。由于田长霖在美国政治、学术领域享有崇高地位，与北京、台北和香港政界以及克林顿政府都有良好密切关系，经常在美国及两岸三地间走动，他承认：“自己是以一个华裔美国人的身份出面，不代表官方和任何一方。他的个人行动是为了美国利益，为了海峡两岸利益，希望使三方都获益。”①显然，这些公众人物或公共知识分子人数不多，但作为和影响不小。他们愿意在投入社会事务和公共利益的同时，展现个人才干和社会责任。为此，他们获得了祖（籍）国政府和居住国政府的双重认可，在祖（籍）国和居住国两边都拥有社会声望和个人荣誉。这是一批有着强烈使命感、责任心和进取心的人。

4. 社会反馈型：跨国移民之于家乡的贡献，透过侨汇、投资、捐赠、慈善、回国服务和为国服务而体现。过去30多年来，在广东、福建和浙江的许多侨乡，正是移民热爱故土、造福乡梓的愿望和行动，才令侨乡经济、社会和文化建设，比相邻地区更为富裕和发达。以广东而言，广东籍华侨华人约2000万人（其中新华侨华人100万人），遍及世界100多个国家和地区。从1978年至2004年底，广东省累计实际吸收外商直接投资1500多亿美元，其中70%为港澳台同胞和海外侨胞的资金。②30年来，这些海外侨胞爱祖爱乡，捐款赠物，兴办公益福利事业折合人民币超过450亿元，占全国接受华侨捐赠总额约六成。③在福建，截止到2005年年底，华侨华人总数1264万余人，聚居东南亚998万人，占总数的78.9%。其中，新华侨华人110万余人，增长115.9%。改革开放以来，海外侨胞和港澳同胞捐赠福建达174.64亿元人民币，省政府累计表彰华侨捐赠公益事业1926

① [美]《侨报》，1999年8月9日、10日。

② “海外华侨华人港澳台同胞 纷纷到广东投资兴业”，http：//www.mcd-visa.com/html/News/Focus/2008818/guangdong.html。

③ “广东海外乡亲爱祖爱乡‘万侨助万村’引侨捐5.7亿”，《南方日报》，2010年6月24日。

人。据不完全统计，仅2007年，华侨华人捐赠兴办公益事业达10.17亿元人民币，捐赠了270所学校、28所医院，资助了近万名学生。重点侨乡南安市连续14年捐赠超亿元。[①]在浙江，150万华侨华人（含港澳同胞）在中国各地扶贫救灾捐赠公益达人民币120亿元，约占国内接受华侨捐赠总额的1/6。他们在省内累计捐赠达到37亿元人民币，这些资金大多用于支持浙江省农村和边远山区建设，支持省内教育、文化、卫生等社会公共福利事业的发展。[②]与此同步，以留学生、专业技术人员为代表的“海归派”，则直接回到祖籍地参与国家建设。这些人士中有人文社会科学工作者、自然科学工作者，他们为祖国和居住国之间的文化交流和科技进步做出了多方努力，其中一些人活跃在当今中国舞台上，为中国经济、文化与社会发展，谱写着历史新篇。

跨国移民在经济、文化、政治和社会方面的不同作为，决定了新时期中国跨国移民群体的主要特征。

1. 在异域想象中国：留学生移民是跨国关系的主要建构者。留学生移民，指以留学方式实现跨国定居者。在中国大陆新移民总量中，留学生及其眷属占近1/4。在台港移民总量中，留学生及其眷属占50%以上。[③]据教育部国际合作与交流司数据，从1978年到2008年底，中国大陆各类出国留学人员总数达139.15万人，中国大陆留学生数量在各国留学生中比重位居前列，已形成以国家公派出国留学为主导、自费出国留学为主体的新格局。[④]另据《2010年中国学生留学意向调查报告》显示，2010年中国大陆留学大军进一步扩充，人数达到22万人以上，美国依

---

① 张进华：“新华侨华人崛起与海西‘两个先行区’建设研究”，《福建论坛》（人文社科版），2009年第3期，第127、128页。

② “浙江华侨反哺心意浓 30年捐赠公益达120亿元”，中新网，2010年9月3日。

③ 庄国土：“中国新移民与东南亚华人文化”，［新加坡］《华裔馆通讯》，2007年5月第9期，第9页。

④ “改革开放以来逾120万中国学子负笈海外”，搜狐网，2009年9月22日。

然最受中国学生欢迎，43.05%被调查者选择美国作为第一大留学目的地，其次则为英国（19.44%）和澳大利亚（12.45%），有超过五成学生计划赴海外攻读研究生。从调查数据看，在2010年计划赴海外留学的学生中，来自普通工薪家庭比例占34%，新加坡、韩国、日本、荷兰、法国等因学费便宜、教学品质较高而受到中国大陆工薪家庭青睐。[①]它意味着越来越多中国家庭有能力把孩子送往国外，通过留学渠道实现移民或再移民。估计2010年中国大陆赴美留学的学生总数将会突破10万人。[②]这些留学生中多数人会在完成学业后留居当地，成为各个相关领域的专业技术人才，其中一部分人更会在日后职业生涯中从事与中国有关的业务。与此相应，紧邻美国的加拿大也吸引了不少中国留学生。从10年前开始，中国学生赴加留学人数每年都保持在近1万人左右，他们正在成为技术移民申请人的主力大军，很多学生完成学业后留居当地，估计多达2/3中国留学生毕业后会申请加拿大永久居民。[③]

在台湾2100万人口中，一半人有海外关系。自20世纪50年代至今，从台湾移民外国并定居的，官方统计是78.8万人，民间统计则在百万人以上。这还不包括在海外出生的第二和第三代。台湾的海外移民主要由知识分子和企业家两部分人构成。在1950—1983年间，台湾海外留学生有8万多人，学成后回台服务的仅1万多人。80年代中后期，从岛内出去的留学生有增无减。1990年台湾当局正式开放留学政策后，到海外留学人数激增，每年突破6万大关。之后，小留学生人数增多，他们随父母

① “2010年中国留学生人数预计突破22万”，中国新闻网，2010年1月28日。

② 卢文洁：“中国2010年赴美留学生人数可能突破10万”，《广州日报》，2010年1月30日。

③ “中国留学生成为加拿大技术移民申请的主力军”，[美国]《世界日报》，2009年2月1日。

移民，加入了新移民大军。[①]

过去30多年来，留学生移民是中国和居住国关系最为密切的联系者和建构者。当他们留居当地成为专业人士后，其中一部分人会在学术界从事有关中国的研究，另外一部分人则在跨国公司等机构从事有关与中国的业务往来，他们实践和推动着双边学术交流和经贸关系。同时，在所有有关中国事务方面，近140万中国大陆留学生也在积极表达他们的中国主张和中国关切，如在中美最惠国待遇、台湾问题、西藏问题等事关中国国家统一等问题上，他们成为留学国家校园内外中国形象的代表，在域外认同、声援和支持中国，并重新探索、思考和发现中国的价值与世界意义。同样，台港两地留学生移民也在有关中国的问题上，思考中国文化的价值和作为中国人的意义。他们对于中国的认同、反思和批判，对于“西学”中国化的努力反映在个人的学术生涯中，许多厚重的学术硕果体现的正是其中西会通的结晶。

2. 游走于彼此之间：技术和投资移民是跨国关系的推动者。20世纪八九十年代，台湾政局不稳定和香港因为“九七”回归前景不明朗，曾出现了两地海外移民潮。所谓“空中飞人”，最初指的便是这一批往返于祖籍地和移居地之间的台港技术和投资移民。20世纪80年代中后期，台湾在从独裁统治到民主政治转型过程中，政局动荡，社会脱序，治安恶化，许多台湾商人，特别是中小企业主不得不携妻带子移居海外。这一时期前后6年，岛内共有20多万人“飘洋过海”，其中90%属“投资移民”（中小企业主）。[②]此后，依托这批投资和技术移民的跨国优势，形成了“台湾运筹，大陆制造，美国研发”的台湾—大陆—美国经济

① 郑瑞林：“台湾移民的特点和贡献”，北京《华侨华人历史研究》，1995年第1期，第37—38页。

② 同上。

犄角关系。[①]30年来，这个跨国网络的特点是台湾背景华人和大陆背景华人之间的合作愈益密切，他们带动和提升了跨太平洋之间的经贸往来和科技交流。[②]

在香港，1980—1996年间，海外移民人数约70万人，其中30多万人移居加拿大。[③]平均每年移民超过5万人，最高一年（1992）达6.6万人。80年代末至90年代中期，移民成为香港最热门话题。一份有关港人移民意愿调查表明，36.5%港人希望移居加拿大，27%选澳洲，26.3%人选美国，其余为新西兰和新加坡。在所有香港移民中，商业移民占很大比例。以移民加拿大港人为例，1984年所有赴加拿大的商业移民中，41%来自香港；当年赴加的3555名企业家移民中，52%为香港移民。1985年以来，香港成为加拿大最大商业移民来源地。1989、1990、1991年的香港商业移民分别占加拿大当年移民总数的26%、23%和28%。[④]这种移民趋势到九七后随着香港经济繁荣、社会稳定而减弱。据加拿大亚太基金会（Asia Pacific Foundation）公布的

① 在国际贸易方面，有加州—台北—上海的环太平洋网络；在制造业方面，有加州—台北—珠三角的跨国网络；在高新技术方面，有硅谷—新竹—中关村金三角关系。龙登高："美国台湾移民及其后裔生存与发展状况"，国务院侨办《侨务工作研究》，2007年第4期，http：//qwgzyj. gqb. gov. cn/hwzh/137/950. shtml。

② 20世纪中叶以来，在中美之间的经济合作中，衍生出一个"全球华人创新网络"。这个网络形成于1990—1998年间，华人技术移民在美国硅谷的成长和全球化，构成全球华人创新网络的主体。硅谷一共创建了7826家高科技企业，其中约有1536家（20%）由华人创办。另外，从20世纪60年代起华人科技工作者还以各种方式成立了许多协会，形成了大大小小的科技交流与创新网络。这些协会的活动在20世纪90年代以来已经扩大到美中两国间的交流与合作，甚至有些协会就以促进美中两国间的科技交流与合作为主旨。《找到合适投资沃土 海外华人跨国集团崭露头角》，《上海侨报》，2010年2月26日。

③ 李巍："近年来香港移民与加拿大白人社会的矛盾浅析"，《华侨华人历史研究》，1997年第3期，第49页。

④ 施雪琴："近年来港人移民潮对香港社会经济的影响"，《八桂侨史》，1998年第4期，第29、30页。

最新报告，在1996到2006年两次人口普查的10年间，加拿大的香港移民回流现象十分普遍，且人数最多，达4.4710万人。[①] 无论是当初的移民，还是稍后的回流，香港移民带动了加拿大的经济发展，为中加之间的经济往来增添了活力。

在大陆，20世纪90年代后期，一部分先富起来者开始调整生活和事业步伐，迈向海外。第一批移民海外的企业家主要集中在中国东南沿海，以福建人居多。[②]稍后，越来越多的大陆富裕人士利用投资渠道，移居国外并取得永久居民和公民身份，从而成为增长率上升最快的一个新移民群体。这些投资新移民，把事业和公司留在中国，把家人安置在国外生活，自己则频繁游走于两地，成为新一波的“空中飞人”。据美国国务院发布的数据显示，在2009财政年度，通过在美国投资至少50万美元（约合340万元人民币）而获得美国永久居留权的EB—5类签证（即投资移民签证）人数同比增长3倍，从上一财年的1443人骤增至4218人。其中，来自中国的投资移民人数增长尤为迅猛，多达1979人，远超过以903人位居第二的韩国。[③]自2000年以来，从中国大陆移民加拿大的人数平均每年都在4万左右，其中技术移民约占40%。[④]加拿大移民局称，2009年加拿大投资移民全球目标人数为2055人，中国大陆名额就占了1000名左右。以投资起步价40万加元计算，仅2009年，即使只按“门槛标准”计算，从中国流向加拿大的财富至少23.5亿元人民币，相当于“世博

① 《30万加国移民大回流 海归盼望中国承认双重国籍》，加拿大华人网，http：//www.sinonet.net，2010年5月18日。

② 谢丁：《中国的有钱人——移民海外的企业家过得怎么样》，《南方人物周刊》，2007年3月28日。

③ 《美国大举吸金中国移民 多因素推动美国移民潮》，国际在线，2010年7月19日。

④ 赵青、杨士龙：《“蒋国兵自杀事件”凸显加拿大的华人新移民之痛》，新华网，2006年8月8日。

会”的一座中国馆。[①]针对新一轮中国大陆富人移民现象，舆论给予了更多宽容和理解，认为这是财富和人才的全球环流，而不是单向的永久流失。事实上，在这个跨国移民成为常态的时代，知识、人才和资金的流动，正在把世界各个不同地方更紧密地连接起来。

3. 谋生于底层：家庭、连锁移民是跨国关系的体现者。在中国国际移民构成中，和留学生移民、技术投资移民不同的家庭、连锁移民，同样占据较大份额。这些通过家庭团聚、连锁移民方式抵达目的地的移民群体，多半为来自中国大陆乡村的低学历者、普通劳动者，少部分为来自台港的家庭移民。其目的地主要是发达国家，即利用发达国家家庭团聚优先的签证制度入境，其谋生方式多以打工为主。所谓“家庭团聚”，按照《世界人权宣言》等国际公约规定：“家庭是基本社会单元，家庭成员拥有一起居住权利。这一权利应当得到尊重、保护、帮助和支持。这一权利不仅限于居住在其祖籍国的公民，亦得到国际法律保护。”[②] 正因此，当家庭成员之一被另一国正式接纳为移民，或当一位家庭成员作为移民先驱在异国他乡立足之后，其直系亲属有权申请“家庭团聚”到该国定居。虽然不同国家对“直系亲属”具体定义略有不同，但最基本原则都包括了移民配偶及未成年子女。此外，跨国收养的外籍儿童、不婚同居的外籍性伴侣（同性或异性），以及需要由移民赡养的年老父母等，也属“家庭团聚”类移民申请。[③]

移民一旦在移居地生活稳定后，便会设法迎接同乡亲友，形

① “移民潮富人带走大量财富 回头把中国当发财主场”，腾讯网，2010 年 7 月 19 日。

② 《世界人权宣言》（1948 年）第 16 条，转引自李明欢：《国际移民的定义与类别——兼论中国移民问题》，《华侨华人历史研究》，2009 年第 2 期，第 5 页。

③ 李明欢：“国际移民的定义与类别——兼论中国移民问题”，《华侨华人历史研究》，2009 年第 2 期，第 5 页。

成庇护援助网络，如同锁链的环节，一环又一环地不断招揽亲友加入移民行列，形成“连锁移民”。以浙江、福建各地移民欧洲者为例，他们中多数人是以家庭团聚、继承遗产、餐馆劳工、旅游探亲等名义赴西欧、南欧等地的“连锁移民”。中国国际移民中较大一部分来自乡村的劳工以此方式移居目的地国，其中既有合法者，也有非法者。[①]中国大陆的非法移民，始于1989—1990年间，人数在15万—20万之间，主要集中在东南沿海地区的福建连江、福清、长乐等地，以日本、韩国、美国及拉美等地为偷渡目的地；吉林延边地区以韩国、日本等地为偷渡目的地；而浙江青田、温州（属下的永嘉、文成、瑞安、瓯海、鹿城）则以意大利、法国、荷兰、西班牙等国为偷渡目的地。此外，澳大利亚也面对中国船民涌入的难题。在1990—2000年的10年中，澳大利亚共查获112艘装载非法移民的船只，其中有1600多人来自中国。[②]在日本，2001年警方逮捕或拘留的外籍嫌疑犯达14660人，其中43.7%为中国偷渡者。[③]至于偷渡手段主要有持用假护照与签证；偷越边境；假劳务、假旅游；冒名顶替以及利用自己的社会网络等方式。目前在巴黎的温州人大多为20世纪80年代以后抵达的，他们中只有少数人通过申请家庭团聚方式进入法国，大多数人达不到合法移民要求，便利用其固有的社会网络转向偷渡。抽样调查显示，这个比例可达73.9%。[④]非法移民大多文化水平较低，经济因素是主要动因，但又不尽然。因为以巨额资金寻求偷渡者大多身处经济较为发达地区，他们的偷渡虽然与

① 所谓非法移民，指没有通过法律渠道或采取违反法律手段进行的移民，有广义、狭义之分。广义非法移民指通过非法手段达到移民目的，包括非法出入境（俗称偷渡）、非法居留、合法入境非法居留以及非法入境后因大赦等原因转为合法移居。狭义上的非法移民指非法出入境和非法居留者。

② ［新加坡］《联合早报》，2000年1月29日。

③ ［日本］《每日新闻》，2002年3月29日。

④ 王建光：“巴黎的温州人：一个移民群体的跨社会建构行动”，江西人民出版社，2000年11月，第1版，第65—66页。

寻求物质财富愿望相关，却还有一个传统心理使然的问题。[①]许多中国人认为，移民海外是抬高他们自己和家庭在同胞眼中地位的唯一机会，而所在地出外谋生的传统，海外某些犯罪集团的全力参与组织，以及通过正当渠道出国不易等因素都在不同程度上造成了非法移民的形成。这些以劳工为主的非法移民构成中国跨国移民的底层力量，他们在各移居地辛勤打拼，其中一些人在有一定经济积累基础并获得合法身份后，逐渐扩展自己的经营地盘，开始在移居地从事与中国国内家乡的经贸往来。至于一些成家生子的移民，则由于无暇照看孩子而纷纷把子女送回家乡抚养，侨乡的跨国儿童群体由此形成。如，福建亭江的“小美国人”群体[②]，浙江青田的华侨子女[③]，他们在侨乡的跨国寄养，构成了移民网络的组成和延伸，再次凝聚起移民与家乡的固有联系。当然，更有一些新华商看好中国经济发展和投资机会的增多，在假期内送孩子回国接受中华文化教育，以培植他们连接祖籍地和移居地的能力。[④]它显示谋生于底层的跨国移民正以其特

---

① Frank N. Pieke在研究欧洲华人社会时提出了有关华人家乡的文化传统——“出国文化”。他将其定义为：那些地区的人们在经济、社会、心理等各方面都完全与他们在国外的亲戚同乡联系在一起，而与环绕在他们周围的社会经济文化环境相对隔绝。认识了这一点，就能理解60年代以后香港经济腾飞，80年代以来温州和青田地区的经济也高速发展，但上述地区前往欧洲的移民依然有增无减的现象，因为他们所关注的是地球另一端的社会状况，对于发生在自己身边的经济奇迹视而不见，充耳不闻。因而也就有了“连锁移民”的不断延续。详见Frank N. Pieke，“*The Chinese in Europe*”，李明欢译，《华侨华人历史研究》，1997年第2期，第31页。

② 陈日升：“福建亭江的‘小美国人’：一个跨国寄养的新移民子女群体”，《华侨华人历史研究》，2006年第2期，第14—22页。

③ 以浙江青田县玉壶镇为例，2007年，该镇幼儿园生源中有2/3是华侨子女，该镇小学700多名在校生中，有半数以上生源是从国外送回来的华侨子女。刘莹：“浙南侨乡社会的历史变迁”，暨南大学华侨华人研究院《世界华侨华人研究》第2辑，第222页。

④ 刘莹：“浙南侨乡社会的历史变迁”，暨南大学华侨华人研究院《世界华侨华人研究》第2辑，第222页。

有的生存和发展方式推动着祖籍地和移居地之间恒久的联系和互动。

中国的跨国移民群体，作为近代以来华侨华人群体的一部分，既秉承其融入居住国、和当地社会共同发展的愿望和实践，也张扬其反馈祖（籍）国、致力于爱国爱乡的持久热忱和内在关切的传统。他们是国家关系的推动者，是民间关系的建构者，是自我价值的期许者，更是一群有着多重身份、不同关系类型和特征的行动者。当他们把全球多个地方连接起来的时候，移民与国家关系和民间关系的多重功用，由此凸显。

结语

21世纪以来，和其他发展中国家一样，中国的跨国移民现象愈益普遍，其模式类型和内容特征虽有不同侧重，但彼此之间往往又互为交错、兼容并存。可以说，无论是经济型跨国移民、文化型跨国移民，还是政治型跨国移民，他们都在祖（籍）国和居住国之间以个人的雄心和抱负，为族群、社会和国家展现移民之于民族国家的时代意义——在游走之间拉近人民之间的距离，在多重身份之间推动国家关系的发展。值此全球移民时代，移民个人和群体的跨国愿望、努力和能力比以往任何时候都更为强烈。

中美非传统安全领域国际合作探析

束必铨*

内容提要：随着全球化进程的不断深入，其所引发的全球性非传统安全问题也逐步增加。中美在理解传统安全与非传统安全的关系、非传统安全威胁的认知以及应对非传统安全的方式方法上存有差异，决定了两国在当前国际非传统安全合作的程度上表现不同。同时，中美基于传统安全的思维模式、外交事务原则的差异、利己行为的考量及战略互不信任要素，均影响着两国在非传统安全领域合作的开展。未来中美在应对非传统安全问题上仍将是合作中有竞争与博弈、合作中有妥协与协调并存的特点。

金融危机之后，美国或西方所主导的"全球治理"能力不断下降，开始寻求同其他大国开展合作，建立一个能有效应对各种时代挑战的国际秩序。奥巴马政府认识到，在全球、地区与国内挑战重重的情况下，美国根本无法再单打独斗下去。国际合作的

* 束必铨，上海社会科学院亚太研究所助理研究员。

合理性越来越突出。[①] 美国需致力于与其他重要的“影响力中心”，包括中国、印度和俄罗斯，建立更深入和更有效的伙伴关系。同时，中国在危机之后保持着稳定快速的发展水平，其国家利益与全球利益之间的相互依存度更加紧密，这要求中国必须从全球视角审视自身国家利益，在参与解决全球事务中承担更大的责任。中国领导人也多次在不同场合表示，中美都是世界上有重要影响的国家，在应对全球挑战方面，拥有广泛的共同战略利益，也肩负着重大的共同责任。[②] 要共同应对挑战、维护共同利益、避免不必要的竞争，建立双边互信，美中必须进行对话与合作。[③]

一、中美关于非传统安全概念的认知

自2001年“9·11”事件以后，非传统安全逐步上升为世界普遍关注的议题。中美作为东西方的两个大国，所处的发展阶段和水平不同，且有着不同的意识形态和国家利益，在对非传统安全的研究与认知中，在理解传统安全与非传统安全的关系、对非传统安全威胁的认知以及应对非传统安全的方式等方面既有相似之处，也存在一些不同。

（1）传统安全与非传统安全的关联。在探讨传统安全与非传统安全关系方面，国内学界有观点认为，非传统安全发展于传统安全，是在传统安全基础上的演变与拓展。非传统安全是西方发

① ［美］帕特里克·克罗宁、亚伯拉罕·丹马克：“传统与非传统安全挑战：美中未来合作领域”，《现代国际关系》，2010年第8期。

② 外交部部长助理崔天凯在中美全球事务论坛第二次会议上的开幕辞，2006年8月9日。

③ ［美］帕特里克·克罗宁、亚伯拉罕·丹马克：“传统与非传统安全挑战：美中未来合作领域”，《现代国际关系》，2010年第8期。

达国家在社会进入到后工业时代、摆脱传统安全威胁之后“发掘”出来的。[①] 还有的将传统国家军事安全以外的一切安全问题归为非传统安全，主张在传统安全与非传统安全之间建立起相对和谐、平衡的关系。[②] 非传统安全是相对于传统安全而言的，两者之间是相互交织的，体现了安全概念和现实的动态发展。非传统安全突出以人的安全为基、以社会安全为本，突破传统安全的国家安全本位，是一种广义的安全观。[③] 应该说，传统安全是一切免于由军事武力所造成的国家、地区或部分人的生存性威胁，非传统安全则是免于非军事武力造成的全球性、全人类的生存与发展威胁。

美国学界则鲜少使用非传统安全之说。作为世界上安全研究最为发达的国家，美国在安全研究划分上，基本上并不刻意去划分传统安全与非传统安全，其对安全的研究基本上是承袭传统的国际关系主流范式。[④] 他们更多会使用非常规问题、全球性问题或跨国性问题来表述传统军事安全以外的新问题。因非传统安全具有全球性和全人类性特征，这类安全威胁虽然多数直接来自非国家行为体，但其形成的影响同样可能会危及到国家的安全。同时，一些非传统安全威胁具备传统安全的特性，如恐怖主义和大规模杀伤性武器的扩散，一旦其对国家安全构成重大军事威胁，就会上升为传统国家军事安全问题。而且，传统安全与非传统安全之间存在着威胁交叉的情况，且可能会出现相互转化，很难在传统安全与非传统安全之间作明确区分和定义。所以，美国依然强调传统安全和权力扩张政策，这就导致非传统安全难以超越传

① 李林河：“非传统安全视角下的中美关系”，《学术探索》，2005 年第 6 期。

② Yizhou Wang, “Defining Non-Traditional Security and Its Implications for China”, http: //www. iwep. org. cn.

③ 余潇枫、李佳：“非传统安全与中国和平发展”，《观察与思考》，2007 年 10 月 16 日。

④ 李林河：“非传统安全视角下的中美关系”，《学术探索》，2005 年第 6 期。

统安全框架范畴。

（2）中美利益需求不同决定其对非传统安全威胁认知存在差异。根据非传统安全威胁对国家利益的重要性、紧迫性和关联性的差异，各国在不同时期考量各类问题的标准上亦有所不同。当非传统安全问题没有上升到影响人们生存发展、国家安全的高度时，政府并不会对其予以集中关注。例如，2001年“9·11”事件之后，美国依据其国家安全战略需要，将防止核扩散、打击恐怖主义等非传统安全问题视为国际社会和国内安全的主要威胁。布什政府时期，阿富汗、伊拉克两场战争几乎占据了整个国家安全战略的重心，这在之前是从未出现过的。同样，2008年金融危机后，美国为防止其经济持续恶化而严重削弱它的世界领导地位，在继续打击恐怖主义、倡导防扩散、建立“无核世界”的同时，开始更多关注气候变化、世界经济失衡、金融安全等非传统安全问题。

非传统安全威胁存在三个层面，即国内、地区和全球层面，它们对国家利益构成不同程度的威胁，需要政府对这些安全威胁进行审慎区别对待。由于各国不同需求以及国内相对有限的资源，在优先处理或消除非传统安全威胁方面存在困难。[①] 中国受到国家发展基础薄弱、技术创新能力不足等条件的制约，加之长期处于社会主义初级阶段的国情，决定了中国相当长时间内更为注重国内的经济安全（能源安全、金融安全、食品安全等）、生态安全、信息安全、公共卫生安全等非传统安全威胁。近年来，随着中国海内外利益联系的紧密性增加，中国开始积极参与塑造有利于自身发展的外部环境，对可能影响国家利益的全球性非传统安全威胁给予更多的关注，如应对公共卫生危机、防止核扩散、打击海盗与恐怖主义、气候变化等问题。

---

① Yizhou Wang，“Defining Non-Traditional Security and Its Implications for China”，http：//www. iwep. org. cn.

这表明，只有当国家的利益拓展至地区乃至全球，且易受外部环境影响时，国家才会对影响其利益的事态给予更多关注，并积极参与到事态的发展过程之中，利用自身力量进行双边、多边外交等手段来左右事态，使其朝着有利于本国的方向发展。

（3）应对非传统安全威胁采取的方式态度。在研究非传统安全威胁的应对方式上，需要对各种非传统安全威胁的共性和特性做出辨别，同时要注意非传统安全概念本身的不确定性和相对性，政策制定需要有针对性、前瞻性和应变性。应对非传统安全威胁，需要考虑三条原则：主权性和自主性；协调性和合作性；综合性和多重性。① 国家是应对非传统安全威胁的主体，有其自主性和独立性，在解决国内非传统安全威胁时要根据本国的利益需要制定政策。由于全球性非传统安全威胁具有跨国性特点，为此，必须加强地区和国际合作与协调才能有效地应对各类安全威胁。同时，非传统安全威胁涉及政治、经济、社会、生态环境和公共卫生等方面，且其中包含了传统安全与非传统安全的双重要素。为此，采取的应对方式理应又是综合性的，这才能促使事态朝着积极的方向发展。

由于中美对各类非传统安全威胁的利益需求不同，在应对非传统安全的方式上也表现出一定的差异。中国作为一个新兴大国，在处理全球性事务中越来越表现出负责任形象。在应对全球非传统安全威胁时，中国提出"新安全观"② 与"和谐世界"③ 理念积极回应，体现了中国开创安全新思维、拓展安全新内涵的

---

① 刘学成："非传统安全的基本特性及其应对"，《国际问题研究》，2004年第1期。

② 1997年，中国在东盟地区论坛会议上正式提出"新安全观"，核心是：互信、互利、平等、协作。主张建立共同合作安全模式，以对话、谈判取代对抗和冲突，以人类共同安全取代联盟集体安全。

③ 2005年，胡锦涛在联合国成立60周年首脑会议上首次提出建设"和谐世界"的倡议，http：//www.Chinaconsulate-chicago.org/chn/xw/t212461.htm，2005年9月16日。

积极尝试。[①] 中国在国际安全合作中强调共同安全、合作安全、综合安全意识，主张通过对话、协商等外交手段加强国际合作解决安全问题，体现了中国外交中所坚持的独立自主、合作共赢的理念。朝鲜、伊朗核危机中，中国积极呼吁各方保持冷静、克制，考虑当事国的合理发展诉求，通过多边外交谈判的方式来推进无核化进程。在打击索马里海盗过程中，强调各国合作帮助索马里政府来加强其国家治理能力的建设，重新树立政府的权威，尤其是向索马里提供各项援助来助其发展民生，让海盗上岸后能够回归正常的生活。

由于美国等发达国家没有对安全做出传统与非传统的具体区分，在应对非传统安全方式上，主要是根据其自身利益以及对国家安全危及程度来确定的，一般会采取威慑、战争等强硬军事手段，将非传统安全威胁当作传统安全问题来处理。这就容易造成局势升级恶化，如使用武力打击恐怖主义，采取经济制裁、军事演习等高压手段解决朝核、伊核等问题，结果却是恐怖主义越反越恐，朝核、伊核问题始终悬而未决；另外，在一些影响其国家利益、但没有形成安全威胁的问题上，则倡导通过国际合作的方式来实现互利双赢，如应对全球传染性疾病等问题。

传统安全范式下的政治考量和两国对非传统安全的认知差异，必将制约两国在非传统安全领域内的合作与对话。然而，尽管中美对非传统安全威胁有着认知上的差异，但由于非传统安全领域出现的许多威胁都不是仅针对个别国家的，而是多数国家共同面临的问题，这也就为国家之间培育共同安全意识提供了客观基础。目前，中美两国也认识到单靠自身无力解决所有非传统安全威胁，必须通过合作才能有效应对，这就为两国寻求共同利益提供了合作空间。毕竟，在缺乏共同利益的情况下，国家就会是

---

① 王江丽："非传统安全语境下的'安全共同体'"，《世界经济与政治》，2009年第3期。

竞争的、忧虑的、甚至是害怕的。[①]

二、中美非传统安全国际合作的现状

相对于中美间传统安全领域的竞争性、冲突性，非传统安全领域存在着一定的合作和互利的空间。尽管中美之间关于非传统安全威胁的认知存在诸多差异，但由于非传统安全问题的全球性、全人类性特征，它关系到所有国家以及人类未来的生存与发展安全，这就为国际社会形成共同利益提供了可能。同时，解决非传统安全问题超出单一国家的能力之外，要求强化国际合作以共同应对。合作的过程本身就是信息传递及彼此观点交流的过程。中美进行国际合作将有助于全球非传统安全问题的应对，即便在一定时期内无法根本上解决安全威胁，但也可以将事态控制在一定范围之内，避免其恶化至无法挽回的境地。

非传统安全领域的议题之多，极大地扩展了中美的合作空间。本文主要选取了合作反恐、打击海盗、防止核扩散、应对公共卫生问题四个方面，来探讨中美两国当前合作的现状。

1. 参与阿富汗反恐："9·11"事件后，国际恐怖势力"基地"组织逐步向南亚渗透，庇护恐怖主义的极端势力塔利班武装卷土重来。不仅阿富汗塔利班再度控制了大片农村地区，还带动了巴基斯坦塔利班的兴起，甚至出现了"泛塔利班"运动的苗头。这些极端势力的再度坐大，既对南亚整体安全局势构成严重威胁，也为"基地"、"乌伊运"、"东突"等恐怖组织的发展提供了生存空间，对周边乃至全球的安全与稳定构成威胁。[②]

---

① ［加］罗伯特·杰克逊、［丹］乔格·索伦森著，吴勇等译：《国际关系学理论与方法》，天津人民出版社，2008年版，第163页。

② "国际反恐新形势扫描"，《人民日报》，2010年7月21日。

中美两国都是恐怖主义的受害者。中国公安部反恐局副局长赵永琛表示，在当前和今后一段时期中，“东突”恐怖主义势力仍是中国面临的主要恐怖主义威胁。[①] “东突”势力鼓吹民族分裂，积极从事恐怖活动，在中亚、南亚地区比较活跃，宣传宗教仇恨思想。这些势力已经成为国际恐怖势力的组成部分。他们与塔利班、“乌兹别克斯坦运动”、“基地”组织等极端主义和恐怖主义组织联系密切甚至结盟，对中国的边疆安全以及地区稳定形成巨大的威胁。中国需要加强与相关国家之间的合作，联手防止恐怖主义向内地渗透以及对恐怖主义活动开展有效打击。

“9·11”事件是对美国本土安全的一次重创，也让布什政府将打击以“基地”组织为首的恐怖主义列为国家安全战略的重点，由此拉开阿富汗反恐战争的序幕。然而，由于美国长期深陷伊拉克战争泥潭，反恐方式不当造成越反越恐的现象。金融危机更加剧了美国反恐战争的难度，巴基斯坦成为“基地”组织的藏匿地，对驻阿美军及其北约部队展开恐怖袭击，致使美国的反恐战争陷入困境。2009 年 3 月 27 日，奥巴马政府公布其《阿富汗、巴基斯坦战略》[②]，提出“将使命的重点转向培训和扩大阿富汗安全部队的规模，以便他们在确保国家安全方面发挥带头作用”，“为推进安全、机会与正义，我们需要农业专家和教育家、工程师和律师等非军事人员，帮助阿富汗政府服务其人们并发展经济”。同时，倡导“加强与国际行为体的接触，包括邻国和其他地区性国家，争取国际社会对阿富汗重建计划的支持”。

《战略》指出，对美国人来说，阿—巴边境地区已成为世界上最为危险的地方。为了提高阿富汗、巴基斯坦军事、治理和经济能力，美国需要争取国际支持，将为阿富汗、巴基斯坦建立一

---

① 赵永琛：“东突是中国的主要恐怖主义威胁”，新华网，2005 年 9 月 5 日。

② Obama's Strategy for Afghanistan and Pakistan, March 2009, http://www.cfr.org/publication/18952/obamas_strategy_for_afghanistan_and_pakistan_march_2009.html.

个新的联系集团（Contact Group），将所有在地区存在安全利益的国家集中到一起，其中包括中国。美国约翰·霍普金斯大学中亚—高加索研究院院长、美国“大中亚计划”设计者弗雷德里克·斯塔尔（Frederick Starr）提出，美国必须以地区为出发点，而不是以国家为政策对象。美国负责公共事务的助理国务卿菲利普·克劳利（Philip J. Crowley）说，阿富汗战争由于补给困难而受阻，武装分子经常袭击美军的补给线。“我们仍非常关注这一问题。我们正在寻求其他的补给线。我们将与中国及阿富汗的其他邻国讨论此问题。我们与中国已就阿富汗问题进行过磋商，希望中国能发挥建设性的作用。”[①] 长期而言，华盛顿在对阿富汗援助及投资上需要寻求与中国更紧密的合作。

另一方面，中方一直积极支持、推动和参与阿富汗国内秩序的重建进程，并提供了力所能及的援助。2002—2009 年，中方共向阿富汗提供了 9 亿多元人民币无偿经济援助，免除阿富汗 1950 万美元到期债务，为阿富汗建设了共和国医院、帕尔旺水利修复工程等 7 个成套项目，提供 15 批援助物资，培训阿富汗人员共计 781 人，通过政府间渠道接受阿富汗留学生 94 名。这些援助为支持阿和平重建、改善阿富汗民生做出了重大贡献。[②] 2010 年 3 月，中方向阿富汗新提供 1.6 亿元人民币无偿援助，用于阿富汗基础设施建设、医疗、卫生、教育等领域发展。中阿双方还签署了中方给予阿富汗部分输华商品零关税待遇的换文，涵盖 4000 多个税目。2011 年，中方将继续为阿富汗实施援建项目，提供优惠关税待遇，支持阿富汗经济发展。

可以说，中国在阿富汗的国内秩序重建进程中发挥了巨大的作用，但是这种援助主要还是在双边层面开展的。由于阿富汗反

① “美国预见中国在阿富汗发挥更大作用”，（香港）《南华早报》，2009 年 12 月 4 日。

② “杨洁篪外长在阿富汗问题喀布尔国际会议上的发言”，中国外交部网，2010 年 7 月 20 日，http：//www.mfa.gov.cn/chn/gxh/tyb/zyxw/t718476.htm。

恐战争还在继续，大国在该国的利益博弈激烈，阿富汗国家腐败现象严重，部落派系林立等因素，阿富汗的重建进程将是一个极为复杂、长期的过程。各国必须超越单边、双边范畴开展多边合作，帮助阿富汗加强国家层面的安全治理能力建设，支持阿富汗政府继续打击腐败，提高治理水平。国际社会应更加重视帮助阿富汗开展各项能力建设，增强阿政府和人民建设一个稳定、发展和繁荣的阿富汗的能力。支持联合国在协调国际社会援助阿富汗的努力中继续发挥主导作用，提高国际社会援助的效率、加强援助的效果。

由于中美在恐怖主义的认知上存在差异，中国没有参与到美国开展的反恐战争之中，但这并不妨碍两国在阿富汗重建工作中加强协调与合作。两国可以在以下方面探讨合作的可能性：（1）加强两国对当前恐怖主义认知的沟通，消除彼此在一些具体细节上的疑虑，对两国确定没有疑义的恐怖势力进行合作联合打击，可以提高打击恐怖主义的效力。（2）将阿富汗重建工作纳入地区性的多边合作之中。中美可以在阿富汗国内秩序重建方面开展合作，通过中亚区域一体化建设将地区资源进行整合，大力发展各项基础设施，为地区经济发展创造良好的条件，从而在一体化进程中加快推动阿富汗的重建工作。（3）共同打击毒品—叛乱—腐败利益链。国际社会已经认识到毒品经济、政府官员腐败与叛乱资助之间的联系，却没有具体的措施来解决这些联系。中美应该加强合作，将主要的毒贩及其资助者加入到联合国1267号制裁名单，对那些为毒品走私提供金融保护伞的政府、行为体进行经济制裁等。

2. 打击索马里海盗：中美两国国际贸易中相当大比例是通过海上运输来进行的，且有着世界上规模最大的海上运输船队。两国每年均需从波斯湾进口大量的石油资源，亚丁湾是连接亚欧的重要海上通道。近年来，该海域海盗猖獗，海盗劫持商船的事件逐年增加，直接危及海上航道的安全，已经引起整个国际社会的强烈关注。2008年，联合国安理会通过决议，授权各国派遣舰队赴索马里海域维护航道安全。作为在该海域存在重大利益的中美两国，维护海上通道安全符合其共同利益。

随着中国军事现代化的推进，中国海军开始走向远洋，为维护全球海洋安全，提供国际人道主义援助，承担国际责任等贡献力量，美国视其为积极信号。美国外交政策分析研究所亚太研究主任麦利凯（Eric A. McVadon）说："相对于全球各国海军的整体发展，美国海军的规模越来越小，在各大海域执行任务时更需要各国的帮助，而中国海军的影响力已经被广泛注意到。中美海军已经到了合作进行人道主义援助、维护海洋安全的阶段。我对于双方的合作前景持乐观态度。"[①] 美国智库兰德公司（Rand Corp.）的亚洲军事分析家柯瑞杰（Roger Cliff）分析说，"这显示中国是国际社会中一个负责任的大国，她想为国际安全尽一份力，这折射出中国海军能力的提高，也是中国领导层自信的体现。另外，中国海军不愿仅仅做没有远征能力的'褐水海军'（brown water），而要像法国、英国和印度一样，以现代化力量承担国际责任"。[②]

中国在领导维护海上通道的多边安全行动中表现出积极、开放的态度。2008年底，中国根据联合国安理会决议的授权，向亚丁湾派遣护航编队执行护航任务。国防部发言人黄雪平表示："中国对推进国际巡逻合作一直是持开放态度的，希望通过双边、多边方式与所有相关国家合作，开展索马里海域的反海盗任务。"2009年1月14日，中国代表团参加了索马里沿海海盗联系小组会议（contact group on piracy），各国和国际组织可以交

① 李焰："'亮剑'索马里，中美打造'公海伙伴'关系"，《华盛顿观察》，2008年第49期。

② 同上。

换打击海盗的信息。[①] 2009 年 11 月中国国防部邀请各国召开亚丁湾协调护航会议，中国表现出加强多国舰队国际协作，保障索马里海域运输免遭海盗袭击的意愿，希望在多边安全巡逻中发挥领导性作用，并建议轮流主持“共享共识、降低冲突”会议（SHADE）。[②]

中国还提出“分区域护航”（areas of responsibility）的理念。中国常驻联合国代表刘振民表示，联合国应该对打击海盗任务的责任区域进行界定，这有助于提高护航任务的效率，降低海盗劫持船只的风险。他还呼吁“一体性”解决海盗问题的方式，包括推进索马里政治稳定，提高其邻国打击地区海盗的能力。他敦促海军理应扩大海上巡逻任务，其他国家也应该加强他们如何执行海上巡逻任务的能力。[③] 2010 年 1 月 28 日，在巴林举行的“共享共识、降低冲突”会议上，中国海军与有关各方就其扩大与国际海军的反海盗合作角色达成协议，加入由欧盟、北约和美国特混舰队组成的打击海盗集体行动中。中国将派更多军舰在最危险的南非好望角附近走廊巡弋，保护这条维系亚欧之间的海上通道。联合海上力量（CMF）的行动负责人、美国海军官员克里斯·钱伯斯（Chris Chambers）表示，“在同各国海军交流与合作中取得重大进展。中国将有机会在 SHADE 中担任轮值主席，这是一个正面的发展，也将为其他海军加入联合行动开启大

① “First Plenary Meeting of the Contact Group on Piracy Off the Coast of Somalia, New York, January 14, 2009”, Fact Sheet, U. S. Department of State, January 20, 2009, http: //www. state. gov/t/pm/rls/fs/130610. htm.

② Richard Weitz, “Priorities and Challenges in China's Naval Deployment in the Horn of Africa”, *China Brief*, Volume: 9 Issue: 24, December 3, 2009.

③ 孙宇挺：“中国驻联合国代表建议索马里海域分区护航”，中新社联合国 11 月 18 日电，2009 年。

门”。[①]

今后，中美可以在打击海盗过程中开展更多合作：（1）确定反海盗措施，包括对待被俘海盗的法律制度，以及军事和非军事的措施。这些制度和措施要能削弱海盗所在村庄和部落地区对海盗的支持。[②]（2）加强与其他各国海军力量之间的协调与合作，利用现有的各种反海盗机制强化、提升打击海盗的能力。“共享共识、降低风险”是协调海上力量中发挥决定性作用的机制。它为索马里海域军事指挥官们交流信息提供了灵活框架，极大地推动了重要倡议的实施，如建议亚丁湾海域的船只从“国际推荐通行走廊”（IRTC）通行。[③]

3. 核不扩散：冷战结束后，大规模杀伤性武器及相关材料通过不同方式和途径扩散。现有的国际不扩散体制受到严重冲击，地区不稳定因素增多，对中美两国的国家利益均构成不同程度的挑战。改革开放以来，中国逐步完成“从扩散机制外的被监管者成为机制内的主要参与者”[④] 的角色转换。“9·11”事件之后，中美两国共同认识到，防止核扩散是所有国家的共同责任，北京与华盛顿在防止大规模杀伤性武器扩散方面更是需要承担相应义务。维护国际核不扩散体制符合中美的国家利益以及国际社会的共同利益。[⑤] 作为全球两个主要的核大国，美中两国认为遵

① Chinese troops man Hong Kong ships，expand anti-pirate role，2010 年 2 月 2 日，http：//www. hlsholding. com/english/english/NewsView. asp? ID=1304&SortID=10.

② 成文斌：“中国海军正在发展海外存在”，美国传统基金会，2010 年 1 月 11 日。

③ “Combating Piracy”，http：//www. mfa. gr（希腊外交部网站）.

④ 郭小兵：“中美在防扩散领域的合作与分歧”，http：//www. cacda. org. cn/ewebeditor/UploadFile/2006331173315742. htm。

⑤ “江泽民应约与美国总统布什就朝鲜核问题通电话”，新华网，2003 年 1 月 10 日，http：//news. xinhuanet. com/misc/2003-01/10/content _ 686335. htm。

守《不扩散核武器条约》[①]、国际原子能机构相关规定以及实施联合国安理会所有相关决议对两国合作阻止核武器扩散的努力取得成功至关重要。[②]

目前，如何加强遭受破坏的核不扩散制度，建立牢固的全球性防扩散机制，是两国面临的共同且紧迫的任务。一方面，两国间在防扩散领域的对话、合作不断发展。2002 年，中美两国首脑会晤达成协议，同意半年举行一次有关战略安全、多边军控和防扩散等问题的副外长级磋商。在会谈中，两国官员就国际军控、防扩散、朝鲜核问题、伊拉克问题等深入、务实地交换意见，并同意在这些领域加强合作与协调，共同致力于亚太地区的和平与安全。2003 年 7 月，中国加入美国提出的“集装箱安全倡议”（CSI），使两国能够共同努力，有针对性地对从中国口岸运往美国的货船进行预检。2004 年 2 月 16 日，时任中国外交部副部长张业遂与美国副国务卿博尔顿在北京举行了第三轮副外长级战略安全、多边军控和防扩散磋商会议。美方向中方详细解释和说明“防扩散安全倡议”（PSI），希望得到中方的理解和支持。中方表示，理解“倡议”参与国对大规模杀伤性武器及其运载工具扩散的关切，赞成倡议的防扩散原则和目标。中国对于在国际法范畴内的信息交流和执法合作没有异议。[③]

为推进无核世界的目标，2009 年中美两国在达成的《中美联合声明》中表示将批准业已签署的《全面禁止核禁试条约》，推动该条约早日生效。双方还将支持日内瓦裁谈会尽早启动，达成一项全球范围的“禁止生产核武器用裂变材料条约”谈判，体

---

① 《不扩散核武器条约》1970 年 3 月 5 日生效，其主要目标是防止核武器和核武器技术扩散、促进和平使用核能的国际合作以及推动实现核裁军。条约规定生效后每 5 年召开一次审议大会，审议条约执行情况。

② 《中美联合声明》，新华网，2009 年 11 月 17 日，http：//news. xinhuanet. com/world/2009—11/17/content _ 12475620. html。

③ 顾国良：“美国‘防扩散安全倡议’评析”，《美国研究》，2004 年第 3 期。

现出两国为维护核不扩散体制而加强国际合作的强烈意愿。2010年4月13日，为加强国际核安全和减少核恐怖主义威胁，中国领导人出席了由奥巴马总统召集、在华盛顿召开的核安全峰会，首次在多边场合阐述加强核安全对于保障核能持续健康发展及维护国际安全与稳定的重要意义，介绍中国在核安全问题上的政策和实践，并就国际社会合作应对当前核安全挑战提出中国的主张。中国以积极、认真的态度参加了峰会的筹备进程，并为《核安全峰会公报》的发表做出极大的贡献。5月5日—28日在联合国召开的第八次《不扩散核武器条约》审议大会上，经过多方妥协与努力，最终达成《最后文件》。这对于进一步加强条约普遍性、权威性和有效性，继续推进条约规定的三大目标——核裁军、核不扩散、和平利用核能，具有积极的意义。[①] 这些表明中美两国在具体落实、加强核不扩散体制方面正展开务实的国际合作。

另一方面，中国积极介入涉及中美利益的朝核、伊核等区域性核安全问题，对地区安全与稳定发挥了积极作用。中国作为“六方会谈”的主席国，在各方之间斡旋，坚持通过对话的方式推进朝鲜半岛无核化进程。中方强调各方要保持冷静、克制，从东北亚地区安全大局考虑，才能促使核问题朝各方有利的方向发展。同时，对于朝鲜进行核试验，挑战国际核不扩散体制的行为，中国在联合国支持通过多个相关决议对朝施压，并采取适当的制裁措施敦促朝鲜采取合作姿态。中方在朝核问题上的负责任表现得到美国的肯定，美国也认同“六方会谈是解决朝核问题的最佳方式”，并希望朝核问题的结果将使“中美进一步摆脱对抗关系（adversarial）而结成伙伴关系（partnership）”。[②]

---

① 新华网：《第八次〈不扩散核武器条约〉审议大会成果解读》，2010年5月29日，http：//news. xinhuanet. com/world/2010－05/29/c _ 12156787. htm。

② Eric A. McVadon，“*China and the U. S. Contend & Cooperate：A Different Slant on U. S.-China Security Issues*”，US-China Policy Foundation's 11th Annual Policymakers Seminar Series，U. S. Capitol，Friday，20 June，2008.

伊核问题方面，中国也是主张由国际原子能机构、联合国安理会主导解决伊核问题。认为安理会采取的行动必须立足以下三原则：第一，应有利于维护国际核不扩散体系。第二，应有利于维护中东、特别是海湾地区的和平与稳定。第三，不能影响伊朗人民的正常生活和各国与伊朗的正常经贸往来。[①] 中国始终认为制裁不可能从根本上解决伊朗核问题，伊朗核问题的最终妥善解决必须回到对话和谈判的轨道上来。可以说，中国在伊朗核计划问题上的表现表明了其致力于核不扩散的严肃性。

当然，中美两国在核不扩散领域的合作并不能掩盖其存在的重大分歧：（1）出于对在国际法范畴外采取拦截措施的合法性及可能产生的后果表示担忧，中国没有加入美国提出的“防扩散安全倡议”（PSI），而美国一直希望中国能够加入。（2）美国认为中国是主要的核扩散源，不时依据美国国内法指责中国向巴基斯坦、朝鲜、利比亚、伊朗等国出口大规模杀伤性武器技术和物项。美国认为，中国与伊朗进行贸易，帮助伊朗生产大规模杀伤性武器，危害美国的利益。美国对中巴进行核能合作也表示异议，妄称中巴核合作“可能会损害”国际核不扩散体系和奥巴马倡导无核世界的努力。

因此，中美之间在核不扩散领域仍将是竞争与合作的关系，双方需要在寻求合作空间上做出更多的努力。（1）与拥有大规模杀伤性武器的恐怖分子作斗争；（2）促进国际不扩散机制的建立和发展；（3）分享防扩散情报和技术，加强出口控制合作。[②] 这些均需要中美两国加强磋商与对话，立足于维护国际核不扩散体制的完整性、公正性，摒弃为实现自身利益损害别国合理诉求的做法。

---

① 联合国安理会在通过关于伊朗核问题的第1929号决议之后，中国常驻联合国代表李保东大使介绍中国立场时提出上述三原则，中国新闻网，2010年6月10日，http://www.chinanews.com.cn/gn/news/2010/06—10/2333936.shtml。

② 顾国良：“美国‘防扩散安全倡议’评析”，《美国研究》，2004年第3期。

4. 公共卫生。近年来，随着传染性非典型肺炎（SARS）、艾滋病（AIDS）和禽流感（H5N1）、猪流感（H1N1）等疾病在世界范围内广泛传播，不但威胁着人类健康，并且挑战着各国的卫生保健体制。新发和再发传染病引发的公共卫生问题逐渐成为影响各国经济社会发展的突出问题。面对全球公共卫生危机，各国必须团结互助，相互理解，分享信息和相关技术，共同防范疫情造成新一轮经济、社会和人类发展的危机。① 中美双方共同研究和致力于解决一些疾病问题，特别是涉及到全球卫生方面的问题，具有重大意义。②

中美两国在卫生领域合作由来已久，并日趋活跃，近年来呈现出多领域、多层次和多渠道的良好态势。自 2003 年 SARS 疫情爆发后，中美认识到在流行病威胁问题上进行双边合作的必要性。2005 年 10 月，中国卫生部部长高强和美国卫生与公共服务部部长莱维特（Michael Leavitt））在华盛顿签署《关于建立新发和再发传染病合作项目的谅解备忘录》，旨在通过加强两国卫生医疗科研技术人员在传染病的流行病学、预防、控制、诊断和治疗方面的研究与合作、能力建设和信息交流，提高双方及时发现、应对和处理新发及再发传染病的能力。③ 中美两国在备忘录框架下开展了“中美新发和再发传染病合作项目”，共投入资金 1593.4 万美元。2007 年 12 月 13 日，中美新发和再发传染病合作项目办公室正式揭牌，标志着中美新发和再发传染病合作项目进入了正式实施阶段。

2009 年 7 月 28 日，中美首轮“战略与经济对话”吹风会上，中国卫生部副部长尹力对加强中美卫生交流与合作提出三点

① 《人民日报》，2009 年 5 月 21 日。

② 中国卫生部副部长尹力在首轮中美战略与经济对话期间举行的吹风会上的讲话，2009 年 7 月 28 日。

③ “中美新发和再发传染病合作项目”，中国疾病预防控制中心，2006 年 9 月 29 日。

建议：一是中美在全球卫生领域相互支持、相互配合，在国际卫生条例框架下，推动建立透明的信息交换和合作机制；二是双方都积极推动医疗保健体制的改革，交换有关改革信息，改善医疗服务的可及性和质量；三是进一步加强卫生人力的培训与开发。[①] 11月18日，奥巴马总统访华，在中美发表的联合声明中表示，双方将深化在全球公共卫生领域的合作，包括甲型H1N1流感的预防、监控、报告和控制以及禽流感、艾滋病毒及艾滋病、肺结核、疟疾等疾病。

2010年5月25日，第二轮中美“战略与经济对话”期间，中美卫生部续签了《关于建立新发和再发传染病合作项目的谅解备忘录》，明确双方将继续加强在新发和再发传染病防治领域的合作。6月21日，作为继第二轮中美“战略与经济对话”之后的后续活动，“中美卫生政策论坛”[②] 在北京召开，会议着眼于两国在推进医药卫生发展领域共同面临的挑战，从政策与学术两个角度讨论中美两国医药卫生体制改革及进展，并就卫生筹资和医保制度、疾病控制和公共卫生服务、医疗服务提供和医院管理等议题开展研讨。

中国卫生部副部长黄洁夫高度评价中美两国在卫生领域的合作，并希望通过在卫生政策、公共卫生、疾病控制等领域更为广泛和深入的交流，加强中美两国全球卫生合作。美国卫生与公共服务部副部长高京柱（Howard Koh）表示，这次论坛为中美双方在医疗改革领域加强合作、相互借鉴提供了巨大的机遇。同时，在一些慢性疾病，如心血管疾病、癌症、肝炎和烟草依赖等

---

① “中美认为两国卫生合作有利于世界和平与发展”，新华社，2009年7月29日。

② “中美卫生政策论坛”是2010年5月在京举行的第二轮“中美战略与经济对话”期间，由中美两国卫生部共同决定举办的。来自国务院各有关部委、各省卫生厅(局)、卫生部机关和直属单位、美国卫生部、哈佛大学公共卫生学院的有关代表以及两国有关学术界和企业界的200余人参加了会议。

病症方面，中美有广泛的合作空间。[①] 中美两国在公共卫生领域的合作态度积极，不但将造福于两国的人民、有助于发展积极合作全面的中美关系，而且对解决当前全球公共卫生问题具有重大意义。

三、非传统安全国际合作的成效评估及原因

从上文四个问题的论述看，中美两国在非传统安全领域已经开始展开国际合作。双方的合作既是对当前全球化态势下呼吁国际合作应对安全威胁的积极回应，也是对维护、实现本国利益的内在需求，这成为推动两国携手国际合作的主要动力。双方不但表达了彼此合作的诚意和意愿，而且也在为寻求更大的突破性合作而努力，这将开启中美合作实施“全球治理”的新时代，打破传统的大国之间竞争与冲突的“零和”博弈模式。当然，我们不能忽视中美在当前合作中存在的诸多分歧和矛盾。如果处理不当，不但会导致非传统安全威胁无法消除，还有可能成为恶化中美关系的因子，继而危及到全球的和平与稳定。

通过对中美在上述领域互动的探讨，大体了解了两国非传统安全合作的现状。两国合作的程度主要依据议题的不同存有差异。在没有重大利益竞争性的领域，双方开展合作的意愿和水平相对比较高，如公共卫生领域。但在当前国际关注度比较高的一些领域，如打击恐怖主义、海盗以及防止核扩散领域，由于相互间对非传统安全威胁的认知、双方利益差别和责任分担等原因，双方的较大分歧导致合作的成效较为有限。如果这些分歧和矛盾短期内无法消除，两国合作应对非传统安全威胁将难以取得重大

① “中美卫生界展开对话 将加强公共卫生合作”，新华网，2010年6月21日，http：//news.xinhuanet.com/2010－06/21/c_12244324.html。

的突破。

为此，认清影响中美非传统安全国际合作的原因，对于今后两国进一步开展国际合作具有重要的意义。结合上文的论述，原因有如下几个方面：

（1）中美两国还都是在传统安全基本框架内进行思维，其结果是双方在非传统安全事项上掺杂着传统的安全思考，造成一种囚徒困境的局面，都担心自身非传统安全领域的让步、妥协会带来传统安全方面的利益损失。[①] 由于中美对非传统安全认知的差异和对国家利益的固守，一方面，美国保持“冷战”思维模式，力图凭借其军力和盟友支持应对一切的安全威胁。合作意味着利益的分享，这对善于奉行单边主义的美国无异于牺牲自身利益。另一方面，中国目前关注的重心主要集中在国内非传统安全议题上，对于那些高度敏感的全球性非传统安全威胁，如恐怖主义、防扩散，过分参与有可能导致外部对中国内政的干预，损害其国家安全利益。这些都影响到中美进一步开展合作的步伐。

（2）中美外交事务中秉承的原则存在差异，限制了双方合作的程度。中国在国际事务中坚持独立自主的和平外交政策。尊重别国主权，不干涉别国内政，尊重联合国在国际事务中发挥主导性作用，反对霸权主义和强权政治等，成为中国参与、处理国际事务秉持的基本原则。中国主张在联合国集体领导下打击索马里海盗，并经过联合国授权之后，赴亚丁湾开展护航任务。著名军事专家尹卓少将认为，“联合国是打击海盗中发挥主要协调角色的最佳候选人”，[②] “SHADE 只是依据各国协商为基础的协调机制而已”。[③] 美国则从维持其全球霸主地位出发，单方面使用武

① 李林河：“非传统安全视角下的中美关系：以石油问题为例的分析”，《学术探索》，2005 年第 6 期。

② 《中国日报》，2009 年 11 月 20 日。

③ “Navies agree on ‘set areas’ for Somali patrols”, January 30, 2010, *China Daily*, http: //english. people. com. cn/90001/90776/90883/6883223. html.

力侵犯别国主权与领土完整，强力推行其民主价值观，“唯利益论”的强权逻辑支配着美国外交的原则。以美国为首的一些西方国家在反恐中采取实用主义态度，对于联合国在反恐中的作用是合则用之，不合弃之。两国处理国际事务的原则无法取得共识，也就制约了两国有效开展国际合作。

（3）美国所要求的国际合作更多的是希望中国帮助其解决一些棘手问题，这种利己行为使得合作的选择性和倾向性比较明显。阿富汗战争是由美国发动，盟国参与的一场战事，但由于深陷伊拉克战场导致阿富汗反恐形势出现逆转，加上一些盟国受国内压力纷纷撤军的影响，美国表现出无力支撑阿富汗战争的疲态，希望争取中国出兵阿富汗，配合美国在阿富汗的反恐行动，并“提出中国开放新疆的瓦罕走廊，以作为驻阿美军后勤基地”。[①] 美国不切实际地要求中国承担更多超出其实力的国际责任，当中国承担的责任没有达到其期望值时，又指责中国没有发挥有效的国际作用。美国认为中国在打击海盗行动中发挥的领导作用不够，中国目前的步伐过于谨慎，中国在领导海上行动中的态度摇摆不定。中国决策者强调他们支持世界和平与安全的愿望，但他们在实现此目标的重要国际机制和努力中却回避领导作用。[②]

（4）长期的战略对手关系导致两国持续的互不信任，影响两国在非传统安全领域合作向纵深拓展。2009 年 9 月美国发布的《国家情报战略报告》中，中国被美国定义为对美国利益最具挑战的国家之一。两国面临最大的挑战是建立“战略互信”。[③] 美

① 戴旭：“美国全球战略布局瞄准瓦罕走廊”，《瞭望》，2010 年 2 月，第 58—59 页。

② Richard Weitz，“Priorities and Challenges in China's Naval Deployment in the Horn of Africa”，*China Brief*，Volume：9 Issue：24.

③ “The National Intelligence Strategy”，August 2009，http：//www.dni.gov/reports/2009_NIS.pdf.

国对中国军事现代化充满猜疑和警惕，在中国周边频繁联合军演造成地区局势紧张。中美军事交流由于美国对台售武挑战中国核心利益而陷入停滞。军事领域无法建立起军事互信机制，严重制约两国在反恐、打击海盗、防扩散等领域需要军方共同合作的空间。应对非传统安全威胁离不开中美战略关系的大框架，这就需要两国领导人超越单纯的双边利益关系范畴，从全球利益的角度构筑两国战略互信，非传统安全合作才能取得实效。

四、合作前景与发展趋势

中美在双边、地区和全球范围内就一些非传统安全议题开展国际合作，并取得了一定的成效。双方之间的这种交往互动将有助于提升两国关系发展的水平，也为在地区、全球层面构建起更加高效的制度合作体制与框架奠定了基础。金融危机后，国际力量格局的变化要求大国之间采取合作方式来解决诸多问题。随着中美力量发展的趋向平衡、现代科技的不断创新以及在维护人类共同生存问题上的共识逐步强化等，中美两个大国开展国际合作将会是一种常态。然而，两国之间存在的分歧和矛盾在不同时候也会凸显出来，成为制约两国合作的障碍。为此，中美非传统安全领域未来国际合作将具备以下两个特点：

（1）合作中有竞争与博弈。非传统安全威胁会对各国的国家利益产生影响，国家需要依据受影响的程度采取相应的措施。因为每个国家受到安全威胁的程度和国家利益不同，它们在与别国合作过程中的参与程度也就会表现出差异。同时，合作过程中需要部分权力的让渡，接受其中一个居主导地位国家的领导，而这种权力让渡的过程中伴随的是竞争和博弈。国家均希望在合作中拥有更大的自主权和发言权，能够最大限度地确保自身的国家利益，这就考验着每个国家的实力和外交智慧。

在索马里海域，最先是由欧盟、北约、美国151联合特混舰队（CTF－151）联合开展打击海盗的行动，其他国家则是单独在此海域开展护航。中国是在联合国授权之下开赴索马里的，没有加入到美国主导的打击海盗行动之中。直至2010年，中国与有关各方达成协议后，开始参加“共享共识、降低冲突”（SHADE）会议并担任轮值主席，在联合开展打击海盗过程中发挥更大作用。在阿富汗问题上，美国原本是想排挤中国，由它来主导阿富汗的战后重建事务。但在反恐战争陷入僵局、国内秩序重建困难重重形势之下，美国才提出争取中国合作支持阿富汗的国内重建。目前，中国参与阿富汗的重建还主要是在中阿双边层面上，中美在阿富汗的合作中必然还有一番竞争与博弈的过程。因此，未来非传统安全领域内的中美两国关系呈现出的会是一种竞争条件下的合作关系，它带给中美关系更多的将是互动复杂性的增加，以及两国关系中的更多变量数因素。

（2）合作中有协调与妥协。如果合作中只有竞争与博弈，那么这种合作是不可持续的，甚至难以为继，这就需要协调与妥协。由于中美两国在维护两国关系大局方面有着共同利益，那么合作必然成为两国关系发展的主流。中国领导人强调，中美要“培育战略互信，加强战略合作，妥善处理分歧，促进两国在双边、地区、全球层面的沟通协调、合作”。[①] 美国也表示，“美国和中国的关系将塑造21世纪，其重要性不亚于世界上任何一种双边关系。我们共同着手构建积极、建设性和全面的关系，并且承诺通过合作促进我们的共同利益”。[②]

这就意味着，合作共赢将是未来两国关系积极发展的大趋势。美国前参谋长联席会议副主席欧伟博撰文指出，美国须视中国为友，“不要带着防范、竞争或警惕的心理去处理美中关系，

① “努力推动建设21世纪积极合作全面的中美关系”，中国新闻网，2010年5月24日，http：//www.chinadaily.com.cn/hqgj/zwgx/2010－05－24/content_357702.html。

② 奥巴马在中美战略与经济对话开幕式上的致辞，2009年7月27日。

而是代之以合作、开放和信任”。[①] 只要两国从全球视角和人类未来发展着眼，在非传统安全领域开展务实合作，在具体事务中加强协调与沟通，妥善处理相互间的分歧，必要时双方均需作出一定的妥协，就能不断推进全球问题的解决。

当前，中美关系基本上是稳定的，在可预见的未来也将如此。这两个当今世界最举足轻重的大国之间的合作交流，正在现有的良好基础上，继续向纵深和广度推进。此举势必催生更紧密的中美双边关系，也必将为两国和世界人民的福祉产生正面的积极作用。[②]

---

① Bill Owens，America Must Start Treating China as a Friend，November 19，2009，http：//www. ftchinese. com/story/001029821/en.

② “中美合作向纵深广度推进”，联合早报网，2010 年 5 月 28 日，http：//www. zaobao. com/special/china/sino _ us/pages8/sino _ us100528a. shtml。

中亚的水资源博弈和对中国的影响

李立凡*

内容提要：水资源的短缺已成为中亚各国间政治经济外交的主要矛盾，而大国干预又使中亚的水资源问题错综复杂。本文以非传统安全领域内水资源冲突的问题，解析中亚地区最新的水资源博弈，以及对中国造成的影响，揭示中亚地区需要合理协调水资源的分配和利用，可以借鉴成功解决此问题的国家的案例，寻求区域协作机制和水贸易赔偿机制，通过立法、谈判、磋商和互惠机制的确立来解决各种争端。文章提出，中国的睦邻友好政策将本着“互惠共利”的原则，多方协调，共建区域和谐。

水资源的短缺随着人口增长、经济发展、全球暖化问题而日益严重，各地区的水冲突似乎都箭在弦上，甚至有人预言21世纪将是水战争的世纪。水资源的管理及冲突解决方案实是刻不容缓，水资源危机已经和全球变暖一起列入世界重大议程，如

---

* 李立凡，上海社会科学院欧亚研究所副研究员。

2000年3月发表的“海牙部长宣言”（The Hague Ministerial Declaration），“世界水资源评估计划”（World Water Assessment Program）的建立，联合国教科文组织提出的“从潜在冲突到合作可能”（From Potential Conflict to Cooperation Potential，PC to CP）计划，这些举措更精确定位各国水资源分享的挑战，并成为未来发展决策及避免冲突的工具。同时间，国际绿十字会及联合国教科文组织共同提出“水和平”（Water for Peace）计划，其宗旨在于提高地方当局及公众对于水冲突的警觉及参与性、整合性的管理，促成相关国家的有效对话，使潜在或实际存在的几个冲突区域的紧张情势降到最低。世界自然保护联盟（IUCN）水资源专案主任吉尔·博格坎普在北京接受中国记者访问时也表示：“目前，世界最大的水危机其实不是水资源的危机，而是水管理和水利用的危机，我们必须更加高效、可持续地使用现有水资源。”

一、中亚的水资源博弈

中亚地区的水资源分布极不均衡，主要水源来自于该地区两个面积最小的国家——塔吉克斯坦和吉尔吉斯斯坦。塔吉克斯坦水力资源丰富，总量约5270亿千瓦/年，居世界第8位，位居独联体国家第2位，人均拥有量居世界第1位。但其目前水电资源利用率仅占实际资源总量的3%，而哈萨克斯坦、土库曼斯坦和乌兹别克斯坦均属于缺水国家，哈、土、乌三国的地表水资源总和只占三国面积的30%左右，仅为整个地区总量的1/3，其需求总量却超过总用水量的85%，[①] 哈萨克斯坦的河流年均径流量在独联体国家中列倒数第二，盛产石油的土库曼斯坦素有“水比油

① 莉达：“中亚水资源纠纷由来与现状”，《国际资料信息》，2009年第9期。

贵”的说法，[①] 许多居民甚至要定时领取饮用水。乌兹别克斯坦更是属于严重缺水国家。

水资源已成为中亚迫切需要解决的问题。一方面，水资源将中亚各国联系在一起，使各国结成经济共同体和命运共同体；另一方面，由于缺水，争夺水资源成为了中亚区域安全与稳定的又一隐患。在中亚国家，每年人均用水 2800 立方米。到 2020 年，中亚地区人口将达到 6000 万，届时每年的人均用水量将下降到 1600—1700 立方米。根据联合国公布的划分标准，中亚将成为严重缺水地区。

联合国世界水资源委员会在 1999—2000 年的报告中指出，近 32 年来贯穿中亚地区的阿姆河与锡尔河的水位下降了 16 米，并被化学和其他废料污染。目前，阿姆河上只有阿富汗境内流域的水质最为洁净。俄罗斯、中亚环保机构的资料也显示，排入阿姆河的污水已占到其流量的 35%；乌兹别克斯坦和塔吉克斯坦境内排向河流、湖泊和水库的污水也占到其流量的 40%以上。[②]

中亚各国交界地区由于水资源争夺常常发生磨擦和争执，水资源已成为中亚某些国家的政治工具，它们要么以保护水资源为由要求免除债务，要么凭借对水资源问题解决的主动权或对跨境水流的控制权对邻国施加政治、经济压力，这同时也加重了水资源问题的解决难度。[③] 1992 年是因对托克托古拉水库的水量分配产生分歧，乌兹别克斯坦精锐的空降部队兵临乌—吉边境，向吉方施压，而 2008 年上合组织峰会期间爆发的最尖锐矛盾便是跨国河流水资源及其利用的问题，吉塔两国拥有丰富的水资源，哈乌两国对此相当依赖，但这几乎引起哈乌两国领导人的争执。乌总统卡里莫夫认为吉塔两国以水资源作为向乌施压的工具甚至成

① “水危机：何时结束在中亚的水资源危机?”，《文汇报》，2008 年 8 月 5 日。

② 张宁：“中亚国家的水资源合作”，《俄罗斯中亚东欧市场》，2005 年第 10 期。

③ 张新花、何伦志：“中亚水资源纠纷及通过水资源市场化的解决途径”，《新疆社会科学》，2008 年第 1 期。

为塔乌恶交的罪魁祸首，卡里莫夫称邻国的水利工程项目是“轻率的举动”。[①] 而2009年2月正是由于俄罗斯总统支持了乌兹别克斯坦反对在塔吉克斯坦建立上游建水电站的决议，由此塔吉克斯坦总统取消了出席莫斯科独联体集体安全组织的首脑会议。

独立后，中亚地区的水资源分配问题始终与能源供应问题纠缠不清。下游的乌兹别克斯坦、哈萨克斯坦、土库曼斯坦一直通过优惠的价格向上游的塔吉克斯坦和吉尔吉斯斯坦供应火电厂燃料和电力的方式，换取上游国家冬季多蓄水少发电，以便来年供下游春耕用水。而塔吉克斯坦和吉尔吉斯斯坦则认为，水本身也是商品，下游国家理应补偿上游因水库少蓄水而造成的少发电损失。如果不为下游国家用水考虑，上游的电力生产完全可以满足自身需求，无需下游提供电力或火电厂燃料，也就无需付费。因此，中亚联合电力系统解体后，各国将集中精力保障本国的电力生产和分配，上下游国家的能源供应矛盾将不再突出，但水资源分配问题将日益紧张。

水资源丰富的塔、吉要解决蓄水和电力不足问题，急需大量资金维修改造现有水电站设备，新建大型水电站。因财力匮乏，修建水电站又耗资大、工期长，塔吉两国不得不寻求国际援助，积极对外招标，这为外部势力渗透中亚提供了难得的机遇。外商趋之若鹜，纷纷前来考察和接洽投资事宜。但由于建水电站资金需求量巨大，目前以国家为单位的投资商只有俄、美和伊朗等国，它们对塔水电站进行了实质性投入。德国、波兰、印度、巴基斯坦等国家也各自派出专家组对塔水电站进行了考察，并签署了一些合作意向。

外国财团以大股东身份掌控中亚战略水资源。建设桑格图德水电站、罗贡水电站和帕米尔水电站是塔当前国家能源发展的优

① Ш. Ахмаджонов: Водно - энергетическая проблема Центр Азии и ее решение 17：40 2710412009，http：//www1centrasia1ru/news1php? st=1241070060.

先方向，也是吸引外资的主要领域。建在瓦赫什河上的罗贡水电站总装机容量为360万千瓦，年发电量为131亿千瓦时，总造价32亿美元，投资回收期为13.5年。罗贡水电站始建于1976年，预计建成后发电量将超过目前中亚最大的努列克水电站。2004年，俄铝业公司向罗贡一期工程投入516亿美元的资金，但至今双方未就股权分配达成协议，无奈之下塔声明独自续建。

2005年1月，俄、塔和伊朗三方签署了瓦赫什河上桑格图德水电站梯级建设协议。按协议，俄政府以购买桑格图德公司215亿美元股份的方式，投资建设桑格图德1号水电站①，塔俄分别占25%和75%的股份；伊朗出资98%并负责桑格图德2号水电站的施工，塔只拥有2%的股份。这样一来，俄、伊已成为上述两大水电站的大股东，实际控制了桑格图德水电站。美国也不甘示弱，联手阿迦汗基金对帕米尔水电站二期2号机组投了几千万美元的建设资金。与此同时，吉也积极对外招商引资，与哈、俄组建合资企业，合建坎巴拉塔水电站，三方各占34%、33%和33%的股份。2009年2月初，吉俄签署俄参与建造坎巴拉塔1号水电站的政府间协议，俄向吉提供17亿美元优惠贷款，用于建造坎巴拉塔1号水电站。

为了保持地区的和平、稳定与发展，中亚国家应该捐弃前嫌，以大局为重，加深理解与合作，协调各方面的利益关系，以追求最大的共同利益为目标，科学、合理地解决水资源的分配和利用问题。首先，要在中亚地区构建统一的共用水资源的法律基础，并在此基础上建立科学合理的水源分配体系和水、能交换机制；其次，中亚各国要从长远利益出发，修复、完善和发展共用

---

① 桑格图德1号水电站装机容量为67万千瓦，总投资为41827万美元，塔政府于1996年4月4日发布命令，决定将桑格图德1号水电站改组为股份制公司。2004年10月16日，俄塔两国政府签署《关于俄出资参与桑格图德1号水电站建设程序及条件的协议》，俄政府以购买桑格图德公司215亿美元股份的方式，投资建设桑格图德1号水电站。该水电站已于2009年4月15日竣工。

的水利设施，积极防治污染、改善生态环境；第三，要争取获得国际社会的援助和境外投资，用于中亚各国供水设施的建设和跨境输水设施的维护，提高中亚地区的水资源流通效率；最后，必须面向未来解决中亚的水资源问题，控制人口增长、改善经济结构、发展节水型农业才是解决问题的根本途径。

二、水资源管理机制的国际借鉴

各国间存在着解决水资源利用问题的不同途径，若实行水资源有偿使用的办法，还有可能达成比较实际的妥协。在市场经济中，国民经济部门使用的水资源也是有一定币值的商品。所以，有关国家之间达成调节水资源利用水平和监督机制的一系列双边协议是很有必要的。

第一，提出并完善“合理分配、共管共享、有序调度”的水资源分配方案。比如，土耳其、叙利亚和伊拉克之间存在严重水资源共享问题，通过采取一项三方共同参与的新战略来讨论并解决水资源问题的方式，化解了三国之间的矛盾。土耳其、伊拉克和叙利亚三国，通过科学研究在土耳其的幼发拉底河阿塔图克水坝附近建立了一所水利协会，来解决其水资源共享问题。①

第二，设定区域协作机制和水贸易赔偿机制。作为水资源丰富的国家，吉尔吉斯斯坦从维护自身利益和解决水资源分配问题的角度出发，提出了水资源商品化、交易市场化的方案。塔吉克斯坦也凭借其境内丰富的淡水资源，提出要建立相互合作机制，合理有效利用这一宝贵的自然资源，并希望通过向其他中亚国家提供农业灌溉用水和其他用途水源获取经济利益和其他利益，并

---

① 张小晨：“土耳其成为中亚解决水资源危机的模式”，《水利信息网》，2008年7月16日。

吸引国际投资用于建电站、修水利、铺管线，以及完善向中亚耗水大国供水的制度。

第三，借鉴中国与俄罗斯关于水权转让的法律问题。中国《水法》根据水资源公有制的设计模式，水资源的非所有人只有依照法律规定或合同的约定才能享有对水资源的使用或收益权。从这层意义上说，通常所称水权即指水资源的使用权。《俄罗斯联邦水法》规定水体使用权可以由某人转让给他人，条件是这些人的用水是为了满足个人需要，而且在上述权利转让中应保证这些水体的使用目的没有变化。这些方面可以用来借鉴给中亚地区。加快中亚国家的相关立法，进一步完善环境立法，明确水权交易的适用范围，依据确定的水量、水质与使用期等方可推行水权交易。水权交易可分为永久和临时两种，交易方式又可分为私下交易与公开交易。成熟有效的市场除了买卖双方参与外，一些中介机构的参与也是十分必要的。在不断完善水风险评价标准的基础上，适时推出水权交易衍生工具。

总体上讲，未来解决中亚的水资源问题，控制人口增长、改善经济结构、发展节水型农业才是解决问题的根本途径。

第四，中俄相互理解并健全水资源纠纷和冲突的方案。2009年10月29—30日在中国杭州举行了中俄跨境水资源合理使用和保护的联合委员会第二次会议。俄方代表团团长为水资源署署长，中方代表团团长为外交部部长助理。双方对该问题达成相互谅解：1. 建立水资源管理和跨境水资源监测和保护的工作组，并对其基本任务达成一致；2. 双方互相通报了跨境水水质联合监测数据交换的进程，并作出了积极评价；3. 双方通报了阿穆尔（黑龙江）河水利数据和水文监测站网络信息的交换问题；4. 应俄方请求，中方通报了呼伦湖水资源分配和水环境管理规划。双方将进一步对此规划进行讨论。第三次联合会议定于2010年7—8月间在圣彼得堡举行。

第五，合理监督跨界河水质问题，创建“联合性的水资源管理框架”。中俄双方于 2002 年 2 月签署了备忘录，并指定了具体负责监测的部门。根据《中俄联合监测界江备忘录》，中俄两国有关部门已经在 2002—2003 年对黑龙江和乌苏里江进行了 8 次监测。由于中国一般都处在相关国际水道的上游，中国一直对下游国家的防洪抗汛提供帮助。早在 2002 年，中国和印度就签署了“关于中方向印方提供雅鲁藏布江—布拉马普特河汛期水文资料的实施方案”，中国在每年的 6 月 1 日—10 月 15 日向印方提供雅江水情；另据中国水利部与湄公河委员会 2002 年在柬埔寨金边签订的协议，中国在每年的 6 月 15 日—10 月 15 日期间，于每天上午 8 时 30 分将位于中国境内的允景洪、曼安两个水文站前一日的水位和雨量无偿报送给湄公河委员会秘书处。

三、中亚水资源安全对中国的影响

中国科学院国情分析研究小组近期发表题为《两种资源、两个市场——构建中国资源安全保障体系研究》第八号国情报告。该报告指出，中国水资源的供求缺口会随着需求的不断增加而进一步拉大，2030 年中国人口将达到 16 亿的高峰，人均占有水资源量将下降到 1760 立方米左右，人均占有耕地也将下降到 1.1 亩左右，两者皆接近国际上一般承认的警戒线。[①]

1. 中亚水资源安全问题对我国西部地区的稳定与发展构成了新的挑战。中亚地区同样存在跨境水资源纷争，那里大约有一半的水资源来自境外河流，例如哈萨克斯坦的 1/3 水资源来自中国。发源于中国境内的额尔齐斯河和伊犁河是流经中亚国家——哈萨克斯坦的国际水道。近年来，哈萨克斯坦因其国内水资源短缺，对我国在上游开发利用这两条河的河水颇有微词，并把与我

---

① http：//en. wikipedia. org/wiki/Water _ law.

国的跨国水资源分配列为其对外经济政策的重点。故此，加强中亚水资源的安全和科学地对中亚流域水权的治理已成为中国与中亚等邻国共同关心的议题。

额尔齐斯河发源于中国境内的新疆阿勒泰地区，流经哈萨克斯坦、俄罗斯，最终注入北冰洋，是条典型的国际性河流。目前中、哈、俄之间没有成立专门的联合机构对额尔齐斯河水资源利用与开发进行统一筹划和管理，因此三方就水资源问题“平时不怎么接触”。而 2006 年 9 月 28 日俄罗斯的《独立报》有一篇“中国的水利政策”的报道，称北京打算利用从中国流入哈萨克斯坦的 30 多条河流，如在该地区关键的额尔齐斯河上游修建运河，将水引到克拉玛依油田，并用于新疆的农田灌溉。该文渲染，即使每年抽调 4.85 亿立方米的水（年均流量的 5%），都会给哈萨克斯坦造成严重的后果。其实这些指责和猜测都毫无意义，因为对跨界河流的控制需要通过流域国家安排谈判并最终通过相关协议，由专门的委员会来统一管理和监督执行。单方面指责某一方的做法并不利于问题的解决。

中哈对水资源的问题一直有争议。2010 年 3 月起在哈境内爆发的洪水，以及由此引起中国新疆地区的洪水，均属于融雪性洪水，其原因在于：（1）哈萨克斯坦东部地区属于多山地带，地势坡度大；（2）哈萨克斯坦东部地区河流比较多；（3）2009—2010 年冬天哈萨克斯坦遭遇 60 年不遇的雪灾，有些地区降雪厚度达到两三米。一旦天气变暖就很容易导致洪水。但中方从未将此事上升到“国际纠纷”，在合理使用跨境水资源问题上，双方应态度谨慎，指责及猜疑不利于解决矛盾。

2. 中哈跨界水资源问题的解决态势及展望。两国为此进行了多次协商和签署协议。2001 年 9 月 12 日在阿斯塔纳，两国签署了《利用和保护跨境河流政府合作协定》。此前，中国也只有和蒙古国签订了类似协定。到目前为止，中国、哈萨克斯坦、俄罗斯没有签署任何多边跨境河流协定。根据《利用和保护跨境河流政府合作协定》第8条，中、哈双方建立了共同使用和保护跨境河流事务联合工作组。工作组在成立后经过共同努力，分别于2005年7月4日和2006年12月20签订了《中国水利部与哈萨克斯坦农业部关于跨界河流灾难紧急通报的协定》和《中国水利部与哈萨克斯坦农业部关于开展跨境河流科技考察合作的协定》。就位于哈阿拉木图州的霍尔果斯河和松别河问题，中哈双方地区管理机构分别于1965年和1989年签署了国家间资源分配协定。

中哈共有23条跨境河流，其中最大的是伊犁河和额尔齐斯河。哈方目前最关心的是跨境河流的水污染监测和跨境河流水资源分配问题。在北京召开的联合工作小组会议上，哈方代表已向中方提交了关于额尔齐斯河和伊犁河水资源的分配方案，希望进一步加快关于跨境河流的多边或双边协定的签订；[①] 推进中哈两国在跨境河流，特别是霍尔果斯河流域建设水利枢纽的合作进程，避免中国对跨境河流水资源的过度利用和保证哈国的用水需求。加快水文观测站和化验室的建立，引进现代先进检测和化验设备，对跨界河流水质的化学成分进行深入和实时监测。这些目标都建立在双方互信互利的原则之上。

3. 拓展上海合作组织已有合作精神和框架，分享各自的优势和经验。按照新安全观和国际法的要求，探索中俄与中亚各国共同参与中亚水权的治理和综合利用的可行方案，对于促进上海合作组织的更深入发展、夯实中国与中亚关系的基石、维护中国西部地区的稳定与发展等，都具有重要的现实意义。

上海合作组织参与该问题解决的优势表现在：首先是资金优势。在上海合作组织框架下，中亚水资源问题的解决不仅有相关法律条文作为依据，而且建立上海合作组织发展基金、上海合作组织发展银行的设想也已提出。中国经济的快速增长、俄罗斯经

① 这些协定包括：环境保护合作协定；水文质量监测和污染通报的协定；额尔齐斯跨境河流水资源分配协定；伊犁跨境河流水资源分配协定。

济的恢复和中亚经济的复苏都为上海合作组织的发展和解决成员国内部矛盾奠定了经济基础，本着维护成员国利益和地区安全出发的想法，随着上海合作组织机制的完善，就可以汇集资金，为解决水资源问题提供经济支持。其次是技术优势。中国改革开放30年来，积极地借鉴了国外的经验，积累了丰富的节水技术和环保技术、科学探测地下水分布技术、循环经济技术、污水治理技术等等，这些技术只要运用到中亚就可以有效地改变当地的用水模式，促进中亚的经济发展。

2004年2月，俄政府制定“上海合作组织成员国在现代政治经济条件下合理利用水资源的规划”，并组建了一个联合工作小组。[①] 2008年10月10日，中亚五国总统在吉尔吉斯斯坦首都比什凯克举行水资源利用问题峰会，已达成以下重要协议：保护中亚河流在吉尔吉斯斯坦的蓄水量，保障吉在灌溉季节向邻国供水。

4. 适当考虑运用市场原则，进行水资源价格磋商体制。合理利用水资源可以改善上游生态环境，这是善意的举动。关于国际河流水资源的分配，可以通过区域合作，把水当作商品来解决，即引入“水金融”这个市场概念，建立“水金融”制度[②]，利用金融市场配置水资源，制定水资源配置制度改革。笔者认为，“水金融”与“碳金融”都值得重视。

考虑制定交易原则。依据“谁受益谁付费”的原则，也可通过物物交换的方式交易。针对第一类国家（即上游国家）必须制定使用有限资源制度，这个制度就是珍惜水资源，在冬天储备水，在夏天为第二类国家（即下游国家）供应水。第二类国家按

---

① 莉达：“中亚水资源纠纷由来与现状”，《国际资料信息》，2009年第9期。

② “水金融”是指与水事活动有关的各种金融制度安排和金融交易活动，主要包括水权及其衍生品的交易、水资源的开发、利用与保护、节水项目的研究与开发、水利（电）项目开发、污水处理项目的投融资以及其他相关的金融中介活动。参见李靖：“中国太有必要建立‘水金融’制度”，《上海证券报》，2010年10月28日。

商定价格，或以物物交换方式为第一类国家供应工业用能源和取暖能源。[①] 云南大学亚洲国际河流中心主任何大明博士指出，假如类似额尔齐斯河流域各国确定用水指标，我们就可以考虑为维护区域综合利益，发掘更大的经济和生态价值，放弃部分农业。我们可以拿用水指标换取周边国家的天然气，再拿天然气换来的钱买粮食和棉花。这既维护了主权，又综合利用了水资源。总之，水的问题可以依靠市场的力量来解决。但不管是根据主权原则，照顾下游利益自行决定开发，还是将水视为商品，额尔齐斯河流域各国都有必要就相关问题展开磋商。

5. 与中亚的国际合作互惠机制。笔者认为，中国可以在适当的条件下，在我控上游水域将淡水资源的供给和从中亚水电的输出间确立"互惠机制"。新疆已经确立了与中亚国家开展科技合作的重点方向和领域，包括水资源、动植物资源和矿产和石油天然气资源的调查与合作开发。且我国曾表达了在中亚区域经济合作（即 CAREC）部长会议上通过的《CAREC 综合行动计划》中的参与该地区水治理的意向，中国有意帮助中亚国家进行水资源利用和电力改革。中国作为上游国家应该尽量提供如棉花地膜覆盖技术、滴灌技术、喷灌技术、沙漠治理技术、综合治理盐碱地技术等优势技术给下游国家。中国可结合自身的改革经验，倡议、推动和资助各成员国的机构能力建设，如与沿岸各国共同确立"分段互惠机制"。

① 张新花、何伦志："中亚水资源纠纷及通过水资源市场化的解决途径"，《新疆社会科学》，2008 年第 1 期。

专题讨论

日本经济“失去的20年”及其启示

傅钧文[*]

内容提要：最近20年来，日本经济除了少数几年出现较快增长以外，基本上一直处于持续的缓慢衰退之中。日本学者将其经济20年停滞不前的现象称为“失去的20年”。本文描述了日本经济长期停滞不前的主要症状，分析了导致产生经济长期停滞不前的原因，最后提出几点在研究中获得的启示。

20年前的1990年，日本的股价和地价分别在上半年和下半年出现大幅度下跌，“泡沫经济”就此崩溃。20年后的2010年10月19日，日本内阁府发布10月份《月例经济报告》，认为日本经济“处于停滞状态”。20年来，日本经济除了少数几年（如2002—2007年）出现较快增长以外，基本上一直处于持续的缓慢衰退之中。继1999年日本学者将当时日本经济的状况称为“失去的10年”之后，[①] 日本学者又将日本经济20年停滞不前的

* 傅钧文，上海社会科学院世界经济研究所研究员。

① 原田泰：《日本の失われた十年》，日本经济新闻社，1999年5月版。

现象称为“失去的20年”。①

一、日本经济长期停滞不前的诸症状

（一）经济增长率明显下降

20世纪80年代后日本国内生产总值（GDP）增长率还在3%—4%左右，但90年代的经济增长率只有1%左右，而同时期美国的经济增长率达到2%—4%左右（表1）。进入21世纪，日本经济在中国经济增长和美国经济繁荣的带动下，向中国出口制造业中间产品，向美国出口最终产品，因而外需迅猛发展，外需的发展进而拉动国内民间投资，导致经济增长率明显高于20世纪90年代。2002—2007年的年均增长率一度达到2.5%。2002年2月—2007年10月经济扩张期的时间跨度达到69个月，超过此前经济扩张期最长的“伊奘诺景气”（57个月，1965年11月—1970年11月）因而引人关注，被称为“伊弉冉景气”。②

对于“伊弉冉景气”的到来，人们普遍没有什么感觉。究其原因有两个：第一，“伊弉冉景气”的增长率比“伊奘诺景气”的增长率要低得多，后者5年年均增长率达11.6%；第二，“伊弉冉景气”期间，日本各地之间、各企业之间以及各产业之间的差距拉大，这也在很大程度上影响了人们对经济增长的实际感受。正因为如此，民间也把“伊弉冉景气”称为“差距型景气”、“无实感景气”等。

“伊弉冉景气”的增长是建立在两个基础之上的，一是外国

---

① 片冈刚士：《日本の「失われた20年」》，藤原书店，2010年2月版。

② 伊奘诺（IZANAGI）和伊弉冉（IZANAMI）分别是日本神话中创造日本的男神和女神。

经济快速发展；二是美国经常收支出现巨额赤字，日本资金大量流入美国，导致日元贬值。2007 年 10 月以后，“伊弉冉景气”结束，日本经济又步入衰退期，美国次贷危机则进一步加剧了日本经济增长的下跌，以至于这次衰退期之长超过了战后所有衰退期，上述两个基础也已不存在。

表 1　日美实际经济增长率比较　　单位:%/年

	1980—1985 年	1985—1990 年	1990—1995 年	1995—2000 年	2000—2005 年	2005—2009 年
日本	3.1	4.6	1.1	0.8	1.4	0.0
美国	3.2	3.2	2.5	4.3	2.4	1.0

资料来源：日本内阁府网站 http：//www.cao.go.jp/、美国商务部经济分析局(Bureau of Economic Analysis) 网站 http：//www.bea.gov/。

（二）人均国民生产总值迅速下降

日本人均 GDP 在 OECD 成员国中的排位在 1989 年是第 3 位（1993 年还一度上升至第 2 位），而到 2008 年已经下降到第 19 位。在 20 世纪 90 年代，虽然经济增长减速，但这时期日本人均国民生产总值还一直排在 OECD 前 5 位。而 2002 年以来，日本经济尽管出现较快增长，但人均 GDP 排位反而每况愈下。如果说 90 年代“失去的 10 年”失去的是高速经济增长的话，那么近 10 年的日本经济可以说是“失去人均 GDP 的 10 年”。

（三）财政状况持续恶化

受国际金融危机引发的经济衰退的影响，日本政府税收大幅减少，导致日本财政状况陷入极为严峻的境地，是发达国家中最糟糕的（表 2）。日本 2010 年度赤字相当于国内生产总值的 9.8%，比重超过目前深陷债务危机的希腊。

高赤字导致政府的高负债。截止到 2010 年 3 月，日本累积的中央政府和地方政府的长期债务已接近1000万亿日元，是其GDP的2倍以上，每一个国民一出生就要负担约750万日元（约合8万多美元）债务。国际货币基金组织在2010年5月发布的最新财政监测报告中预测，日本的政府债务/GDP比率将在2015年进一步上升到250%，继续在该报告涵盖的56个发达经济体和新兴经济体中列第一。[①] 虽然日本的政府债务/GDP比率很高这一事实，并不意味着日本财政崩溃，但巨额财政赤字会对未来政府形成掣肘，增加后代居民的负担，并在资金市场上对私人投资产生“挤出效应”。

表2　发达国家财政收支及债务余额占GDP份额比较　单位：%

国家	项目	2000年	2005年	2008年	2009年	2010年
日本	中央政府财政收支	−7.6	−4.8	−4.1	−10.3	−9.8
	基础性财政收支	−603.0	−4.1	−3.4	−9.1	−8.3
	政府总债务余额	142.1	191.6	194.7	217.7	227.1
美国	中央政府财政收支	1.6	−3.2	−6.6	−12.5	−11.0
	基础性财政收支		−1.2	−4.7	−10.7	−9.2
	政府总债务余额	54.8	61.6	70.6	83.2	92.6
德国	中央政府财政收支	1.3	−3.0	0.0	−3.3	−5.7
	基础性财政收支	4.0	−0.9	2.5	−0.9	−3.4
	政府总债务余额	59.7	68.0	65.9	72.5	76.7
英国	中央政府财政收支	1.3	−3.3	−4.8	−10.9	−11.4
	基础性财政收支	3.2	−1.8	−3.2	−9.1	−8.8
	政府总债务余额	40.9	42.1	52.0	68.2	78.2

① International Monetary Fund (IMF), “Navigating the Fiscal Challenges Ahead” (FISCAL MONITOR), May 14, 2010.

续表

国家	项目	2000年	2005年	2008年	2009年	2010年
希腊	中央政府财政收支	−3.7	−5.1	−7.7	−13.6	−8.1
	基础性财政收支	3.6	−0.7	−3.2	−8.6	−2.4
	政府总债务余额	103.4	100.0	99.2	115.1	133.2
意大利	中央政府财政收支	−0.9	−4.4	−2.7	−5.3	−5.2
	基础性财政收支	5.2	0.1	2.2	−0.8	0.8
	政府总债务余额	109.2	105.8	106.0	115.8	118.6

注：基础性财政收支（primary balance）指不计入政府通过发债或通过借款带来的收入和成本的财政收支，这一指标反映政府在不发债的情况下满足支出的能力。

资料来源：International Monetary Fund (IMF)，“Navigating the Fiscal Challenges Ahead”(FISCAL MONITOR)，May 14，2010。

一直以来，日本国内高达1400万亿日元的个人金融资产通过银行吸收了国债，但对国债的消化能力已经达到极限。如让海外投资者购买，就需要提高利率，而这又会增加政府的借贷成本。

（四）少子化现象明显

少子化是指由于出生率下降而造成的儿童数量减少的现象。日本厚生劳动省“人口动态统计”显示，第二次世界大战以来，日本人口中的年少人口（0—14岁）所占比例基本呈持续下降态势。这一比例在战后初期即20世纪40年代末（日本的出生高峰时期）曾经达到35.4%，但到了60年代后期已经降到25%，目前这一比例进一步降到13.3%，为世界最低。[①] 少子化目前在日本已经成为一个困扰政府以及社会各阶层的社会问题。

第一，影响经济的可持续发展。受少子化影响最大的是制造

① 内阁府：《2010年版子ども・子育て白書》，第34页。

业。日本制造业在世界上之所以有较强竞争力，很大原因归功于庞大的高技能、高素质的员工队伍，但20世纪90年代以来，从事制造业的高中毕业生和中专毕业生合计人数减少了约一半，目前几乎所有日本制造业企业都面临高技能员工短缺和技能传承危机问题。

第二，影响教育事业的发展。在中小学方面，由于新生减少，很多地方不得不采取合并学校的方式，造成许多地方学校关闭。在大学方面，少子化加上经济不景气，越来越多的大学开始出现经营危机。2009年度，日本595所4年制私立大学中，已经连续两年有超过200所大学陷入财政赤字，有92所大学的赤字超过收入的20％以上。财政恶化的主要原因以及发生机制大都是少子化→新生减少→学费收入减少→政府补贴减少。此外，由于经济不景气也影响了企业对私立大学的赞助。[①]

（五）老龄化率持续上升

与年少人口占总人口比例持续下降相反，65岁以上老年人口占比（即老龄化率）却持续上升。日本老年人口占比在战后初期不足5％，但到1997年超过了年少人口占比，目前为22.7％，即5人中有一人为老年人，老龄化率为世界之最，预计这一比例在2050年将进一步升至39.6％。[②]

老龄化率快速上升无论从供给方面还是需求方面都对经济产生负面影响。从供给方面来讲，在一个老年人口多的社会中，中青年劳动力供应势必将相应减少，另外，由于老年人的技术开发能力和接受能力都有所减弱，这不仅影响技术和技能的传承，而且也不利于产业结构调整所需要的技术开发和推广，制约一国的技术进步。从需求方面来讲，老年人在长期的生活中形成了比较

① 《日本经济新闻》，2010年10月24日，第1版。

② 内阁府：《2010年版 高龄社会白書》，第2—4页。

固定的消费习惯，钟爱长期使用的老产品和传统服务，不易接受新生事物，这就给新产业、新产品、新服务的市场开拓造成制约。

(六) 年金制度陷入危机

少子化和老龄化的同时迅速发展，造成日本政府最棘手的问题，无疑是年金问题。日本在20世纪经济高速增长之前就已建立了完善的公共养老保障制度（以下简称年金制度），但20世纪80年代中期以来急剧的人口老龄化，加之90年代以来经济持续的停滞不前，日本年金制度面临着前所未有的财政困境。

其一，供养比（即参保者和年金领取者的供养比）迅速下降。1990年国民年金和厚生年金的供养比分别为5.1∶1和6.5∶1，2010年已分别下降为2.5∶1和2.6∶1。供养比的降低使年金的收支状况迅速恶化，国民年金和厚生年金基金已分别于2002年和2003年开始入不敷出，公积金在逐年减少。据预测，如果日本维持现行年金政策不变，那么国民年金和厚生年金的公积金部分将分别在2017年和2021年消耗殆尽。

其二，年金的代际负担和待遇的不公平。年金制度代际模型的模拟结果显示：1940年出生的被保险者人均缴纳的年金保险金总额为2533万日元，老年后人均可领取6797万日元年金，相当于缴纳总额的2.68倍。而1980年出生的被保险者人均缴纳额和领取额分别为6345万和4654万日元，领取额仅相当于缴纳额的73.35%。在人口老龄化程度不断加深的情况下，这种代际负担和待遇的不公平是现收现付制养老保障制度的一个难题。

其三，国民年金制度举步维艰，民众对其的不信任感日益加重。按照法律，工薪族及其配偶必须加入国民年金。但是由于上述两个原因，近年来拒绝加入者以及拒缴或滞纳养老费的参保者越来越多，2004年甚至有超过110名国会议员也被查出存在类似问题。现首相菅直人也在这一年被查出欠缴10个月的年金保费而被迫辞去民主党党首一职。2002年的国民年金被保险者调查显示，20—39 岁人群仅有不到 40% 的人选择退休后靠国民年金生活。年轻一代对年金制度的不信任导致国民年金的空洞化，年金保费的缴纳率持续走低，而空洞化反过来又加剧了人们对年金制度的不信任感，国民年金空洞化陷入恶性循环之中。

二、经济长期停滞不前的原因探究

经济社会是一个复合体，多种因素决定了一国经济社会的运行以及运行绩效。日本也是如此，其经济长期停滞不前是由于多种原因造成的。

（一）延误改革良机

回顾过去 20 年日本经济运行过程，日本曾经多次失去改革良机，这也是日本经济长期停滞不前的一个重要因素。

第一次延误：银行坏账处理久拖不决。

泡沫经济崩溃当初，金融机构的坏账已经出现增加的迹象。1992 年 8 月，当时的首相宫泽喜一曾经提出动用政府资金处理银行坏账的设想，但由于没有取得国民的共识，在企业界、媒体甚至政府内部的反对下，该设想腹死胎中。在此后的 10 年间，日本银行界的坏账处理进展缓慢，直到 2002 年 9 月第一届小泉内阁时期竹中平藏就任金融相之后，日本银行界的坏账处理速度才大大加快。竹中平藏要求各商业银行限时处理坏账并增加资本金，否则政府将注资。同时，金融厅明确了各类债权的划分标准。但这时距离首相宫泽喜一提出动用政府资金处理银行坏账的计划已过去了 10 年。

第二次延误：未及时拯救金融机构。

20 世纪 80 年代，全国 8 家住宅专门金融信贷公司（俗称“住专”）中有 7 家出现巨额赤字，其中 4 家资不抵债。在究竟由

“住专”的母体银行埋单还是由农林系金融机构埋单，究竟是否动用政府资金埋单等问题上久拖不决，直到1995年12月国会才通过动用6850亿日元的政府资金为“住专”埋单。但此举却成为日本政坛上的一颗炸弹，引起政坛的剧烈震动。在野党和民众猛烈抨击执政党缺乏透明度和规则，导致当时首相村山富市辞职。由于政府在处理“住专”问题上遭遇挫折，因此之后出现山一证券公司、北海道拓殖银行、日本债券信用银行等金融机构破产时，政府不敢再动用政府资金出面拯救。

第三次延误：消费税改革错失良机。

各国经济发展的经验表明，随着进入老年社会，需要政府有更多的租税收入来应付支出。目前日本消费税税率为5%，按照日本财政状况和老龄化程度，其消费税至少应提高到10%的水平之上。然而自从1994年以来，提高消费税税率成为日本政坛上的一个地雷阵，各个政党都向选民许诺维持现行税率不变，而只要哪个政治家或政党提出提高消费税税率，便会遭到选民或竞选对手的抨击而引火烧身。

例如，1994年2月，当时的首相细川护熙提出将于1997年推出一个税率为7%的“国民福祉税”方案，以替代已有的消费税（当时为3%），但立即被各方批评为缺乏依据和官僚主导的决策，以至于在5天后细川护熙亲自出面宣布方案撤销。虽经各方妥协，日本在1994年7月通过了包括将在1997年把消费税提高至5%的一揽子税法改革方案，但这仍是一个不足以应付老龄化社会需求的过渡方案。

1997年日本按计划把消费税提高至5%，时任首相桥本龙太郎误判形势，以为国民已具有进一步增税的承受能力，又推出一个包括消费税增税在内的“增加9万亿日元负担”的方案，但最终导致自民党在1998年参议院选举中惨败，桥本龙太郎不得不引咎辞职。从此以后，涉及增税的话题成为日本政坛上的一个禁区。在2010年7月举行的日本参议院选举中，菅直人首相在竞选活动中失言，“将参考自民党的10%消费税税率方案”，随即遭到民主党党内的批评。虽然菅直人在以后的竞选发言中再也不敢提及提高消费税税率，但民主党在这次选举中还是遭遇失败。

在消费税问题上，其实日本并非没有机会。提高消费税税率的最好时机出现在 2001 年 4 月—2006 年 9 月的小泉内阁时期，当时日本银行界的坏账处理走上正轨，经济也出现了较快的增长，小泉内阁的民众支持率一度高达 80%。这时执政党只要充分向国民说明提高消费税税率对于将来老龄化社会的重要性，国民可能容易接受，政府的阻力也将大大降低。然而小泉最终没有选择提高税率这条具有风险的道路，而是选择以行政改革和邮政改革作为改革的突破口，日本税制改革又一次错失良机。

(二) 财政金融政策失误

20 年来，每当日本经济出现衰退，政府往往首先动用扩张的财政政策，增加公共投资。例如在 1992 年 10 月—2000 年 12 月期间，政府为了急于刺激内需共追加补充预算 11 次，金额达 130 万亿日元。根据凯恩斯理论，当经济收缩时，政府通过扩大公共支出等积极的财政政策有助于刺激经济复苏。但日本政府往往在没有找到“病因”的情况下，套用西方调节经济的传统方法，这不但没有起到刺激经济的作用，反而给日本财政累积了巨额赤字。经济一旦遇衰退便动用财政扩张政策的惯性思维带来如今的恶果——日本财政沦为发达国家最糟糕的局面，即长期债务余额规模最大、法人税税率最高（40%）、消费税税率最低(5%)。

在金融政策方面，为了摆脱通货紧缩，日本央行于 2001—2006 年动用“非传统手段”，再贴现率降到接近于零。2008 年 10 月受美国次贷危机的影响，日本央行再次实施零利率政策。由于利率失去其应有的功能，因此也对其经济造成一系列负面影响。这些负面影响有：一是扭曲收入分配，因为利息降低会减少低收入人群的存款利息收入，进而减少这部分人的消费；二是减少保险公司、政府年金基金以及其他投资基金的投资收益；三是推迟结构调整的步伐，因为利率的下降虽然可以减轻企业在转型和调整过程中的筹资成本，但也使一些本应被淘汰的企业得以继续生存。

（三）高成本低效率体制没有根本改观

在经济泡沫崩溃之前，日本的高成本主要是讲当时的国内高物价，即“内外价格差”。随着20年左右经济全球化对日本的影响，日本的高物价状况已经有所改观。但尽管如此，导致日本高成本的结构性因素依然存在，它主要反映在以下两个方面：

第一，企业的高成本人事制度。1997年以来，日本许多企业实施了人事制度改革，引进竞争机制，增加了效率工资在整个工资中的比重。尽管如此，企业正规员工的工资水平基本保持不变，许多企业为了节省成本，采取最多的措施就是裁减部分正规员工，但同时又引进大量非正规员工（如计时工、劳务派遣公司员工等）。绝大多数企业的正规员工的工资收入特征依然具有日本传统特色——随工龄的增加而增加。这说明导致这一特色的三大因素即长期雇佣制、年功序列制和退休时的一次性高额“退职金”基本没有大的改变。1997以来日本全体雇佣者的劳动报酬总量虽然下降了5%，但正规员工实际劳动报酬总量仅仅下降1%。[①] 而且，正规员工劳动报酬小幅度下降的同时却产生了非正规员工工作强度提高、失业率上升、收入差距拉大等社会问题。与其他国家更重视消费者的利益相比，日本似乎更重视生产者的利益。

有学者从商业周期会计（Business cycle accounting，BCA）的角度对20世纪90年代日本经济停滞不前的原因作了研究，其

① 《日本经济新闻》，2010年8月13日，第1版。

结论也说明日本经济停滞不前最大的原因在于其劳动力投入的低效率，其深层次原因在于日本企业工资的粘性。[①]

第二，高成本的交易制度。从行业的角度来看，日本的服务业比制造业效率更低，同时交易成本更高。2002—2007 年制造业劳动生产率（员工人均附加值）年均提高 3.45%，但服务业在同期年均仅提高 0.64%。[②]

表 3　最近 20 年中的日本首相

首相姓名	政党名称	在任期间	在任天数
海部俊树	自由民主党	1989.8—1991.11	818
宫泽喜一	自由民主党	1991.11—1993.8	644
细川护熙	日本新党	1993.8—1994.4	263
羽田孜	新生党	1994.4—1994.6	64
村山富市	日本社会党	1994.6—1996.1	561
桥本龙太郎	自由民主党	1996.1—1998.7	932
小渊惠三	自由民主党	1998.7—2000.4	616
森喜朗	自由民主党	2000.4—2001.4	387
小泉纯一郎	自由民主党	2001.4—2006.9	1980
安倍晋三	自由民主党	2006.9—2007.9	366
福田康夫	自由民主党	2007.9—2008.9	365
麻生太郎	自由民主党	2008.9—2009.9	359
鸠山由纪夫	民主党	2009.9—2010.6	266
菅直人	民主党	2010.6—	

资料来源：日本首相官邸网站 http：//www.kantei.go.jp/。

最近 10 多年来，日本在各行各业尤其是在一些服务业推进“规制缓和”（即放松管制），取得了一些成效，但这些成效大都

① http：//www.rieti.go.jp/jp/columns/a01_0177.html.

② 财团法人日本生产性本部：《労働生産性の国際比較》，2009 年版。

体现在放松管制后消费者和投资者享受到的便利得到改善，而服务业提供的服务产品价格依然没有明显的下降。调研结果表明，流通领域依然存在着许多增加交易成本的商业惯例，收取进场费、赞助费、物流中心使用费、保管费、促销费等①，不合理的审计惯例也导致了物流成本的上升②。

（四）政局多变导致政策多变

在过去的20年中，日本政坛上一共诞生了14位首相。政局多变带来的是政策多变。例如，最近20年来日本财政政策就随着首相的更替经常在扩张和紧缩之间反复。在20世纪90年代初泡沫经济刚刚崩溃的时候，时任首相海部俊树为刺激经济动用了财政措施。到90年代中期，由于"住专"问题得到初步解决，时任首相桥本龙太郎在1997年转而开始紧缩财政，但却因此栽了跟头。继任首相小渊惠三为应付景气恶化又实施大规模财政扩张政策。2001年小泉纯一郎执政后提出"重建财政"，开始紧缩财政。2008年麻生太郎为应对全球金融危机，再次扩大财政投入以刺激经济复苏。从投资者的角度来看，做出投资决策的前提之一是经济政策的可预见性。多变的政策无疑会加大投资者决策的难度，从而让投资者往往采取观望态度。

三、日本经济长期停滞不前的教训与启示

日本经济的长期停滞不前为我们提供了一本不可多得的教科

---

① 财团法人食品产业中心：《平成21年度食品産業における取引慣行の実態調査報告書》、经济产业省制造产业局化学课：《石油化学製品の物流費及び物流を巡る商慣行に関する調査結果について》，2009年3月26日。

② 伊津野范博："物流コストを圧迫する会計監査の慣行"，《日通总合研究所论集》，2006年12月号。

书，我们从中可以得到多种启示。

启示之一：应对经济全球化需要相对稳定的政局。全球化对世界各国的影响首先表现在经济方面。经济全球化使世界各国经济之间的交融度和依赖性增加，一国的经济波动可能会引发其他国家的连锁反应，而发展中国家经济的抗风险能力较差，更容易在全球化大潮中受到冲击。

经济全球化虽然在一定程度上挑战了国家的自主性，但反过来说也对一国的国家能力提出了更高的要求。全球化进程伴生了许多危及民族国家经济安全的因素，如经济渗透、经济封锁、经济制裁、经济贿赂、经济间谍战、贸易战、汇率战、附有条件的经济援助等。因此，经济全球化首先要求强化国家政府提高国家能力，以维护本国经济安全的职责。

胡鞍钢等把国家能力分为财政汲取能力、调控能力、合法化能力以及强制能力四个方面，其中财政汲取能力是最重要的，是实现其他能力的基础，[①] 而相对稳定的政局无疑是巩固和提高国家能力的政治保证。上述日本政局的多变最终不仅影响改革的进程，而且最终影响日本的财政汲取能力。

启示之二：政府对于全球化条件下的金融危机应负起更多的责任。在处理金融危机问题上，日本政府的决策迟缓，而美联储不惜违反其坚持了数十年的原则，对次贷危机进行强有力的干预，两者形成鲜明的对照。

金融系统具有脆弱性，金融市场失灵的突出表现是金融的系统性风险，即金融市场发生系统性危机或崩溃的可能性。在经济全球化的条件下，个别金融机构的问题蔓延至整个体系的风险大大增加。金融系统的脆弱性决定了政府必须监督管理金融体系，以维持社会公众的信心，维持金融安全。

---

① 胡鞍钢、王绍光：《中国国家能力报告》，辽宁人民出版社，1993 年版，第 44 页。

在经济全球化的条件下，市场机制和政府干预要相辅相成。对于金融危机，政府一旦干预，速度要迅速，态度要明确，政府要给市场明确的信号，帮助恢复市场信心。政府应变速度越快，政府的态度越明确，越能缩小市场震荡的阵痛期，金融危机带来的社会成本也会越小。

危机并不可怕，可怕的是危机发生之后政府反应缓慢、束手无策。因此，金融监管部门应加强对各种类型金融危机的研究，尽快制订有效的危机应急预案，提高防范和化解危机的能力。

启示之三：要从战略高度重视养老社会保障体系的建设。如上所述，日本因为在消费税问题上的决策失误和因国民对于年金制度的不信任而屡次产生政局动荡，这说明一国建立养老社会保障体系的重要性。

中国和日本同属人口老龄化速度最快国家的行列，但是，我国的人口基数是日本的10倍多，人口压力和复杂性与日本相比有过之而无不及。更重要的是我国与先富后老的日本不同，至今还有超过一半的人没有任何社会养老制度保障，属于未富先老。因此建立覆盖城乡居民的养老社会保障体系对于我国而言是一个事关社会稳定的重大战略问题，要从战略高度予以重视。

首先，要充分重视基础研究，为政府的决策提供科学依据。人口变动是一个有规律可循的长周期现象，对人口研究越重视，就越有可能在应对人口老龄化问题上争取主动。另外，政府应该在尊重科学、重视研究的基础上准确把握人口老龄化的趋势，为制定相应政策做出预判。反观日本，由于对人口发展态势的判断偏差和先期对经济形势的过分乐观，导致对长期年金基金收支平衡压力的低估，最终导致对年金问题的准备不足。

其次，要切实处理好代际负担和待遇的公平性。从日本年金制度的困境可以看出，代际负担和待遇的不公平是国民拒交年金保险金的根本原因。我国在2010年10月25—28日举行十一届全国人大常委会第十七次会议，通过了《社会保险法》，标志着我国基本养老保障体系建设进入一个新的阶段。我国应该发挥后发优势，从制度建设之初就尽量解决好代际负担和待遇的不公平问题。

再次，国家在公共养老保障体系建设上应承担更大的责任。经过近 30 年的改革开放，中国政府的财力不断增强，但是社会保障体系的建设远远落后于经济发展水平。养老保障体系的完善关系国民福祉的增加，在我国还意味着缓解内需不足的难题和改善国际形象等内容。而且，社会保障的收入再分配机能，对于缓解日渐严重的贫富差距带来的社会压力也具有积极意义。

日本争取安理会常任理事国席位的困境和前景

苏铁颖*

内容提要：联合国改革举步维艰，作为联合国改革重中之重的安理会扩大的改革更是难上加难。这是一个非常复杂的过程，不仅需要启动修改《联合国宪章》的复杂程序，而且还会涉及世界权力重新分配的问题，尤其是对于拥有否决权的常任理事国席位的调整更会牵动各会员国的利益，涉及各大国、各地区之间的权力博弈。日本作为常任理事国的有力竞争者，不能将对外协调只集中在某些国家、某些地区，要成为与五大常任理事国平起平坐的世界性的政治大国，就要在维护和平与安全方面做出令全世界认可的国际贡献，发挥真正的大国影响力，才有可能成为安理会常任理事国。

* 苏铁颖，上海社会科学院2007级国际关系专业研究生。

一、日本争取安理会常任理事国席位的程序性障碍

（一）安理会扩大的程序性障碍

《联合国宪章》第五章第23条对安理会的组成、非常任理事国的任期等做出明确规定，所以任何涉及安理会组织事项的改变，必然涉及到对宪章相关条款的修改。宪章第十八章第108条规定了宪章修改的程序，需要经过以下几个步骤：

第一步，在充分协商的基础上形成并提出被广泛接受的安理会改革框架决议案，使之进入一系列投票程序，既节约联大开会的成本，又能保证高通过率，使改革获得真正成功。第二步，经过联大的两个程序委员会之一的总务委员会筛选，就议题项目的通过和分配等问题提出报告，交大会全体会议决定。第三步，联大专门委员会进行讨论，每个会员国都有权派代表参加该委员会的辩论审议和表决，需要获得出席并真正参与投票的2/3国家的同意。[①]第四步，联大全体会议对决议案进行表决。以192个联合国成员超过2/3支持票（即不少于128票）通过该决议案，这里大国的一票否决权并不起作用，各国权力相等。第五步，联大通过的宪章修正案须提交192个成员国批准，待超过2/3的成员国批准，而且必须包括现有5个常任理事国的全部批准后才正式生效。[②]举一个极端的例子：即使在联合国的192个会员国中有191个都依其宪法程序批准了增加常任理事国席位的宪章修正案，如果那个未批准该修正案的国家是5个常任理事国之一，那

① 许光建：《联合国宪章诠释》，山西出版社，1999年版，第147—150页。

② 鲁燕、明明："联合国安理会改革的程序与决策——以对日本的影响为中心"，《东北亚论坛》，2006年第1期，第29—30页。

么这一修正案就不能生效。[①]但是，一旦修宪决议在联大全体会议上被2/3通过，“五常”再要行使否决权将承受巨大的国际压力。[②]

上述设计透射出宪章修改程序上的苛刻，这一方面表明，作为一个全球性国际组织对于其基础条约的自信和慎重，防止做出各取所需的草率修改；另一方面，这种程序设计也是对宪章的宗旨和原则的反映，即尊重绝大多数会员国的意见，防止程序的不严，造成对因故缺席或未投票成员国的此项基本权利的忽视或剥夺。[③] 目前，包括日本在内的各潜在候选国对获得超过2/3的支持票，即128个国家的支持都没有把握。

（二）安理会改革的基本目标和研究进展

1. 改革的目标

2005年，时任联合国秘书长安南根据名人小组[④]的建议，向第59届联大提交了题为《大自由：实现人人共享的发展、安全和人权》的联合国改革报告，敦促各国考虑高级别名人小组提出的两个扩大安理会的方案，要求会员国最好能以协商一致方式做出决定，建议接受其中一个方案。[⑤]名人小组的报告中关于安理

---

① 梁西：“国际困境：联合国安理会的改革问题——从日、德、印、巴争当常任理事国说起”，《法学评论》，2005年第1期，第5页。

② 高祖贵、邱桂荣、甘爱兰、方华、姚琨：“联合国安理会改革面面观”，《国际资料信息》，2005年第7期，第12页。

③ 秦晓程：“安理会的扩大与《联合国宪章》的修改——法律角度的修宪程序分析”，《外交评论》，2005年第6期，第41页。

④ 2003年，安南宣布成立一个由16名在国际事务中具有影响力的权威人士组成的高级别名人小组，要求就“威胁、挑战与改革”问题向秘书长提出一个改革方案。经过一年的研究，该小组于2004年12月2日向安南提交了名为《一个更加安全的世界：我们共同的责任》的报告，其中最引人注目的是安理会扩容的两个备选方案的建议。

⑤ 安南：“大自由：实现人人共享的发展、安全和人权”，联合国大会，2005. http：//www. un. org/chinese/largerfreedom/report. html.

会改革部分的陈述主要有以下几层含义：

第一，维护五大常任理事国的否决权，不将否决权扩大到新增成员国。这一提议澄清了改革之路上的最大分歧，从联合国集体安全决策机制来看，以否决权保证"大国一致"原则的实现，是一种兼顾公平与效率的折中机制，对处理当今国际社会中存在的许多复杂、尖锐的矛盾，应对传统安全与非传统安全威胁的挑战具有重大意义。[①]第二，安理会成员的扩大不应损害安理会的工作效率，同时又使安理会更民主和更负责任。安理会的决策必须以较少的成员国参与决策为保证，才能有利于有效利用资源、提高效率；但要增强联合国成员对安理会决策的信任，又必须扩大参与决策的代表，加强决策的民主化、透明度和公平公正性。[②]第三，也是最具争议的安理会新成员的数目和分配原则。应促进在财政、军事和外交方面对联合国最有贡献的国家参与安理会的决策过程；同时又强调应将能代表广大成员国，特别是发展中国家的成员国纳入决策过程。可以说，这是一种二者兼顾的调和论，即增加发达国家"入常"是为了增加安理会的资源，而接纳发展中国家"入常"是为体现安理会的公正性，对发达国家和发展中国家的要求都有所体现。[③]

安理会改革的目的在于增加其代表性，提高安理会的工作效率，诸多层面问题的改革，涉及所有国家的切身利益，如何做到使各方满意，确实难之又难。无论何种方案被修改、采纳，都需要较长时间的各国磋商与协调。以改革报告为讨论平台，安理会

① 宋黎磊、洪邮生："联合国安理会改革及其发展趋势"，《唐都学刊》，2005年第5期，第60页。

② Bruce Russett. The Once and Future Security Council. St. Martin's Press, 1997：19.

③ 宋黎磊、洪邮生："联合国安理会改革及其发展趋势"，《唐都学刊》，2005年第5期，第60页。

改革还是具有可行性的。[①]如果各方在不断地协调和妥协中寻求共识，并基本上能按照报告的原则行事，则改革有望获得实质性的进展。但如果各个国家只顾及各自的战略利益和争夺权力，彼此互不相让，安理会改革就会停滞不前，国际社会对改革的积极性将大大下降，联合国将有被边缘化的危险。[②]

2. 改革的研究进展

在安理会扩大的讨论于2005年遭遇挫折后，相关各方仍然以联大工作组会议为中心进行着对话。2008年3月，由参与安理会改革问题斡旋活动的6个国家耗时数月时间制定而成的谈判文件草案出炉。草案建议安理会在目前15个理事国的基础上扩大到22个国家，新增加的7个理事国的名额分配为亚洲两个、非洲两个、拉美一个、东欧和西欧各一个。在最具争议的安理会扩大方式上，文件仅提示了数种供选择的方案，并未给出明确结论：方案一，使除东欧以外的6个国家成为常任理事国；方案二，不增加常任理事国，而增设任期为5年的准常任理事国；方案三，仅仅增加现行的任期2年的非常任理事国数量。草案在安理会改革相关国家会议上进行讨论，然后提交给联大主席，但参加对该草案讨论的50个国家中的大多数国家对文件草案持反对态度。印度提出，文件并不包括“四国联盟”所提出的核心观点，也没有就扩大安理会常任理事国席位提供一个非常明确的方案，也没有提供有关扩大发展中国家在安理会代表性的方案。[③]总之，各套方案没有包括所有的观点和目标，不符合大多数成员国的普遍利益，所以在将文件提交联合国大会讨论时应进行重大修改。

---

① 宋黎磊、洪邮生：“联合国安理会改革及其发展趋势”，《唐都学刊》，2005年第5期，第61页。

② 张莉清：“联合国安理会改革前景之管见”，《汉江大学学报（社会科学版）》，2005年第2期，第79页。

③ “安理会改革草案出炉”，http：//www.xkb.com.cn/。

虽然草案的接受度值得商榷，但是草案的制定完成，直接促成2009年2月在纽约总部召开第63届联合国大会非正式全体会议上，正式启动安理会改革问题政府间谈判。这将为推进安理会改革提供一个重要契机，使会员国有机会全面审视安理会所面临的挑战和问题，通过谈判找到一份可被各方接受的改革方案。根据联大相关决定，本次政府间谈判将围绕5个关键问题展开，即成员类别、否决权问题、区域席位分配、扩大后的安理会规模和安理会工作方法以及安理会同大会的关系，这样一个系统工程相当复杂，可以预见，本次政府间谈判将是艰难的，不大可能一蹴而就。[①] 安理会改革必须先决定如何扩大常任和非常任理事国，之后再敲定扩大数量，以及如果增加新常任理事国是否授予否决权等细节问题。[②] 这涉及192个会员国切身利益，需要会员国通过认真、严肃的谈判，深入协商，凝聚广泛共识，最终形成各国均可接受的解决方案，使安理会能够更好地履行联合国宪章赋予的维护国际和平与安全的神圣职责。[③]

2010年9月12日，第65届联大非正式会议关于安理会改革的政府间第五轮谈判结束。在前五轮谈判中，安理会改革在形式上取得了近年来又一重大进展，相关政府间谈判已进入“基于案文”阶段，由此，联合国安理会改革开始了更具实质意义的讨价还价。[④]

---

① 席来旺：“安理会改革不只是‘增常’”，《人民日报》，2009年2月26日第3版。

② “安理会改革草案出炉”，http：//www. xkb. com. cn/。

③ 席来旺：“安理会改革不只是‘增常’”，《人民日报》，2009年2月26日第3版。

④ “安理会改革开始讨价还价 日德全力冲刺常任理事国”，《人民日报》，2010年9月13日第11版。

二、日本争取安理会常任理事国席位的困境

(一)“四国联盟”方案的失败

由日本、德国、印度和巴西组成的四国联盟，于2005年向联合国其他成员国散发了一份关于联合国安理会改革的框架决议草案，又称“6+4”改革方案，要求将理事国席位由15个增至25个，其中新增6个常任席位，并拥有否决权，亚洲和非洲各占两个，西欧和拉丁美洲各占一个，新增的4个非常任席位中有一个分给非洲。这个决议草案一经提出，就遭到了许多国家的强烈反对，因此它们退而求其次，先要求“入常”，将否决权问题搁置15年后再议，但并未放弃否决权，不能缓解反对的声音。“四国联盟”原想获得100个国家的支持，但最后只得到包括波兰、希腊等23个国家的支持。

“四国联盟”的改革方案反映了德、日、印、巴这四大国要改变二战以来所形成的国际权力格局，达到与五大常任理事国平等地分享国际权力的目的。这必然会打破现有的处于平衡状态的“五常”大格局，也会破坏各地区现有的脆弱平衡的小格局。“四国联盟”方案致命的弱点是，它不仅将打破四国所在的三大洲的权力平衡态势，削弱韩国、意大利、巴基斯坦、墨西哥等大国的实力，甚至将打破整个国际体系的权力平衡。客观地看，德日“入常”，联合国的财政状况会比较稳固，安理会的权力基础会得到加强，也有助于国际格局向多极化方向发展，德、日两国因共同的历史问题、共同的发达国家地位、共同的经费贡献以及共同的席位诉求而“同呼吸、共命运”。但是德日的加入势必会加强以美国为首的西方阵营，使安理会的结构更加不平衡，而且可能增加各大国之间协商一致的难度，况且德日在军事实力上升后，是否仍会坚持走和平发展的道路，还值得观察。日本“争常”的

一项理论依据是其在亚洲的代表性，它希望作为亚洲地区的代表将亚洲的声音更好地反映到安理会，但是历史可以证明，日本一直是属于西方阵营，追随美国投票，它的“入常”只是帮助美国巩固权力，对亚洲国家毫无益处。

当年联合国还收到“团结谋共识”运动①、安南秘书长、非洲联盟、美国等各国家和国家集团的有利于自己的安理会改革方案，因相互利益的冲突，没有一套改革方案获得 2/3 多数支持。在这个国际新体系尚未形成的动荡时代，每个潜在大国都意图使自己在新体系重组的过程中提升自己的实力、跻身权力核心，成为国际体系中重量级的“一极”。此次围绕安理会改革斗争的空前激烈，反映了国际社会对国际政治力量对比变化的程度和范围存在深刻分歧。②虽然每套方案都有理论上的缺陷性，不过最终导致各套方案都未获得会员国 2/3 多数和所有现常任理事国通过的原因很简单，目前没有一个潜在大国的实力上升到足以令全世界信服它有能力和五大国一起维护世界和平与安全，它们能力的有限增强，尚未对安理会既有权力结构造成质变式的影响。安理会现任五个常任理事国的地位是由它们在改变国际权力结构的第二次世界大战中奠定的。③而这次申请入常的新兴大国没有依靠世界大战彰显自己正义和力量的机会，他们还需更长更久地积累

---

① 20 世纪 90 年代初，许多外交官经常到意大利常驻联合国代表团喝咖啡讨论反对增加常任理事国事宜，因而得名“咖啡俱乐部”。这是一个松散的组织，其成员包括意大利、韩国、巴基斯坦、墨西哥、加拿大、阿根廷、西班牙等较大国家，许多中小国家也不愿意安理会增加带有否决权的新常任理事国，为了维护各成员国的主权平等，它们也加入了这个集团。2005 年 4 月 11 日，“咖啡俱乐部”在纽约曼哈顿罗斯福酒店召开意大利外长菲尼主持的“团结一致大会”，会议的口号是“团结一致，争取共识”，“团结谋共识”运动因此得名。

② 张海滨、李岩松：“安理会改革回到渐进的轨道上”，《中国新闻周刊》，2005 年第 27 期，第 41 页。

③ 龙小农、刘继南：“对联合国安理会改革的几点思考”，《国际问题研究》，2005 年第 4 期，第 7 页。

自己的权力，并且谨慎地运用好自己的权力，改善与邻国、与传统非盟友国家的关系，不计利益得失地帮助第三世界贫困国家，才能够争取到足够的支持票，才有机会参与到权力核心，改变权力结构。

（二）日本外交的局限性

1. 经济外交功能退化

自从冷战结束后，经济繁荣以及与之相匹配的日本国民强盛的自信心都已经消失不见，取而代之的是泡沫经济崩溃所带来的长期低迷，资产流失、金融体制崩溃、信用萎缩、企业破产严重、消费萎靡不振，加上亚洲金融危机的冲击，使其经济雪上加霜。[①]国内经济低迷导致其国际作用下降，经济外交的开展受到限制。在亚洲金融危机时，日本没有伸出援助之手，帮助东南亚各国度过难关；当危机席卷本国时，又拿不出有力措施制止危机的蔓延，日本的自私和无能表现让东南亚国家失望。虽然日本经济存在长期形成的结构性、体制性问题，改革一时不能切中要害，但更主要的是日本没有站在经济全球化的高度，从东亚经济的整体性利益、相关性利益出发，而是从本国的利益出发，对东南亚各国不能尽一个经济大国的责任，不能担负起领导东南亚国家走出经济低谷的重任。[②]

日本的经济低迷已经影响到其一直引以为傲的政府开发援助(ODA)。20 世纪 90 年代，日本在政府开发援助方面一直在国际协力开发机构开发援助委员会 22 个加盟国当中保持着首位，但在此之后，鉴于财政恶化，ODA 的预算逐渐减少，从 2001 年开始被美国抢占了首位，至 2008 年退到第 5 位，日本在国际上的

① 刘佩锋：“日本会成为安理会常任理事国吗”，《日本研究》，2001 年第 2 期，第 75 页。

② 徐世刚、肖小月：“论日本‘政治大国’战略”，《东北亚论坛》，2000 年第 1 期，第 40 页。

存在感给人一种每况愈下的感觉。从衡量ODA贡献度的“纯支出额的国民所得比”来看，日本也逐渐被英法德等欧洲国家赶超。从以上的情况可以看出，欧洲主要国家在ODA方面有不断增加的趋势，此消彼长的态势，意味着日本在与美欧的金援外交竞争中从领先到落后，这直接影响了日本对广大发展中国家的影响力。

日本一直以强调对联合国的贡献来“争常”，为“入常”而不断增加会费，从2000年至2006年一直保持在会费分摊总额的接近20%的高值，但日本在“争常”失败后，其主观上出于推卸国际责任、甚至报复国际社会的目的，要求减少分摊会费的比率。但是各成员国的支付能力是联合国分摊会费的基本原则，不是以个别国家的主观意志为转移的，联合国以各国的总收入占全世界的国民总收入（GNI）的比率为基准计算分摊会费，基本上反应了各国的经济能力。从下表可以看出，安理会五大常任理事国中，美英法俄的分摊比率微调幅度不大，基本维持在固定水平，表明这四国经济发展平稳；中国大幅度增加会费分摊比率，一方面标志着中国经济在世界经济格局中的份额在扩大，另一方面显示中国作为“负责任大国”所承担的国际责任和义务在不断增加；“四国联盟”中的其他3个国家，除巴西中间出现过短期债务危机，但很快解决之外，基本上分摊比率也变化不大；相比较之下，日本缴纳的会费则急剧显著下降，不仅表明日本经济的颓势在加剧，更意味着日本能够并且愿意为联合国所作的贡献越来越小，力量的衰弱直接导致影响力的式微，这对日本今后继续“争常”是不利的。

2. 功利主义外交不实用

日本对待外部世界的态度是实用主义的，善于吸收外来的先进文化和技术，这种文化实用主义倾向表现在对外行为中就是一直寻求与称雄世界的强国结盟，力图通过与强权的合作谋取利益。[①]“日美同盟”不是一个平等的结盟，而是“美主日从”的不对称关系，美国对日本的依赖远小于美国对日本的保护，既然接受了这种不平等的双边关系，日本就必须在外交上服从美国的利益。战后，虽然日本一再强调自己重视多边外交，但日本外交政策的核心一直是“美国中心主义”，追随美国的形象一直没有改变，其大国的能力没有得到充分的证明。尽管日美关系随着国际环境的改变和两国经济实力的对比而发生了变化，但日本仍然需要美国在政治和安全上的保护来实现自己的战略目标。只要日美同盟存在，日本就没有彻底的独立自主外交，就不是真正意义上的大国，因为日本的外交、防务政策需与美国协调，受制于美国的战略需要。

表 1

	2004—2006 年度	2007—2009 年度	2010—2012 年度
美国	22.000%	22.000%	22.000%
日本	19.468%	16.624%	12.530%
德国	8.662%	8.577%	8.018%
英国	6.127%	6.642%	6.604%
法国	6.030%	6.301%	6.123%
中国	2.053%	2.667%	3.189%
俄罗斯	1.100%	1.200%	1.602%
巴西	1.523%	0.876%	1.611%
印度	0.421%	0.450%	0.534%

数据来源：联合国网站 http：//www.un.org/zh/members/contribution.shtml。

当美国的外交政策与联合国的主流意见恰好一致时，日本的

① 吴胜：“国际体系变迁与日本外交的选择——基于历史和地理要素的考察”，《世界经济与政治》，2003 年第 4 期，第 36 页。

联合国外交与对美协调就基本保持一致。[①]每当联合国成员在重大问题上出现对立时，日本往往成为美国的追随者，所以其联合国外交实际上是对美外交的延伸，服务于美国的全球战略。[②]日本作为亚洲唯一的发达国家，却没有独立自主的外交，依附美国霸权，使其缺乏对国际焦点问题的自主评价和行动能力，缺乏塑造外交独立的大国形象的机会，导致包括中国在内的许多亚洲国家都担心日本在安理会担任美国的表决机器，相当于给美国加票权，导致安理会的权力结构更向发达国家倾斜，忽视发展中国家的利益。美国的霸权主义、单边主义是对联合国维护国际和平与安全的核心职能的挑战，日本对美国的追随往往加深了单边主义抗衡国际体系的力量，日本也间接成了对维护世界和平与安全的挑战，这与大多数国家对安理会常任理事国的传统认识标准是不符的。无论是自民党还是民主党政府，日本都难以改变对美协调的从属的尴尬地位，很难在外交上有实质性的进步，以致国际政治大舞台上不能常常听到日本人真正的意见。如果日本不改变这一政策，就难以获得世界上绝大多数国家的认可和信任，难以争取到足够多的国家支持其“入常”。

三、日本争取安理会常任理事国席位的前景

（一）金融危机后日本外交的调整

1. 争取西方支持

随着2008年和2009年美国和日本政权相继更替，两国打着

① 金熙德：“日本联合国外交的定位与演变”，《世界经济与政治》，2005年第5期，第22页。

② 丁诗传、杨子：“从‘完全追随’到‘有选择追随’——试析冷战时期日本的联合国外交”，《日本学刊》，1999年第4期，第29页。

“变革”旗号上台执政的民主党既要互相扶持度过国内经济危机，又要摸索如何面对传统盟友，巩固日美同盟。日本民主党在国会众议院竞选时公布的“政权公约”明确提出：“要构筑自主外交战略，建立紧密而对等的日美同盟关系。”鸠山上台执政后，的确在日美关系上采取更主动、更强硬的策略，如提出修改驻日美军地位协定、争取重新定位驻日美军普天间基地搬迁事宜、撤回在印度洋上对驻阿联军进行供油活动的日本海上自卫队、公布日美核密约等，都是在向美国要求更独立的防卫能力，减少对美国的依赖，提高其在日美同盟中的地位。但是鸠山的黯然下台表明日本在美日同盟中的从属地位在短期内难以改变。菅直人政权的牢固程度令人担忧，其外交上回到传统的加强美日同盟的轨道上属于明智之举，既尊重日美关于普天间基地迁移问题协议，挽回了美国的支持，又表示在重视减轻冲绳县负担的同时，致力于解决与基地迁移有关的各种问题，没有关死与地方政府协商的窗口，安抚了国内民众的情绪。

日美同盟是支持日本“入常”的强大后盾，美国前任政府官员表示“坚决支持”，因为美国需要联合国，以使其行动具有合法性及道德权威，日本对美国战略的服从，使日本的加入能扩大美国在安理会的权力，能协助其顺利推行国际战略。但是美国很清楚，其只支持日本一家“入常”的愿望是不可能得到其他国家支持的，所以美国的表态是象征意义大于实际效用，也没有任何迹象表明美国政府在这一问题上进行过寻找解决办法的任何行动。虽然奥巴马政府没有明确表示对安理会扩大的看法，但可以确认，只要日美同盟存在，美国支持扩常的国家第一个就是日本。美国国内曾有“日本作为常任理事国，就必须准备使用武力”的意见，[①]借“入常”的条件换得日本修改“和平宪法”，协

① The United States and Japan：Advancing Toward a Mature Partnership，INSS Special Report. Institute for National Strategic Studies，National Defense University，October 11，2000.

助美国在海外行使“集体自卫权”，可见美国对日本的支持也是建立在日本为美国在亚洲乃至全球的战略利益服务的基础上的。此外，美国自己的方案对日本“否决权”的拒绝就可证明美国对日本在安理会与它平起平坐持保留意见。

同属西方阵营的英法两国一直积极主张安理会改革，英国在联大发言中表示支持“四国联盟”提案，但并没有成为共同提案国，一方面跟随美国，没有签署该提案，另一方面又没有反对日德两国“争常”，为今后与两国的协调留有回旋余地。法国支持扩大安理会，支持按地域分配名额，表示原则上不反对“四国联盟”方案，在四国公布修改后的决议草案后，其驻联合国大使更表示愿意成为该决议案的共同提案国，是五大常任理事国中唯一愿意用行动支持四国的。英国和法国相继在 2009 年联大政府间谈判中公开支持日、德、印、巴“四国联盟”的修改方案，即设立相对任期较长的非常任理事国席位。英法两国一方面在地缘上与日本联系不大，另一方面在历史上，既没有战略上的冲突，又没有心理上的隔阂，所以它们对日本“争常”基本不抱否定态度。这两个老牌资本主义大国的外交手段相当灵巧，它们提出支持安理会改革过渡性解决方案，表明它们对日德两国的崛起也感到一定的压力，一旦日德成为常任理事国后，必然削弱英法两国在安理会和整个联合国内的影响力，所以它们即使支持“四国联盟”方案，也必然不会同意新增常任理事国享有否决权。①

俄罗斯虽然继承了苏联在安理会的席位，但是其在安理会的权力发挥远不及苏联，因此从本质上讲它也是反对扩大安理会的。用日本媒体的评价，是“位于持反对立场的中美和持赞同立场的英法之间”。俄从 2005 年 3 月允诺将“尽一切力量协

① 刘佩锋：“日本会成为安理会常任理事国吗”，《日本研究》，2001 年第 2 期，第 74 页。

助日本成为常任理事国”，到5月俄外长访日时表示，俄“希望日本成为安理会常任理事国”，同时又特别强调国际社会对此必须达成广泛一致，不能急于求成。这表示俄对日本的支持也像美国一样口惠而实不至，甚至连支持的态度还不如美国坚决，实质上并非真正支持日本。因为俄罗斯不仅与日本存在地缘政治冲突，日美军事同盟大大挤压了俄罗斯在远东的战略空间，日本的军事大国化战略更直接将目标瞄准俄，而且日俄两国间的“北方四岛”领土纠纷难以在短期内解决，俄罗斯没有必要在安理会为自己多安排一个竞争对手。鸠山和菅直人与俄总统梅德韦杰夫会面后，双方都表达了通过加强双方经济合作来促进领土纠纷解决，推动日俄关系向前发展的共识，那么就要看其努力合作的结果了。

2. 改善与周边国家关系

中国与日本的关系最激烈的冲突点在历史矛盾，在过去60年里，战败国日本从未停止过对那场战争的翻案，无论是公然否认史实、参拜靖国神社或篡改教科书，这种行径表面上是历史认知之争，但本质上是日本一些政要出于实现政治军事大国的战略需要。[①] 正是日本政客不负责任的行为给日本的“争常”设下了层层障碍，否认二战罪行违背了《联合国宪章》，使日本不具备成为安理会常任理事国的资格，无法真正清算战争罪行，自然也就无法“结束过去、开辟未来”。自从2006年小泉离任后，日本的几任首相都承认日本的侵略历史，民主党两任首相都不去参拜供奉有二战甲级战犯灵位的靖国神社，使中日两国的矛盾有所缓和。2008年两国签署第4份政治文件——《中日关于全面推进战略互惠关系的联合声明》，虽然文件在日本“入常”、台海问题上并没有达成一致，但是双方确认了之前的“以史为鉴，面向未

① 杨玉玲：“日本国家战略思维的历史逻辑”，《光明日报》，2005年8月10日第9版。

来”的政策，将着重点由“历史”转移到了“未来”；确认互为合作伙伴，建立高层经济对话机制，加强两军交往和安全对话，使合作的深度和广度得到拓展。但是中日两国的结构性矛盾依然存在，日本对钓鱼岛的非法占领和对中国开发东海油气田主权的挑战，以及双方对东海专属经济区划界的争议，无不透视出日本争取“海洋大国”的野心和与中国竞争海洋战略资源与东海战略空间的决心。寸土寸海的争夺背后，隐藏的是地缘政治的冲突，日本一直把中国视为竞争对手，与美国联手挤压中国在本地区的战略空间，严重威胁中国作为东亚地区传统政治大国的地位。日美同盟将防卫范围扩大到了日本周边，包括钓鱼岛、台湾岛在内，这是对中国主权和领土完整的干涉，是对中国核心利益的挑战。日本最近在钓鱼岛的强硬行动严重损害了两国间刚建立起的信任，中国当然有理由在安理会与反对日本“入常”的国家合作，反对日本“入常”，以维护国家利益。

安理会的扩大会导致权力的分散，这对中国必然是一种挑战，所以中国对安理会改革持谨慎和稳妥的态度就在情理之中，中国反对就任何有强烈分歧的改革方案强行付诸表决，那会导致联合国的分裂。中国政府2005年发布《中国关于联合国改革问题的立场文件》。中国的立场非常鲜明，尽管没有提到对日本“争常”的意见，但是坚决反对“四国联盟”的方案，就已经说明了中国的态度。中国的原则是优先增加发展中国家“入常”，而非日德等发达国家。中国赞同地域分配原则，表明中国也希望增加亚洲国家在安理会的代表席位，但是没有明确支持日本或印度，因为争取进入安理会的国家，必须首先赢得本地区国家的支持和信任，才能代表本地区到安理会承担更大的国际责任。日本如果早于其他发展中国家“入常”，将赋予日本对国际安全问题更持久而有效的影响力，会极大地增加日本的国际威望和争当地区主导国家的筹码。届时，中国在安理会更加势单力薄，行使权力更受到其他常任理事国的牵制，多边协调、斡旋能力更难以发挥。中国没有明确反对日本“入常”，但是中国的态度取决于日本对历史过错的深刻认识和反省。如果日本能够正确正视自己的历史，像德国那样对过去的战争罪行进行深刻反省，并得到周边国家的谅解，以当今日本在世界上的影响和对联合国的直接贡献，日本是够条件成为安理会常任理事国的，但是日本没有达成这个前提条件。在一系列矛盾解决之前，中国不可能支持日本“入常”。

不仅中国反对“四国联盟”方案，而且由于日本长期以来始终不愿承认其历史上犯下的侵略罪行，朝鲜和韩国也反对日本“入常”。虽然它们没有一票否决权，但是日本也应尽可能争取邻国的支持。基于日本在历史问题上的纠正，日本和韩国的双边关系也于2008年提升至“成熟的伙伴关系”；面向未来，重启双边自由贸易协定谈判，在朝鲜核问题上两国也明确了共同努力的方向。对日朝关系来说，朝鲜核问题与绑架日本人问题悬而未决，已降至冰点的两国关系的修复并非易事，但是如果日本用解除制裁、经济援助朝鲜来换取朝方的支持，未来双方有改善关系的可能。这当然还取决于朝鲜的核战略。

民主党上台后，视“东亚共同体”为日本加强亚洲外交的最好出发点，并被明确写入了民主党的“政权公约”。[①]鸠山的号召得到中韩两国的响应，因为这符合亚洲一体化进程的大趋势，但即使是在应优先发展的经济合作方面，三国在经济一体化最基础的自由贸易协定签署问题上都迟迟无法取得进展，更不用说区域货币联盟了，其走向共同体的道路注定比欧盟的整合更艰难、更复杂。鸠山明确把东亚共同体定位为在亚洲与美国和欧盟并驾齐驱的世界第三极，并表示中日韩是“东亚共同体”的核心，在如何处理东亚安全共同体和美国关系上，民主党新政权面临考验。

---

① 鸠山：“‘东亚共同体’构想虽好 实现起来困难多”，半月谈网，http://www.banyuetan.org/。

如果包括美国，不利于东亚各国在共同体中发挥积极作用，而美国则不愿亚洲形成共同体而削弱其在亚洲的影响力，东南亚国家也担心东北亚三国的主导作用将削弱东盟的整体作用。

3. 扩大对发展中国家的外交

东盟对日本的支持都只停留在口头，未能联名成为“四国联盟”决议案的共同提案国。东南亚各国是日本ODA外交的主要受援国，但是日本也从中实现了与东南亚地区的经济紧密化，获得了稳定的进出口市场，所以日本在该地区获得的经济利益不能转换成政治利益。虽然在一定程度上扩大了对东南亚国家的影响力，但这种影响力不足以使东盟国家坚决参与日本提案成为常任理事国。东盟既不愿看到中日关系恶化，也不愿看到中日任何一方或中日联手主导东亚秩序，维持现状对东盟国家最安全，所以平衡中日在亚洲的权力对东盟最有利。[①]小泉任内提出“东亚共同体”这一概念，于2003年在日本和东南亚国家联盟特别首脑会议上被写入了《东京宣言》，意在突出日本和东盟各国的战略关系，加强日本与东盟的经济联系，使日本在东亚经济外交中占据主导地位。然而，此后数年，由于日本加强亲美战略、忽视对东亚外交，导致这一构想没有得到积极响应。日本对东南亚的政策不会有显著变化，这从冷战后日本的东南亚外交轨迹可以得出经验。民主党政府会继续目前以经济手段与东南亚接触的做法，当务之急是与东盟正式建立自由贸易区。虽然日本和东南亚国家的经济发展水平差距较大，可能会牺牲部分经济利益，日本也可以借鉴美国在北美自由贸易区中的作用，在东南亚国家中发挥更大的影响力，凝聚东盟10国的支持。

印度是日本重点扩大外交的对象国。从小泉任内与印度等国组成“四国联盟”、“争常”，到安倍任内两国建立“全球战略伙

① 金熙德等：《再生还是衰落——21世纪日本的抉择》，社会科学文献出版社，2001年版，第348页。

伴关系”，建立美、日、澳、印“四国民主同盟”，再到鸠山访印探讨防务合作计划、加强战略合作伙伴关系，最近的辛格访日签署了全面经济伙伴关系协定，加强能源合作。这一系列连续的外交行动一方面确实是为了加深日印合作，在国际舞台上达成彼此共同的诉求；另一方面则是日本拉拢正在崛起的印度、牵制正在崛起的中国、联合印度与中国争夺亚洲主导权，从而达到提高自己国家安全的目的。近年来，日本和印度在南海联合进行的军事演习一方面是为了确保海上通道的安全和顺畅，另一方面也是力图扩大两国军事合作范围、对中国形成包围圈，在更大范围内遏制中国。

日本在第60届联大“争常”失败，一个重要原因就在于非洲不支持“四国联盟”方案，因为该方案给非洲的两个常任理事国名额，根本无法使非洲内部“摆平”。所以，日本受到了非洲国家争夺的牵制，这是日本所控制不了的。[①]作为日本第二大受援地区，非洲没有坚决支持日本“争常”，因为日本长期以来忽视与非洲国家的外交关系。仅以每年为非洲提供约1300亿日元的援助，是无法买到“入常”的赞成票的。日本对非洲国家的ODA外交与政治“民主化”挂钩，有追随美国干涉非洲国家内部事务的意图。日本的援助仅停留在经济层面，没有在人员与技术方面加强对非洲国家的支持，说明非洲并没有被纳入其全球外交战略的框架之中。日本事后对此进行深刻反思，得出的结论是日本在非洲的经营时间比起“五常”仍相对较为短暂，于是把非洲真正纳入到日本外交战略重点中来。除加强高层访问、增设使馆、加派外交人员，日本还在2008年的第四届东京非洲发展国际会议上，邀请52个非洲国家（只有1国未出席）包括40位首脑与会，主要谈论焦点就是增加日本对非洲的援助和要求非洲支

① ［美］爱德华·拉克著、侯红育摘译：“日本‘争常’不切实际”，《当代世界》，2005年第7期，第17页。

持日本“争常”。在日本经济不景气、对外援助额总体下降的情况下，对非援助却不降反升，其中不但有争取非洲支持日本“入常”的政治原因，也有获得石油、矿产资源和占领快速成长中的非洲市场的经济原因。日本的政府援助主要选择国情稳定、自然资源条件良好的国家作为金元外交的重点。日本以对付海盗为名义，派海陆空自卫队前往索马里护航，日本政府已经在吉布提筹建二战后的第一个海外军事基地，建成后日本的防卫能力将扩展到遥远的非洲。

中南美洲和南太平洋的一些发展中国家，主要是得到了日本经济上的援助而口头上表示支持，但在实际做法上却有所保留，或主张在安理会中增加发展中国家的名额，或干脆避而不谈。只有中美洲七国在得到日本的 90 亿日元政府开发援助和 1 亿美元的优惠贷款后，支持“四国联盟”决议草案。这些发展中国家由于自身经济实力的限制，对联合国的贡献毕竟有限，所以它们对安理会这个国际权力中心改革的影响有一定的局限性和象征性。

在全球陷入金融危机的时刻，日本依靠其雄厚的经济基础，积极对发展中国家提供资金援助。在伦敦 G20 峰会上，麻生承诺日本将向发展中国家提供 220 亿美元的贸易援助，并同世界银行一道，在协调国际援助的努力上发挥重要作用。同时，日本也承诺扩大向国际货币基金组织（IMF）提供资金的规模以援助新兴市场国家，支援发展中国家刺激经济，增加基础设施等建设。日本还敦促世行和 IMF 就支援发展中国家的国际税收制度，即“国际团结税”作为一种筹措资金的方案的可行性进行商讨。[①]鸠山在哥本哈根国际气候变化大会上表示，日本政府准备拿出约 100 亿美元，用于帮助发展中国家应对气候变化。如果日本不仅仅拿出资金，而且把先进的环保技术和知识传播到发展中国家，

① “日本高官呼吁世行和 IMF 商讨开征国际团结税”，共同网，http://china.kyodo.co.jp/。

那么日本在环境保护领域的巨大贡献将对其外交产生长远的影响。

（二）日本方案调整

无论国际形势如何变化，日本“争常”的目标和决心是不会动摇的，鸠山在2009年第64届联大发言中表明日本将继续积极参与有关安理会改革问题的政府间谈判，推动扩大常任和非常任理事国席位。如果日本在一定的时期内不能实现“入常”这一战略目标，那么日本的政治小国形象就无法摆脱。日本从不考虑安南的B方案和“团结谋共识”运动方案，因为日本一定要成为“常任”理事国，而不屑与“档次上存在差距”的国家竞争“非常任”理事国。日本除了在外交上争取更多国家支持以外，还可能调整“争常”的方案。

首先，成为无否决权的常任理事国难度相对较小。由于日本与美英法等国的立场较接近，否决权对日本的实际作用远不及象征意义那么大，所以日本可能退而求其次，不再坚持做拥有否决权的常任理事国。日本可能把安南A方案作为主体，整合“四国联盟”和“非洲联盟”方案，努力达成各方利益最大化，同时不侵犯“五常”的既得利益。增加6个无否决权的常任理事国席位，按亚洲两个、非洲两个、欧洲和拉美各占一个席位分配。这种方案应该能够得到五大国和“团结谋共识”等中小国家认可，但是非洲的一些有潜力“争常”的地区大国和一部分拉美强硬国家对否决权的坚持令这一方案充满不确定性。虽然这两个票仓地区都有区域组织，但是它们的联盟是薄弱的，日本可能利用两洲内部矛盾，先争取中小国家支持，联合多数来向少数国家施加压力，使其认识到早日“入常”比维持现状更能为自己争取利益，毕竟方案获得联大的2/3支持通过才是最重要的。

其次，日本不再和其他国家联合起来“争常”。国家之间的利益纠葛错综复杂，“捆绑式”提案对任何候选国都不利，个别国家为了自身利益的联盟容易遭致更多国家因反对而结盟，个别国家跨洲结盟容易引来自己所处地区其他国家的不信任。所以，把扩大常任理事国和选举新常任理事国分两步走，先确定了各洲的分配名额，不设具体国家，投票通过后，再由各洲内部协调，产生1—2个最能代表本地区的常任理事国候选国，然后联大全体会议对这些国家进行投票，各候选国都要获得超过2/3的支持票才能当选安理会新理事国。这种策略的不利因素是：如果有些洲难以确定最终名额，不仅最终无法实现“扩常”，而且将导致该地区的分裂和不稳定。

再次，如果有关国家接受增加没有否决权的新常任理事国的安排，日本及其他潜在的新常任理事国就会提议规范“五常”使用“否决权”的权利，限制五大国动用否决权的条件，如只有在关系到国际重大和平与安全的事项中才能行使。日本常驻联合国代表高须幸雄大使在联大非正式全体会议上曾提议改革否决权：“作为妥善解决这个问题的最现实的一种方式，‘五常’承诺今后在接受审查之前不使用它。”[①]但美英等大国目前不会支持这种改革。

最后，非常任理事国席位由于重要性有限，还可以再磋商，考虑更多中小国家利益，或选举、或依序轮换等，由各洲内部自行协调。但是要坚持两条原则：一是数目不能太多，以不影响安理会行动的效率为原则；二是不能有连选连任的非常任理事国，需要给弱小国家公平参与维护国际和平与安全事务的机会，安理会不应该成为一个自上而下的等级制国际组织，而是一个公平、开放、合作、代表全世界利益的国际安全协调机构。

① Talking Points of Ambassador Yukio Takasu：Permanent Representative of Japan to the United Nations At the informal plenary of the General Assembly on Security Council reform：“the question of the veto”，March 16，2009，New York［EB/OL］. http：//www. mofa. go. jp/announce/speech/un2009/un0903－13. html.

(三) 可能性预测

日本最终能否成为安理会常任理事国，涉及国际、国内多方面因素的影响，既包括安理会改革的复杂程序，又牵涉包括五个常任理事国在内的绝大多数会员国的力量平衡和利益分配，还取决于日本自身的外交战略以及它所作的国际贡献，各种因素间相互制约、相互影响。日本“争常”所引起的对国际体系权力结构现状的挑战，以及日本推进“政治大国”所导致的与其他大国和周边国家的战略冲突，使得日本“争常”陷于困境，因此日本所期望的近期成为安理会常任理事国的可能性并不大。

但是也不能就此断定日本“入常”是毫无希望的。二战结束至今，国际体系已经并正在以和平的方式发生渐进的变化，安理会这一最初反映当时国际格局的国际权力组织，需要适当调整其规模和职能来适应国际体系的新变化。日本从战败国成长为一个经济大国，随着对国际社会的贡献不断加大，日本的国家战略必然从“经济大国”上升为“政治大国”，而成为安理会常任理事国则是实现“政治大国”战略的一项重要条件。如果日本能够正确面对历史问题，以和平友好的方式处理与邻国的领土、领海纠纷，并且在保持与美国合作的基础上逐渐开展独立自主的外交能力，改变在亚洲的孤立地位，获得亚非拉发展中国家的信任和支持，那么日本未来“入常”或许也不是没有可能。

就日本所具备的众多有利条件而言，将来其成为不拥有否决权的安理会常任理事国的可能性更大些，但即使是这样的“入常”路，也是需要相当时日的。日本既要改正自身外交上的不足，又要适应国际政治、经济体系的变化，还要推动修改安理会宪章，最终得到国际社会的认同，实践的过程中会遇到不少困难。只有当日本为履行安理会常任理事国的责任作好准备，国际上特别是亚太国家对日本担任常任理事国持肯定态度，日本加入安理会常任理事国有助于大国关系调整和重新确立国际体系平衡的时候，才是日本最终实现“入常”的恰当时机。

世界博览会与世界市场的二维度发展

乔兆红[*]

内容提要：世界市场的概念有一定的历史规定性。世界市场作为一种场，它活动的广度和密度是两个基本维度，世界市场包含了市场辐域的发展和贸易深度的发展这两个维度上的特点。对世界市场的考察，一是要看世界各地是否建立了普遍的经济交往联系，二是要看各地区之间对对方的产品是否存有较高的依存度。从历史上看，市场的这两个维度在其发展中往往不是同步的。世界市场通过一个较长的历史过程才逐渐形成和完善。而从世界博览会的角度考察，世界市场的二维度发展离不开世界博览会的促动。世界博览会与世界市场的演进之间呈现良性互动关系。

世博会的效应空间不仅在举办地，更在全球全世界；世博会有半年的时间跨度，但有着前世博、世博、后世博经济发展的长周期。因此，世博会给世界市场带来了巨大机遇和挑战。

---

* 乔兆红，上海社会科学院经济研究所副研究员。

一、世界博览会与世界市场的辐域发展

在马克思看来，世界市场不是过去一直存在的，而是历史发展到一定时期的结果，它是以近代地理大发现为历史契机、以生产力发展和资本的扩张为基本动力而逐渐形成的。“大工业创造了交通工具和现代的世界市场，控制了商业，把所有的资本都变为工业资本，从而使流通加速（货币制度得到发展）、资本集中”，[①] 并且它首次开创了世界历史，因为它消灭了以往自然形成的各国的孤立状态，使每个文明国家以及这些国家中每一个人的需要的满足都依赖于整个世界。马克思的上述分析表明，生产力的发展是推动世界市场形成和发展的根本动力。“各民族之间的相互关系取决于每一个民族的生产力、分工和内部交往的发展程度”，世界市场的形成和发展根源于生产力的发展及其所引起的分工和交往的发展。简单说来，生产力的发展带来分工的扩大，而分工的扩大必然引起普遍的交往与联系，这种交往和联系又首先和主要体现在商业贸易上。商业贸易发展到一定程度，必然冲破国内市场的限制而走向国际，世界博览会就此诞生，世界市场随之形成。

世界博览会与市场一样，都具有时空性。世界博览会是在一定的时间和空间内，由主办国政府组织或政府委托有关部门举办的有较大影响和悠久历史的国际性博览活动。而市场是商品交换的场所，是经济交往活动的空间。现代经济生活中，人们所需要的各种物品都是直接或间接在市场上通过交换获得的，市场是经济交往得以持续进行的有效空间。同时，商品的生产与交换也需要一定的时间。资本主义大工业建立了新的世界市场，大工业造

① 《马克思恩格斯选集》第1卷，人民出版社，1972年版，第67页。

成的新的世界市场关系除了表现为新的市场结构外，另一个表现就是随着生产力的发展而建立起来的人们的普遍交往。世界博览会为国际交往和世界性普遍交往提供了平台。从历史横向发展的视角审视，可以很清晰地看出世界博览会的出现与世界进入全球交往时代存有紧密的关联度。人类历史长河呈现的图景是人类社会经历了由各地区各民族相互闭塞分散发展逐渐演变为相互联系整体发展而成为真正的世界历史的漫长行程。世界博览会就是对世界历史这个客观存在的真实反映。

世界博览会是欧洲工业革命的产物。世界博览会的诞生，在一定程度上是1847年后西方国家工业化与世界市场迅速发展的一个结果。18世纪中叶到19世纪中叶，英国率先经历了一场大变革，以英国为中心，工业革命的势头迅速推向整个欧洲。这一时期英国成为政治、经济、技术最发达的资本主义国家，一度成为“世界工场”。展示工业成果、推广先进工农业机械、开启新的市场成为一种必然。

博览会的近代形态因1851年在伦敦举办的“万国工业品大博览会”而创生。它强调从单纯的买卖形式扩展成为以文明展示为主题的伟大盛会，着意于打破地域与国别的限制，从而建立起世界性的展示制度。世界博览会兴起的年代，也正是英国历史学家霍布斯鲍姆所说的“帝国的年代”，其主要举办国均是占有大量殖民地的西方大国。这些大国通过博览会展现自身强大实力的努力，不仅表现在各种工业发明、新技术的呈现，也表现在将所谓殖民地落后人种作为博览会的展示对象。博览会反映了19世纪以来欧美社会在工业化与资本主义化日益成熟的历史时期，对于自身社会与世界秩序的重建与消解的想象过程。

世界博览会是欧洲工业革命的产物。18世纪末，英国开始使用机器，到19世纪40年代，大机器生产基本取代了工场手工业。在1840年前的70年间，英国工人的日生产率平均提高了20倍。1850年，占世界人口2%的英国生产的工业产品已占到世界工业产品总量的一半。从50年代开始，英国经济快速发展，在世界上处于绝对领先地位。历史上把1850年至1873年称为维多利亚中期大繁荣时代。[①] 工业革命的起飞，使得英国国家财富和人民消费力不断超过人口的增长，从1801年到1901年，英国人口平均年增长1.26%，最终从1050万达到4180万人，然而英国的国民生产总值却增长了14倍。平均实际工资在19世纪前半叶增长了25%，在之后的半个世纪中增长了80%。英国森林资源的贫乏，使得英国早早就采用了煤炭这一工业革命时代的燃料。机械动力使得工业可以取得惊人的增长，而不必受制于人力资源的局限和人口增长压力。就在世界博览会召开的那一年，英国占据了欧洲工业总产量的2/3、世界商业贸易的20%。由此，英国古典经济学家威廉·斯坦利·杰文斯骄傲地说："北美和俄国是我们的玉米田，加拿大和波罗的海沿岸是我们的木材森林，大洋洲是我们的牧场，秘鲁提供白银，南非提供黄金，印度和中国人为不列颠种茶，而地中海是我们的果园。"

面对在工业上取得的卓越成就，在许多英国人看来，英国经济前景一片光明。为了显示英国工业革命的成果和推动科学技术的进步，以及炫耀殖民主义掠夺世界资源并开始支配世界的实力，维多利亚女王和她的丈夫阿尔伯特亲王决定举办一次国际博览会。1851年伦敦首次世博会的本意在于展示英国工业技术的划时代成就，但维多利亚女王以国家名义，通过外交途径邀请世界十多个国家参展，其间还进行展品评比和工艺活动，内容丰富多彩，从此形成了以后各国举办世界博览会的基本格局。

以1851年英国伦敦世博会为标志，现代意义的世界博览会在全球拉开序幕。举办这次世博会的核心人物是维多利亚女王的夫君阿尔伯特亲王，他具有一种与传统理念所不同的开明思想和创新精神。在筹备这次博览会时，亲王明确提出了要求"博览会

① 王觉非：《近代英国史》，南京大学出版社，1994年版，第541页。

必须是国际性的、展品要有外国产品参加”的设想，并要求能在伦敦海德公园中找到最好的展览场地，以举办一届规模宏大的世界博览会。阿尔伯特认为，艺术和工业创作并非是某个国家的专有财产和权利，而是全世界的共有财产。天时、地利、人和催发了第一届世界博览会在英国诞生。而世界博览会与之前国内产业博览会的最大不同之处即在于国家力量的直接介入。无论是英国、法国在前期举办世博会的竞争，还是美国作为新兴工业国家举办纽约、费城、芝加哥等世博会，都寄予了一个国家登上历史舞台、开拓世界市场的冲动。世博会使伦敦从一个岛国城市，跃居到世界舞台的中心。这标志着英国已经成为名副其实的世界工厂，也标志着英国的工业革命取得了成功。

英国首届博览会历时 140 天，全欧洲成千上万的人涌向伦敦。世博会只是一个缩影，但从中可以看出，世界博览会的诞生促进了世界市场的辐域发展。英国工业革命催生了世界博览会，而“博览会热”又带来了第二次工业革命。19 世纪 60 年代以后，随着第二次工业革命，美、德、法迅速兴起，几乎与英国平起平坐，进而加剧了世界市场竞争。恩格斯曾指出：“自从英国在世界市场上有了厉害的竞争对手，以前意义的危机时期已经结束了。”[①] 世界市场的扩大与竞争级别的提高，一方面使得危机周期拉长，另一方面也改变了危机的运行模式，即从一国为主、别国受其影响，转变为多国次第发生、互相交错进行。

借助世博会的平台，新工业革命、新技术革命迅速推动，各主要工业国家之间以及工业发达国家与不发达国家之间经济上的联系与往来也都达到了一个新的高度。英国社会学家戴维·赫尔德认为，世界从 19 世纪 70 年代开始进入“密集全球化”时期。[②] 这一时期的经济全球化突出表现在两个大的方面：一是资本势力

① 《马克思恩格斯全集》第 36 卷，北京人民出版社，1975 年版，第 418 页。

② 张明、韦定广：《全球化视野中的 1873 年经济危机及其对马克思的挑战》，《复旦学报》(社会科学版)，2004 年第 1 期。

扩张显著，跨国金融往来范围更加广泛、影响程度更加深刻。20世纪50年代中期，发达国家互相投资或向落后国家投资，总额为4.2亿英镑（合20.5亿美元），到1870年，猛增了3倍以上。同时，出现了对外投资和借贷通过发行政府债券方式进行的现象。欧洲的国际债券市场向全球扩展，从1870年起，伦敦和巴黎市场上的外国证券价值甚至超过了国内证券的价值。1860年，英国银行组建起100多个海外机构，而1890年则达到700个。二是由于远距离交通与通讯技术取得长足进步，世界博览会迅速发展，世界贸易获得长足进步。恩格斯在为马克思整理《资本论》第3卷时，通过“注释”方式说明：“自1867年最近一次的普遍危机爆发以来，已经发生了巨大的变化。由于交通工具的惊人发展——远洋轮船、铁路、电报、苏伊士运河，——第一次真正地形成了世界市场。”①

马克思也认为由于铁路作为“实业之冠”，“在那些现代化工业最发达的国家英国、美国、比利时、法国等地”的大规模出现，它将终于和远洋轮船、电报一起，构成资本主义经济全球运行的“交通联络工具”。它不但为巨大股份公司的出现提供了现实的基础，同时也成为“从股份银行开始的其他各种股份公司的一个新的起点”，而且归根结底，“也加速了和大大扩大了借贷资本的世界性活动，从而使整个世界陷入财政欺骗和相互借贷——资本主义形式的‘国际’博爱——的罗网之中”。② 交通与通讯技术的发展促进了世界博览会的迅速壮大，世界贸易水平的大幅提升。1820—1850年，世界贸易额大约年均增长2.3%，而在世界博览会诞生后，即1850—1870年间的增长速度约为5%。所有西方国家在19世纪中期，出口占国内生产总值的比例大约为5%，到1880年则达到10%左右。由此，世界各地建立了普遍

---

① 《马克思恩格斯全集》第25卷，北京人民出版社，1975年版，第554页。

② 《马克思恩格斯全集》第34卷，北京人民出版社，1972年版，第347页。

的经济交往联系，世界市场的辐域日渐辽阔。

18世纪70年代开始的英国工业革命的直接后果是形成了以英国为典型的近代大机器工业体系，从根本上改变了各国的经济结构与产业结构，开拓并进而建立了业已由地理大发现准备好了的世界市场。机器大工业体系，凭借其创造出的巨大物质基础和技术条件，在开拓世界市场上具有势不可当的威力。一是使各国生产不断社会化，劳动日趋专业化，社会分工迅速扩大并超越本国基地而向国际领域扩展，把一系列国家的生产纳入国际分工体系。二是生产能力空前扩大，产品远远超过国内市场需要的容量，势必寻求新的国外市场，而国内的原料与粮食日渐供不应求，不得不依靠国外供应，就又把许多经济不发达而自然资源丰富的国家，通过收购原材料、销售工业制成品而卷入宽广的国际流通领域。三是为建造先进的交通工具和运输体系提供了物质技术基础，轮船、火车、电报等紧密联结了世界各地的生产、流通、消费，彻底排除了阻碍世界市场形成的桎梏。正是大工业把世界各国联系起来，“把所有地方性的小市场联合成为一个世界市场”。①

19世纪末20世纪初是世界市场最终确立之时。世界市场的出现，是世界经济体系形成的必要历史前提。商品交换的全球化，各民族市场和区域市场日趋连成一片，这不但打破了各国经济的孤立性和闭关自守的割裂状态，也日益打破了小生产的狭隘界限，有力地推进了各国社会经济的整体发展。进一步拓广的世界市场，是资本主义生产方式的基础，它保证了大工业的原料供应和商品销售。而且“由于开拓了世界市场，使一切国家的生产和消费都成为世界性的了……过去那种地方的和民族的自给自足和闭关自守状态，被各民族的各方面的互相往来和各方面的互相

① 《马克思恩格斯全集》第4卷，人民出版社，1972年版，第361页。

依赖所代替了”。[1] 在这种全面的交流中，各国的社会经济逐渐联结为互相依赖的统一体。正是在这个意义上，随着世界市场的形成，“历史就在愈来愈大的程度上成为全世界的历史”。[2] 英国著名历史学家霍布斯鲍姆就指出，19 世纪 70 年代初，西方主要国家的经济“已经牢牢地建立在工业化的基础之上，也建立在大量且名副其实的全球性物资、资本和人员的流动之上”。[3] 从这时开始，工业资本主义演变成名副其实的世界经济，地球从一个地理概念转变成持续运作的动态实体，而历史也已经真正成为世界历史。

二、世界博览会与世界市场的贸易深度

世界市场的概念有一定的历史规定性。世界市场包含了市场辐域的发展和贸易深度的发展这两个维度上的基本特点。对世界市场的考察，除了要看世界各地是否建立了普遍的经济交往联系，还要看各地区之间对对方的产品是否存有较高的依存度。世界市场是国际市场的总和，是国际贸易发展到全球规模的结果。国际贸易的存在与发展是世界市场形成的基础和历史前提。而博览会与国际贸易密切相关。世界博览会与世界市场之间的贸易密度存在着正相关关系。

1851 年人类首次举办世博会时，维多利亚女王就宣示了世界博览会的四种价值诉求：祈求各国间和平与友爱的竞争；追求工业文明带给人们的“进步主义”；促进贸易发展；借由博览会展品免税进口的政策，打破各国关税壁垒，实现自由贸易。这四

① 《马克思恩格斯选集》第 1 卷，人民出版社，1972 年版，第 254—255 页。

② 《马克思恩格斯全集》第 3 卷，人民出版社，1972 年版，第 51 页。

③ ［英］艾瑞克·霍布斯鲍姆著，张晓华等译：《资本的年代：1848—1875 年》，江苏人民出版社，1999 年版，第 53 页。

种价值或口号奠定了以后各国举办世界博览会的基本格局。

世界市场毕竟是加强了世界各国社会经济的相互联系。世界上没有任何一个国家能够拥有现代科学技术进步和国民经济发展所需要的一切资源和各种条件，各国的自然资源总是互补的，各有盈缺，各地的生产条件也是不同的，互见优劣。正是经由世界市场，各国能够互通有无，相互补充，扬长避短，较之封闭的状态能更为合理地使用自己所拥有的资源，更充分地发挥各自的优势，也最有效地改善自己的条件，发展本国的经济。因而，世界经济的整体发展是一个历史的进步过程。因科学技术的巨大变革及世界资本主义生产体系的形成，才使世界贸易关系全面固定。在世界博览会频繁举办的年代，世界贸易量增长很快，从 19 世纪 90 年代起上升幅度更大。1865—1915 年间世界贸易总额增长了 4 倍多，其中 90 年代到第一次世界大战前的世界出口总额增长了一倍半，平均每年增长 5%，破历史纪录。[①] 而这一时期正好被称为“博览会的世纪”[②]。

世博会涉足社会各领域，与经济生活息息相关。世博会的举办目标在于提高参观者的知识水平，促进贸易往来，培养跨文化兴趣，促进世界各国间的友好往来，增进理解。为实现这些目标，各参与国、参展者，甚至参观者共同参与，围绕一个明确的主题共同推动。经济和贸易成果虽然在短期内无法得到适当的测度，但是却能为将来各方关系和贸易往来创造良好的环境。博览

① 库钦斯基：《资本主义世界经济史研究》，北京：三联书店，1955 年版，第 75—76 页。

② 博览会始于 18 世纪中后期英、法两国国内的商品及艺术品陈列活动，其旨在刺激本国工商业的繁荣。具有普世性质的万国博览会则源于 1851 年的英国，自此后，世界各地投入博览会的设立与举办，并竞相以规模、参与国数目等较劲，尤以英、法、美三国为甚，盛况衍行近百年，于第二次世界大战爆发后方见消萎，其间较具规模者约八十，若全数算入，不下三百。因此，19 世纪中叶至二战前被认为是“博览会的世纪”。参见乔兆红：《百年演绎：中国博览会事业的嬗变》，世纪出版集团、上海人民出版社，2009 年版，第 38 页。

会能促使商贸合同的缔结，或是进一步正式或非正式地确认正在制定当中的合同，其良好经济氛围是促进经济发展的有利环境。

组织世博会，对于举办地来说，无疑是一个大胆考验，更是一个受益匪浅的创举。世博会吸引各国的大量民众欢聚一堂，既有益于文化交流和精神文明的发展，也有益于促进物质、经贸和技术文明的发展和进步。早期参与世界博览会的原因各有侧重，但政治目的是决策的基本依据。此外，保持和增强与主办国包括经贸关系在内的各种良好关系，也成为一种惯例。地缘政治和经济的发展趋势变化意味着决策影响因素的变动，有时尽管贸易方面的因素并未得到强调，但是经济关系一直是参加世博会的一个非常重要的决策因素。对许多国家而言，一次参展不会在短期内对贸易产生真正的影响，但从长远看，参加世界博览会将与其贸易密切相关。我们同时应该充分认识到："尽管参展的决策事实上最终是政治因素起作用，但从经济目标来评价参展的作用也许更有意义。"①

对于发展中国家和一些新经济体而言，参展的决策往往基于宣传自己。在世博会这样重大的国际舞台上，全方位地展示自己的形象，非常有利和重要。这是一次展示自己成就、介绍自己产品的大好机会。因此，参与世博会对促进国际性商务活动至关重要。许多国家通常设有负责海外贸易促进工作的常设政府部门，或设有负责贸易展览及类似活动的较小机构。通常由这些机构具体承担该国参加世博会的事宜，如法国海外展览委员会（CFME）和日本贸易振兴会（JETRO）。

博览会的展览设计意图都是为了实现许多目标，其中之一是直接促进经济贸易交流。也就是说博览会的主题对所有参展国某个特定领域的经济利益密切相关，或者更明确地说，参展方的经

---

① 摘自约翰·M. 波尔斯的访谈录，1995 年 9 月 9 日于温哥华。参见克劳德·塞尔旺、竹田一平著，魏家雨等译：《国际级博览会影响研究》，上海科学技术文献出版社，2003 年版，第 2 页。

济贸易目的可以通过围绕主题开展活动直接实现。促进经济贸易的交流往往是通过展品实物或模型展示的方式，或通过视听方式，来宣传参展方提供的产品或服务。有时还采用一种更为微妙的方式，即就与世博会主题相关的某科学、技术或商业等特殊领域进行专业技能展示。展馆，即建筑本身、展览环境和展品，与视听作品都是信息形成的一个重要成分，其目的是要反映促销产品或服务的内在质量。

博览会对宏观经济的作用主要是对经济流通的作用，它具有促进国内外贸易，促进地方、地区和国民经济发展，增加市场透明度，显示经济发展趋势等作用。据美国贸易展览局（Trade Show Bureau）统计，1994 年美国展览业的直接产值为 760 亿美元。这些数字主要是展览开支额，而不包括因展览会而做成的贸易额。即便如此，也足以说明展览的经济价值。博览会对宏观经济的作用是多方面的，大致可以分为在流通中的作用、在经济结构中的作用，以及在经济发展中的作用。

一是博览会在流通中的作用。在远古时代，“展览”是唯一的交换形式，其作用不言而喻。在中古时代，展览是流通的主要形式，其作用仍然巨大。到了近现代，商业成为流通的主渠道。但是，展览仍发挥相当大的作用。在流通范围上，商业等流通方式在消费品包括耐用消费品方面起着主导作用，而展览则在资本货物的流通上发挥着重要的作用；在流通层次上，商业在零售方面起主导作用，而展览则在批发方面发挥重要作用。

博览会不可销售，不能直接进行贸易活动，但可以签订合同，场内外间接的经贸交流十分活跃。各大公司也会采取多种方式展现其形象与最新产品。标志着人类社会进步和发展的新技术、新发明、新创造和新产品等均借助世博会的平台向公众展示。在展览会上，卖方可以在有限的时间内最广泛地接触买主，而买方可以在有限的空间里最广泛地了解产品，买卖双方可以完成介绍过程。这些优势使展览能在流通领域发挥很大作用。在有的国家，展览甚至是流通的主渠道之一。

在欧洲，比利时是一个独立建国历史短暂和国土面积较小的国家。但比利时通过多次举办世博会，有力地提升了国家地位，推进了城市的发展，也为世博会作出了特别的贡献。凭借在欧洲独特的地理位置和尼德兰地区特有的商贸活动传统，比利时可谓是世博会组织的行家里手。自19世纪中叶起，比利时就不停地举办各种规模的世博会。其中较有影响的是1897年布鲁塞尔世博会、1905年列日世博会、1910年布鲁塞尔世博会、1913年根特世博会、1935年布鲁塞尔世博会和1939年列日世博会。然而，二战的爆发摧毁了世博会营建的和平。二战结束后，举办新一届世博会的想法又重新提上议程。在希望和平进步的氛围中，比利时率先恢复举办了1958年布鲁塞尔世博会，这是自世界大战后，由《国际展览会公约》缔约国首次共同确定举办的综合类世博会，为世界经济和贸易带来了活力和生机。

二是博览会在经济结构中的作用。展览不仅是一种经济手段，在流通领域中也发挥作用。展览也是一个经济部门，在经济结构中起作用。在微观上，刺激、带动展览区域的旅馆、饮食、旅游、交通、保险、银行、通讯等行业的发展；在宏观上，促进多功能建筑的兴建、港口吞吐量的提高、税收的增长、公共交通等公共设施的发展等。还有非常重要的一点，就是增加就业人数。西方研究表明，经济贸易类展览有利于地方基础建设。

在美国，20世纪90年代初，展出者和参观者每年要开支20亿美元的机票费、36亿美元的旅馆费。德国法兰克福展览中心1994年统计，中心年直接产值为4.93亿马克，给法兰克福地区带来30亿马克的购买力，成为地区的重要经济来源。英国有学者研究了展览对旅游业的作用，其中对展出者和参观者通过旅馆开支所形成的结构性作用作了比较详细的分析。分析结果表明，仅展出者和参观者在旅馆开支这一项上就会产生广泛而复杂的连锁反应。据世界旅游组织测算，旅游每增长直接收入1元，相关行业的收入就能增长 4.3 元。如果考虑到展览业所涉及到的所有行业，那么，展览能产生的经济效益就会非常大。

三是博览会在经济发展中的作用。处于经济起飞阶段的国家，政府常常会举办宣传性质的经济博览会。这种博览会在近代的典型是法国“国家工业展览会”。在现代，这种博览会主要出现在计划经济国家，常被称为经济建设成就博览会，一般由政府组织。它有以下一些直接的作用：说明政府的社会和经济发展政策、规划以及前景，以获得人民的理解和支持，启发人民的智慧，鼓舞人民的干劲，并教育、引导人民向既定的目标努力，最终推动经济贸易和社会的发展。在中国，地方政府结合民俗文化活动举办经济和社会经济贸易博览会，使博览会具有浓厚的地方特色。这类博览会的目的为：促进地方的工业和贸易的发展，提高地方的商业地位，吸收国内外投资，推动经济发展。

展览还能显示经济发展趋势。德国政府早在 20 世纪 50 年代就指出：经济的发展在展览会上得到反映，同时展览也影响经济的发展。贸易展览与经济发展的关系是两方面的：一方面是经济发展状况决定展览的盛衰，并在展览会上反映出来；另一方面，展览所呈现出的主调也会影响、刺激经济发展趋势。

当然，只有大型综合经济贸易博览会才能比较全面地反映经济发展状况。在发达国家，由于大型综合贸易博览会已基本消失，而众多的专业展览只能反映各自行业的状况和趋势，因此必须在观察一系列专业展览会的基础上分析掌握经济的发展趋势。西方学者施密特（Schmidt M. J.）提出：贸易博览会是能够提供经济发展趋势有关数据的唯一的市场媒介。①

此外，博览会对经营的作用不容忽视。展览对经营的作用是博览会的最主要作用。在营销环境中，博览会对企业具有联络、

① Schmidt M. J., A General Look at Trade Fairs and Exhibitions, Holland, Kensarl Publications, 1994, pp. 23—24.

调研的作用，也就是作为展出者的企业可以利用博览会建立关系、调查市场。

一是建立联系作用。建立联系主要是展出者处理与供应者、购买者等有关各方的关系。展览会可以向展出者提供与客户进行联系和交流的机会。展览会的客户联系作用有三个特点：1. 联系量大。在短短的几天展出期间，展出者通常可以接触整个行业或市场的大部分客户，可能比用常规方式一年所接触的客户还要多。任何其他人际交流方式，诸如打电话、推销员或推销组等登门访问都不可能在如此短的时间内接触这么多的客户。2. 联系面广。在这里，客户指与企业有供销关系的任何其他单位，包括现有客户、潜在客户、供应商、代理、用户等。对企业来说，平时为加强关系而广泛地接触现有客户比较困难，需要花费很多时间和人力。但在博览会上，企业可以比较轻易地接触许多关系户。3. 联系效果好。这主要表现在参观者的质量和交流的质量上。贸易展览会的观众基本上是行业内的专业人员，是经展览会组织者选择后通过专业途径吸引来的。据美国调查，专业展览会上的 84％参观者具有订货决定权或订货影响力。他们之中有很多是促销的关键人物和决策人物。

博览会的环境适合高质量的交流。参观博览会是一种主动行为，参观博览会就是为了接触、交流、收集信息、洽谈贸易，因此，参观者处于心理开放的状态。在这种状态下，与客户进行交流就容易得多。另外，博览会提供的是一种面对面的双向而直接交流的方式，交流效果优于单向的、间接的交流方式。

二是市场调研，收集信息作用。博览会能比较全面地反映某个领城的状况，在博览会上可以开展多种形式的调研、广泛收集第一手资料，因此调研内容十分广泛。调研性质可以是技术的，也可以是贸易的；调研对象可以是一个行业中的某家企业，也可以是贸易的；调研方向可以是某项产品的现在技术，也可以是这种产品的发展趋势；调研目的可以是寻找客户，也可以是了解竞争对手。美国一位专家称：好好地了解一个展览会，就基本上可以了解这个行业和市场的基本情况。一般说来，在博览会上开展最多的是对产品和市场进行的调查研究。

产品调研的主要内容是生产技术、成交条款和未来趋势。专业博览会是了解最新产品与技术的最佳机会。博览会展示多家产品，而且是实物，并有针对性、详细地作技术说明和介绍。因此，调研者可以了解其设计特色、生产工艺、技术性能、使用范围等；还可以了解产品的价格、包装、交货期，付款条件等成交条款。

市场调研的主要内容是市场特点、市场需求、市场发展趋势等。市场特点是指销售体系、销售习惯、销售规则等情况。市场需求是指用户对产品品种、规格、档次、外观、特性、数量、价格等的需求。通过收集客户的反映和要求，观察各展台的接待状况，分析获得结果。

三是贸易成交作用。产品流通大致有几种方式：大宗初级产品，比如谷物、矿产、钢材经过交易所流通；消费品通过商店进入市场；而生产资料尤其是技术不断更新的产品的流通，以及新技术、新设计的消费品的批发很多是通过博览会完成的。博览会对于购买程序复杂、技术复杂的产品，如需要工程技术人员、设计人员、经理、董事等参与购买决策的产品，效果尤其好。据调查，博览会对医疗器械的销售最有效。在美国、德国等国家，博览会是许多公司尤其是制造行业的公司做贸易的主要方式。总体说来，博览会的进出口国际贸易、批发功能比较强，对制造业的产品有很好的促销作用。

贸易成交有许多环节，首先通过种种途径向客户宣传产品，使客户产生兴趣、并进行询问了解，客户对产品满意后决定购买并开始贸易洽谈，经过讨价还价后成交。在常规条件下，这个过程可能比较长。但在博览会上，这一过程可以比较迅速地完成，尤其是对现有客户。展出者可以在潜在客户表示出兴趣就抓住机会，开展推销、洽谈工作。据美国调查，54%的参观者会在展览期间签订合同。展出者为卖而参展，参观者为买而参观，都是有备而来。参观者带着兴趣当场了解产品品种、性能、质量、价格，比较同类产品，并做出选择，再坐下来与展出者——卖者洽谈价格、包装、付款等贸易条件，双方谈妥便签约成交。中国中小型的进出口公司在国外好的贸易博览会上往往一次就可以签订几百万美元的合同。在一个博览会上就可以完成从看样到成交的全部过程。[①]

正是因为世界博览会促进了世界市场的发展，英国与法国、美国之间的经济联系增强，尤其是金融资本开始互相渗透，所以1873年经济危机出现了以往危机中所没有过的重要现象。而且世界博览会对促进生产、开拓贸易作用重大，所以在1873年经济危机之后，生产虽有所下降，但商品生产和商品流通还能够继续进行。1873年危机虽然比以往历次危机都经历时间长、波及范围广，但在局部的时间和地点上并不是十分严重，特别是对整体资本主义的生产和社会运行并没有产生过于激烈的冲击。以致有人怀疑1873年危机期间是否存在“大萧条”阶段。[②]

总之，世界博览会对经济全球化产生强大推动力。世界博览会的出现，推动了世界贸易的扩大和经济的发展，19世纪末至第一次世界大战前，博览会成为发达国家争夺世界市场的场所。为适应市场的变化，扩大对外贸易，博览会改变过去单纯的商品展示方式，采取样品展示、邀请专业贸易人士前来参展，进行期货贸易，以达到加剧市场竞争的目的。第二次世界大战结束时，一批因战争而停办的博览会重整旗鼓，为世界经济复苏注入了勃勃生机。当时世界著名的“米兰博览会”、“莱比锡博览会”、“巴

① 吴煌森：《北京市会展业的发展现状和对策研究》，对外经济贸易大学2003年硕士论文，第19页。

② ［英］艾瑞克·霍布斯鲍姆著，张晓华等译：《资本的年代：1848—1875年》，江苏人民出版社，1999年版，第54页。

黎博览会”被誉为连接各国贸易的三大桥梁。“莱比锡博览会”在冷战期间为沟通东西方贸易联系起到了重要作用，前民主德国每年与西方国家达成的贸易额中，有1/3来自莱比锡博览会。

而且世博会面临后续利用问题。如1970年大阪世博会为大阪在国际商业和产业舞台的崛起带来了持久的后续影响力。上海世博会从规划伊始就力图确保世博会各项设施的后续利用，使城市能够长期受益。上海把世博园区后续利用定位于“国际贸易功能区”，所具有的形态特征可与陆家嘴类比。因此，上海世博会结束后，一个全新的贸易中心区将转型诞生。

世博会是最具合理性、最富带动力、最能体现国家战略和人民福利的财富，应该是一种长效机制，一种制度财富。那就是贸易，内贸和外贸、货物贸易和服务贸易、实体贸易和网上贸易、一般贸易与技术贸易、补偿贸易、国际贸易等所有现代贸易的加总和商品市场的总和，同时建立起促进贸易的市场环境和管理体系。因此，上海应趁世博之势，一跃而上，尽快建成真正的、国际性的贸易中心，并以此为推手、为龙头，带动上海建成国际航运中心、金融中心和经济中心，成为中国第一个完整意义上的社会主义现代化国际大都市。

世博会的本质就是贸易，就是做生意。展会本身，就是商业贸易大集市。1851年以来多国轮流举办的几十届博览会，就同千百年来形形色色、大大小小的贸易集市一样，是商品的生产者、转贩者、消费者的聚会。虽然它被越来越多地注入和附加了非经济、非贸易的因素，如科技、文化、社会、环境等，以及国家、国际组织、城市等政治性概念，还有大量的外围支持结构所进行的社会性活动。附加其上的东西太多了，以至或多或少使世博会的贸易本质被掩盖或虚化了。但是归根到底，它要达成的恒久使命和终极目标仍然是商品供求的有效对接，参会的基本主体仍然是厂商和消费者。因此必须关注世博会与贸易、与会后举办地贸易发展之间的有机联系，事先谋划，创造环境，组织安排厂商在会展期与全球厂商充分、广泛接触，无限贸易商机就能实现。

会展业的独特性在于其公共性和外部性。首先，它以专业化服务，为经济辐射区域内的广大企业提供商情商机，使市场主体在方便快捷低成本的资源配置活动中，克服信息占有不对称的障碍，变得更主动更活跃更富有活力；其次，它以集聚、辐射和流通影响力，在创新理念、推广技术、制订标准、形成价格、开辟渠道、培育品牌、改善经营、更新模式、运作资本、储备人才等方面，提升贸易中心的功能水准，增强城市的创新力和全球竞争力；第三，它以产业链繁衍，为服务业诸多领域提供需求刺激，带动生产与生活服务业走向全面繁荣，促进城市向服务经济转型。而贸易的功能本质上就是实现交换，它是从生产到消费的中介，任何一次贸易过程都涉及商流、信息流、资金流和物流，归根到底，贸易就是要使这“四个流”得以畅通。因此要重视贸易，将世博会置于贸易发展战略中一个历史性契机的重要位置。

三、世界博览会与世界市场的互动

以国际分工为前提的世界市场是伴随资本主义生产方式的确立而发展起来的。这时的世界市场，主要是指在世界范围内通过对外贸易联系起来的各国商品市场的总和。资本主义经过数百年的发展，使得今天的世界市场同早期世界市场相比，已发生了明显的变化。布罗代尔曾指出：“处于日常物质生活巨大实体之上的是市场经济。市场经济布下了一张张罗网，维持着各类网络的生机。在以本义而言的市场经济之上的是资本主义。资本主义惯常是在这个层面上繁荣起来。"① 借助世界博览会，世界市场得以扩大和深化，进而带来了生产、消费和文明的相互依存和世界化，这反过来又促进了世界博览会的进一步发展。

在近代中国，博览会就促进了国人市场观念的诞生。19世纪中期，当世博会的钟声敲响时，垂暮的中华帝国正经历着时代变迁的最后阵痛。一直强调重本抑末的国度对博览会充满着不解和疑惑。然而，不管清政府的态度如何，近代工业制度和世界博览会还是以巨大的渗透力涌入这个古老社会，并把它拖入世界贸易的旋涡。具有前瞻性的知识分子意识到，世界博览会是中国通往世界的桥梁；对商业嗅觉敏锐的工商人士来说，世界博览会则提供了扩大影响、推销商品的良机。

鸦片战争以前的中国不乏地方性的初级市场，这种传统国内市场不仅具有分散性、狭隘性和长距离贸易的有限性等特征，而且在性质上还仅仅是一种以粮食为基础，以布及盐为主要对象的小生产者之间交换的市场结构。鸦片战争后开埠通商的一个最重要的结果就是将沿海沿江的商业贸易活动纳入了资本主义世界市场的网络，使之成为国际资本流通的一个重要环节。如上海、天津等地在开埠后均与资本主义世界市场发生了密切的联系，上海形成"贸易日繁"、"海商频来"的局面，天津则形成"华洋交易生意日多，而洋货一行尤为十之七八"的局面。②

由"五四"揭开序幕的20世纪20年代，民族主义运动成为中国政治的主旋律。国货运动伴随着反帝斗争迅速蔓延全国，国货展览会应运而生，日益占据博览会的主流。但在第一次世界大战后，随着外国资本对华经济压迫的加强，国货企业的发展面临

---

① ［法］布罗代尔：《资本主义的动力》，牛津大学出版社，1993年版，第21页。

② 甘厚慈：《北洋公牍类纂续编》卷14，交涉二，京城益森印刷公司，1907年。参见马敏：《商人精神的嬗变——近代中国商人观念研究》，华中师范大学出版社，2001年版，第54页。

新的考验。洋货的倾销使得国货市场遭受挤压，国内农村经济凋敝又使国货的销路备受制约。为增强产品的市场竞争力，国货企业采取了许多有效措施，如改善经营管理，增强企业竞争力；促进国货流通，开拓国内市场；保护国货，振兴实业；关注国货外销，开拓南洋市场等。

中国商人自行赛会是开辟国内市场，走出国门参与世界博览会，则是开拓国际市场。中国商人走向国际市场后，必然要遇到强大的竞争对手——洋商。因此，参与世界博览会，可以激发竞争意识和世界市场观念的诞生。将中国优良的商品介绍给各国商人和民众，对促进外贸的发展也起到了重大作用。

中国商人在参观世界博览会后，曾指出："吾国商民徒为本国之贸易，而不知外国之贸易，故商业日见其衰。正宜因势乘便，罗列万产，以与世界各国见。"① 显然，工商业者的思想观念在参加国际博览会的过程中发生了重大变化，更加注重国际市场的竞争，也更加重视改良中国的产品，具有很大的积极意义。

随着国货运动的兴起，为增强产品的市场竞争力，中华国货企业采取许多有效措施，在海外举办国货展览会和商品陈列展览，就是为了增强企业竞争力，促进国货流通，开拓国内外市场，是振兴实业的一种举措。

以推广国货销售，发展国货生产为主要目标的国货团体一直关注着南洋市场。国货界对开辟南洋市场较早就有深刻认识，1915 年的《国货月刊》就指出："就国货之能畅销于国内而言，综其利益在能挽回已失之利权，维持社会之经济，尤不若推广国货于国外，发达对外贸易，辟一莫大之利源，增长国家经济之为愈也。"② 这种从分析国内外两种市场的不同作用来认识南洋市场的观点，在当时极富远见。经过 20 世纪二三十年代的倡导，

---

① 《中国出洋赛会预备办法议》，《东方杂志》第 7 年第 9 期。

② 《国货月刊》第二期，1915 年，研究，第 1—2 页。

国货界对南洋市场有了更进一步的认识。有人指出："南洋者，就其资源言，可助我国内之经济建设；就其市场言，可借我工业品之海外推销；就其华侨言，更为我在国外争取外汇，开拓市场之好国民。"南洋与中国属不可分离之地域，"吾中国人若不欲从事经济建设则已，如欲从事经济建设，则可以协助我经济建设之成功者为南洋。吾国若不求工业化则已，如欲求工业化，则原料之取给与产品之推销，更非南洋莫属"。为此向人们大声疾呼："注意南洋，研究南洋，了解南洋，到南洋去。"①

当时一些有远见和能力的国货企业在开拓南洋市场方面也用实际行动作出了巨大努力和贡献。其中就包括在南洋举办国货展览会，如在菲律宾一地就举办过 3 次国货展览会。当地侨商和海外华侨积极支持、参与和配合。"其物品之丰富，质料之精美，开菲岛华侨眼界不少，此为第二次。"之后还有中华总商会和上海总商会在各地合作举办国货陈列展览，都对海内外国货市场的开拓起了积极作用。

日本近代在开拓国内外市场中，博览会也发挥了重要作用。通过博览会，日本的纯粹作为出口商品而被开发出来的红茶，在 30 多年的时间里得以作为一个新兴产品而推销到海内外。

红茶在日本是没有国内市场需求的。因此日本政府的红茶振兴政策与普及的开始，到现在看来，似乎仍是难以想象的，但在明治时期却实实在在的发生了。当时政府的茶业振兴政策消除与茶业工会相关的东西，一切都以奖励和鼓励生产红茶为中心。1874 年政府颁布《红茶制法书》，并用具体的数字来说明生产红茶的利润很大，通过各种奖励来鼓励人们生产红茶。1875 年，政府专门设立传授所，雇佣中国技师定点讲习，巡回传授红茶制法。这种传授方法很快就见效，政府将其带到墨尔本博览会和费

① 高事恒：《南洋论》，南洋经济研究所，1948 年版，第 1—2 页。参见潘君祥主编：《近代中国国货运动研究》，上海社会科学院出版社，1998 年版，第 180 页。

城博览会中展出，试图打开欧美市场。同时通过日本的驻外领事馆来收集欧美市场的评价。民间也迅速响应政府的推广普及政策，很快设立制茶公司、民间红茶制造传授所和制茶工厂，聘请中国和英国技师。1877 年，日本第一届国内博览会就充分反映了当时政府和民间的积极活动。1881 年第二届国内博览会上，众多红茶参展者获得奖励，表明红茶制造业已经取得了长足进步，很快出现红茶制造热潮。

但此后不久便陷入了粗制滥造、价格暴跌的局面。在各个县积极推行扩大红茶生产政策的同时，问题也逐渐显现：红茶在日本国内根本没有需求。由于在国内没有需求，仅凭生产者对产品的品质进行评价和改善，是相当困难的。此外，通过收集海外市场的评价，来改善红茶品质和降低生产成本，需要花费很长的时间。对此，日本通过频繁举办博览会将其影响降到了最低。据当时审查报告书记载，博览会上专业审查官的评价，是从业者改善产品品质的有效方式。对于远离需求市场的红茶生产而言，在博览会中参加展出也是从专家那里得到具体改良方法的唯一途经。在博览会上，红茶生产者不仅通过审查结果和审查官的讲评来提高产品质量，同时也可以通过红茶生产者之间的相互竞争来改善产品品质。由于这些努力，到 1897 年已经出现很大进步，此后在明治 30 年代也在一步步改进。据审查报告书记载，一般在上次博览会中指出的产品缺陷在下一次的博览会中一定会有很大的改善。由此也可以看出，当时的从业者非常尊重和重视博览会的审查结果，并按审查结果逐步改善。

从普及这个角度而言，日本当时营销红茶是相当成功的。基本上在日本全国各地，都试行了红茶生产。从此点来看，博览会发挥了重要作用。正是博览会的评价机能克服了红茶这种出口产品没有国内需求的弱点，长期以来对红茶产品的品质改善作出了巨大贡献。一方面，审查官的讲评和建议以及参展者相互之间的竞争使红茶产品的品质得以改善；另一方面，博览会对红茶产品起到了很好的公示效果。正是这两个原因使红茶在30多年的时间里能够作为一个新兴市场发展到海内外。[①]

不仅如此，参与世博会，还有利于促进社会风尚的演变和商业习惯的变迁。世博会反映的是一个时代，它是一个时代的晴雨表，在博览会会场，各种展品汇聚一堂，可以使人迅速地捕捉社会风尚的变化，及时掌握市场信息，适时调整商业行为，而这些都是商业成功的重要条件。

传统产业的发展及其输出竞争力的强化对于工业化的进程而言是必不可少的。博览会活动通过促进竞争市场的形成来促进产业的品质改善和技术改良，从而为强化产业的发展和竞争力作出了重要贡献。值得注意的是，早期产业博览会已经充分意识到展览品的经济性乃至市场竞争力。因此从第一次世界博览会开始就制定了明确的审查规定，使博览会通用的审查项目和基准明确化，这在促进产品市场同质化和竞争上发挥了极大的作用。

当前，中国从计划经济向社会主义市场经济的转型还远远没有完成，一定意义上而言，市场发育仍然处于初级甚或无序的阶段。而研究博览会事业这一经济、文化现象的历史变迁，是一个涉及社会转型的重要课题，它可以通过剖析社会规范、经营习惯、管理制度、科学技术的发展脉络和产业制度的演变特征来揭示社会转型与经济、文化变迁的关系与规律。

今天在改革开放大潮的推动下，中国正走向社会主义市场经济。随着全球化的推动，中国正在与国际接轨时，通过对世界博览会与世界市场演进历史的介绍与分析，对于弘扬中国优良的社会传统，引进国外先进的文化科技知识、工商业管理体制和市场营销手段，促进市场竞争，保证工商业经营的成功、产业发展的

① はじぬに：《技术情报の普及传播と市场の形成：博览会·共进会の意义》，日本，1995年，第256—259页。

顺利进行和市场经济的健康发展，均有借鉴意义。

改革开放是中国经济高速增长的最基本的成功经验。改革开放的 30 多年，我们初步建立了社会主义市场经济体制，但是这一体制尚不成熟，还需要进一步扩大市场开放度，在主动参与全球经济竞争中不断完善。扩大市场开放度除了市场主体在成长过程中的自我推动之外，政府利用重大事件来有意识地推动这一进程尤为重要。而主办世博会就是一个国家扩大市场开放度，加速融入经济全球化进程的一个重要媒介。

主权债务危机与欧洲的合作

徐乾宇[*]

内容提要：欧洲主权债务危机的爆发，打乱了欧盟通过经济刺激政策促进欧洲经济复苏的步伐，欧洲主要国家不得不退出财政刺激政策，压缩财政开支。这场危机使欧洲脆弱的经济复苏变得更加坎坷，同时也间接影响了欧洲社会的稳定，导致罢工、社会利益集团分裂等各种社会问题的恶化。欧洲已经意识到欧洲货币联盟的不足，如何采取措施克服欧元区的内在矛盾，欧洲是分还是合——这成为欧洲下一步需要解决的问题。

一、欧洲主权债务危机及影响

欧洲主权债务危机率先在希腊爆发，并逐渐蔓延到整个欧洲地区。这场危机严重地影响了欧洲的经济、政治、货币等方面。2009 年希腊债务出现了问题，同年 12 月全球三大评级公司纷纷下调了希腊主权评级。希腊债务危机随即愈演愈烈，并由此带来了多米诺骨牌效应。欧洲一些国家也相继陷入了债务危机，其中

---

* 徐乾宇，上海社会科学院国际金融专业研究生。

有西班牙、葡萄牙、爱尔兰等国家，同时还包括比利时等被认为财政较稳健的国家。至此，希腊不再是危机主角，这场债务危机已经对整个欧洲产生了威胁。

由于欧元大幅下跌，欧洲股市暴挫，整个欧元区面临成立以来最严峻的考验。2010年4月，希腊正式向欧盟及国际货币基金组织（IMF）提出了援助请求。希腊财政部长称，希腊在5月19日之前需要约90亿欧元资金度过危机。但最主要的援助国——德国表示，除非希腊出台更为严格的财政紧缩政策，否则不会“过早”伸出援手。由于欧盟内部存在争执，迟迟未能拿出救助方案。4月23日，标准普尔将希腊主权评级降至“垃圾级”，欧洲债务危机进一步升级。

2010年5月，欧盟和IMF斥资7500亿欧元救助欧元区成员国，但市场对于欧洲的信心并未因此恢复。20日，金融股频频失血，媒体预测，“问题债券”可能酿成欧洲银行危机。6月15日，穆迪将希腊的主权评级连降四级。同年9月，国际货币基金组织（IMF）警告，意大利、葡萄牙和希腊面临巨大的债务违约风险。巨额救助虽然可以避免主权债务危机在短期内爆发，但未必能解决欧洲面临的根本问题，其换取的只是“喘息的时间”，债务违约风险仍然存在。

同时，密织的欧洲债务债权关系已使得单一国家的违约问题扩展为系统性风险。据国际清算银行（BIS）的数据，葡萄牙对西班牙欠债达860亿欧元，西班牙则对德、法、英这三个主要欧洲国家分别欠债2360亿欧元、2220亿欧元和1140亿欧元。这就意味着欧洲债务网络上任何一个节点如果出现明显震动，都可能引发大规模系统性主权违约。

此外，市场对于欧洲的前景大都抱有不乐观的态度，除了上述因素外，还由于多种不确定性因素的存在。首先，欧洲主权债务危机规模说法不一。一种说法是，截止到2010年5月，欧洲五国（希腊、葡萄牙、爱尔兰、西班牙、意大利）的债务规模为

3560亿欧元。而另一种说法是，这5个国家的债务规模为8000多亿欧元。这也就说明债务危机规模的具体数额，仍属于不确定因素。其次，救助资金具体来源不大确定。尽管欧盟出台了7500亿欧元的救助计划，但是其中4400亿欧元的确切来源仍不大明确。换句话说，最后有哪些主体或国家能够拿出多少资金援助欧盟受困国家，仍是个未知数。在诸多不确定因素的影响下，市场的观望氛围较为浓厚。从上述可以看出，欧洲主权债务危机已经对欧洲产生了巨大的影响，欧洲各国都面临着严峻的挑战。

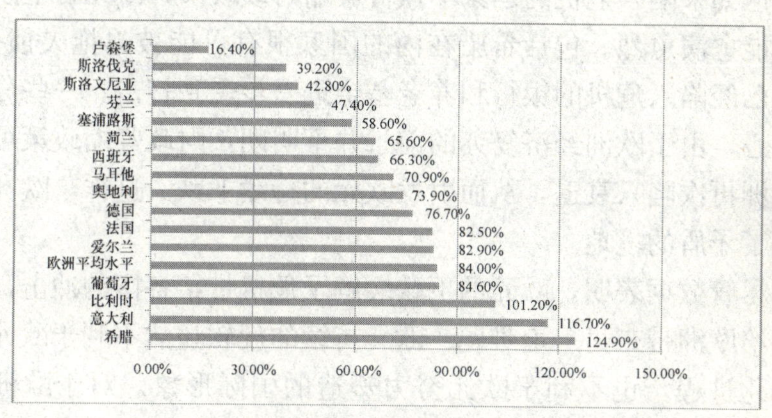

图1　2009年欧洲各国债务与GDP比值

资料来源：http：//epp. eurostat. ec. europa. eu。

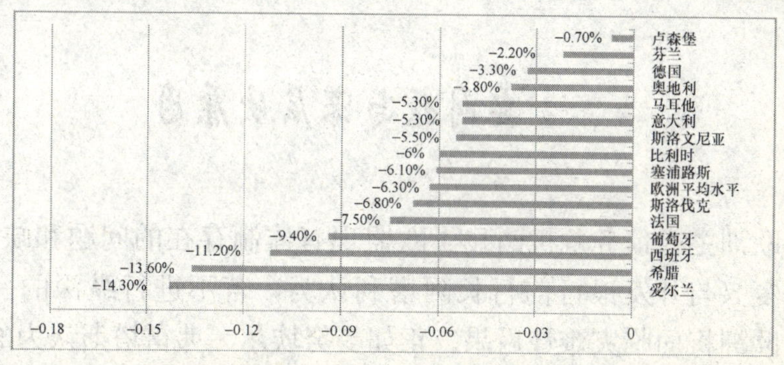

图2　2009年欧洲各国赤字与GDP比值

资料来源：http：//epp. eurostat. ec. europa. eu。

欧洲主权债务危机爆发以来，由于市场对于欧洲经济前景的信心不足，欧元的表现也是一路走软。从 2009 年希腊危机爆发至 2010 年上半年，欧元对美元的汇率从接近 1∶1.6 跌至 1∶1.18。如果欧元持续下跌，投资者会开始怀疑欧元区的生存能力。而如果欧元区国家不能恢复财政秩序，这个拥有 16 个成员国的组织可能会面临剔除部分成员国的压力（尽管欧元区尚没有类似机制）。

但如果陷入危机的国家不执行紧缩财政政策，欧元的下跌趋势可能愈演愈烈。包括希腊在内的国家很有可能被迫拖欠债务，使得已经陷入危机的银行和养老基金进一步受到打击。一些分析家担心，由于欧洲经济复苏的前景并不明朗，财政紧缩政策可能使欧洲再次陷入衰退，从而引发欧元的持续下跌。这样，欧洲就陷入了矛盾的境地。

尽管数据表明，欧元的下跌缓解了危机带给各国的冲击，但这又给欧洲带来另一道难题：欧元持续的疲软显然不利于欧元的国际化进程，也不利于欧元努力塑造的国际形象。对于欧洲而言，欧元的理想价值在哪里仍不大明确，这就正如环球通视有限公司首席欧洲经济学家阿彻所说的：欧元目前被挤入死胡同，很难确定它怎样才能摆脱困境，如何定位欧元值得欧洲深思。

二、主要问题与深层次原因

欧洲主权债务危机凸显了欧盟现有体制存在的问题和缺陷。欧洲复兴与开发银行前行长阿塔利认为，若不进行纵深的一体化，欧洲将面临灾难性后果。正如曼努埃尔·弗雷塔斯认为的那样，欧盟和欧元面临成立和诞生以来最严峻的考验。正是由于欧盟和欧元区内部的缺陷，才使得希腊危机逐渐酝酿成为欧洲主权债务危机。

（一）欧洲中央银行存在的问题

1. 集权与分权的矛盾

欧洲中央银行目标和任务的决策是中央集权的，而其执行则是由各成员国中央银行根据辅助性原则分权[①]进行的。这样集权和分权的做法势必带来两方面的矛盾：一方面作为集权性的欧洲中央银行是根据各成员国通货膨胀的加权平均数来制订统一的货币政策，各国经济发展的不平衡令平均数的获得增加了难度，同时，统一的货币政策很难使这些国家保持适度的通货膨胀率；另一方面，各成员国中央银行分权之间也存在着一定程度上的不对称性，如果欧洲中央银行的决策经常或在关键时刻偏向一部分成员国，这势必会严重影响其他成员国的经济增长和竞争力，而且这种示范效应还会鼓励其他成员国去追求利己主义的政策，最终陷入博弈论中的囚徒困境。

2. 责任义务不够明确

为避免国债价格下跌，到2010年5月28日为止，欧洲央行已购买近400亿欧元的欧元区债券，包括希腊、西班牙、葡萄牙、爱尔兰的政府债券，其中250亿为希腊主权债务。欧洲央行平均每个交易日购入约30亿欧元的债券，其中20亿来自希腊。但希腊短期内并无好转的迹象，欧洲央行几乎是希腊主权债券的唯一买家。

除购买问题国债外，欧洲央行在公开市场操作，通过各种措施，如降低欧洲央行贷款的抵押标准，增加向货币市场的流动性注入。这就留下一个问题：未来欧洲央行如何退出？现在推行的救助政策，已经把欧洲央行逼到了角落里。假如它停止救市，是否会使高负债国家的债券价格跌至谷底？欧洲央行本身也可能陷

---

① 辅助性原则就是指各成员国中央银行在达到经营水平上的最大可能的分权。

入危险。欧洲央行的建立是为了稳定欧元汇率，而央行大规模的购买问题债券，就会在向市场注入流动性的同时，又增加欧元的不稳定性。欧洲央行此举也可能击碎欧洲央行得来不易的不屈从政治压力机构的诚信形象。

此外，货币政策的透明度不足。虽然已有定期的讲话、出版物、因特网和定期举行的新闻发布会，但是与美联储的透明度相比还相去甚远。关于货币政策的最终责任方面，欧洲中央银行只向欧洲议会（而不是成员国的国家议会）负责。但欧洲议会的政治权力相对有限，它不能改变欧洲中央银行的法规，只有通过修改《马约》以及需要欧盟成员国的一致同意才能改变法规，且对任何目标失败缺乏明确的责罚规定，结果导致缺乏对欧洲中央银行最终责任义务的强制约束力。

欧洲中央银行和成员国中央银行之间的矛盾，更多反映的则是成员国利益性问题，如何协调成员国利益之间的矛盾才是决定统一货币政策成功与否的关键因素所在。

（二）银行体系脆弱

欧元区各国银行联系紧密，风险容易扩散，同时各银行的偿债压力增大，因此欧洲银行体系十分脆弱，存在系统性风险。自危机爆发以来，首先是银行业的流动性降低。2010 年 6 月份欧洲银行业的数据显示，伦敦同业拆借利率从 0.25％攀升至 0.5％，显示银行缺乏后劲，规避风险意识上升，向外发放资金的意愿降低。其次是发债融资困难。统计数字显示，2010 年 4 月底到 6 月初的这段时间内，欧洲银行总共出售公司债券 171 亿美元，仅为去年同期水平的 8％，这表明融资也出现了困难。再者是坏账规模扩大。欧洲央行 6 月 1 日发布的报告显示，2010 年到 2011 年间，欧元区银行资产坏账规模可能达到 1950 亿欧元，[①] 且主权债务危机会扩大这一数值。

（三）决策机制迟缓

欧盟与欧元区的决策机制极为复杂，决策过程相当迟缓，所有的救助行为都需要经过各国议会的一致批准，重大问题决策还要经过所有国家的全民公决并且一致通过才能确定。这就使得在重大危机爆发时，欧元区很难作为一个整体迅速做出反应并制定相应对策，这也就极容易贻误时机而导致危机不断恶化。主权债务危机首先在希腊爆发，固然有希腊在加入欧元区时与高盛合谋造假有关，固然与希腊自身的经济实力薄弱与过分利用赤字财政来发展经济有关，但从希腊爆发债务危机到建立 1100 亿欧元的希腊援助基金，欧元区国家已经整整折腾了近半年时间，导致欧盟迟迟无法拿出恰当、有效的救助方案，欧盟内部的矛盾也逐渐凸显出来。这就很难不造成危机的进一步暴露与更明显的扩大。

（四）缺乏自律机制和监督体制

以希腊为例。作为欧元区中较弱的经济体，希腊政府有动力采取宽松的财政政策来刺激经济增长。在未加入欧元区之前，希腊政府采取刺激政策时要考虑因此带来的通胀以及汇率的上涨对出口的影响，通胀以及出口下滑或将导致经济情况变差，将严重削弱本国的信用状况，降低本国的融资能力。但是，在希腊加入欧元区之后，这些约束条件就被大大弱化了，因为在希腊看来，通胀压力可以被其他欧元区国家摊薄，而与欧元区其他国家的贸易和资本流动也不存在汇率风险，出口在一定程度上有了保障，汇率风险大大降低。因此，在其经济状况较好时，希腊政府并没有完全遵守《稳定与增长公约》，优化其财政状况，而是不断保持宽松的财政政策，以进一步刺激经济增长。

---

① 数据来源：http：//cn. wsj. com/。

此外，2001年希腊加入欧元区时，为了努力达到《马斯特里赫特条约》提出的要求，即政府年度预算赤字不能超过GDP的3%，未清偿债务总额不能超过GDP的60%，希腊通过与高盛等投行签订一系列金融衍生品协议，降低财政债务，掩盖账面赤字。当时希腊政府对于财政赤字情况的隐瞒，以及欧盟对于希腊这一情况的监督的缺失，为这场债务危机的爆发埋下了伏笔。

同时，由于在统一货币体系下，成员国若滥用财政政策，自身将会享受融资成本低的好处，而当其出现偿付危机的时候，货币区内其他国家决不会置之不理，必然出手相救，所以成员国就存在道德风险，放松对本国财政的约束，使预算赤字与政府负债进一步失控。如此，成员国财政赤字的扩大可以获得刺激本国经济增长、增加就业、提高民众支持率等收益，而若出现问题，则又可以把通货膨胀的责任归咎于欧洲中央银行。

加入欧元体系前的明确激励与加入后违约惩罚执行的不严肃，诱发加入国的财政机会主义行为：加入前动用各种财务技巧以使本国的财政状况符合规定；加入后扩大财政赤字，违约溢出效应影响欧元币值和欧元区的稳定。希腊主权债务危机的爆发使人们更加清晰地看到了这一“公地悲剧”。

主权债务危机暴露了欧洲经济一体化内在机制上的缺陷，凸显了造成欧洲诸多问题的深层次根源。

（一）货币与财政政策之间的矛盾

欧元区的货币政策是由欧洲中央银行统一制订，而财政政策则受共同体财政纪律的规则制约，由各成员国分散自主地加以制订，但同时各国的财政状况又受《马斯特里赫特条约》和《稳定与增长公约》规定的约束。从这里就可看出，货币政策的统一性和财政政策的分散性之间存在的矛盾。

由于存在统一的货币政策的要求，当一国经济受到冲击时，只能在有限的范围内采用财政政策进行调节，因此财政预算势必受到约束。但若过分地依赖财政工具，又会反过来动摇统一的货币政策的基础，这样就陷入了两难境地。例如在出现严重财政赤字的状况时，希腊却无法采取传统的货币政策手段，可采取的财政手段也是很有限的，希腊只能依靠发行国债来弥补财政赤字。但当市场对希腊失去信心时，依靠发行国债弥补赤字的财政手段就收效甚微了。

此外，一旦出现经济周期的矛盾，欧元区成员国将会面临不对称的冲击，欧洲中央银行很难拿出一个让各成员国均满意的方案：低增长的国家希望实行扩张性货币政策以刺激经济；而高增长的国家则希望实行紧缩性货币政策以抑制通货膨胀。不对称冲击问题的存在也使得欧洲统一的货币政策的可操作性打了折扣。一方面，成员国财政政策的溢出效应干扰了统一货币政策的运作；另一方面，欧元区成员国反周期财政政策的效应减弱，以及成员国财政政策之间的矛盾动摇了统一货币政策的基础。

（二）经济增长乏力，缺少“生产性”

此次的欧洲主权债务危机率先在欧洲中小国家爆发，而这些国家暴露出的问题有一个共同点：经济增长乏力，缺少经济增长点。用美国著名的经济史学家查尔斯·P. 金德尔伯格在其名著《世界经济霸权 1500—1990》中的话来说：一个国家的经济最重要的就是要有“生产性”。也就是说，这种生产性指的恰是中国人常说的“自力更生”。只有经济有了持续增长的源泉，才能实现经济的可持续发展。

以希腊为例。作为欧盟援助计划的主要受益国，希腊曾在2003 年至 2007 年经济快速增长，平均年增长率达到 4%。高增长主要来自于财政和经常项目的双赤字以及加入欧元区后更容易获得廉价的贷款带来的基础设施建设的拉动以及信贷消费。此外，由于希腊工业化时间不长，国民经济高度依赖于农业、航运和旅游等行业，结构单一，对外依赖性较高。希腊产业的国际竞争力比较差，缺少附加值高的技术密集型产品。在金融危机背景下，其支柱产业受到很大影响，农产品出口、航运和旅游收入大幅下降，居民消费受到影响，结果是失业率上升、经济衰退。同时由于希腊没有灵活的货币政策，政府不得不依靠大量投资和消费拉动经济，赤字不断累积。但希腊经济增长缺乏动力，单纯地靠信贷和赤字无法维持经济的长期增长。

此外，全球制造业不断由发达国家向发展中国家转移，这也为欧盟提出了挑战：如何在世易时移的环境中，重新占据经济增长的先机，从危机中以较快的速度重整旗鼓。

（三）欧盟区内各国经济水平悬殊

以葡萄牙、希腊、西班牙等国为例，这些国家的经济水平与西欧国家尤其是法、德两国有明显的差距。这些国家既没有特殊的地缘优势，也没有明显的资源优势，在这种情况下，欧元区的对外出口在很大程度上就被德、法等强国所垄断，强国的发展优势与弱国的发展劣势就表现得越来越突出，二者的差距也就越来越大了。单就2010年第一季度，欧元区GDP的增长还不到0.5%，实施统一货币制度的欧元区的制度劣势愈发体现出来，欧元区出现的“弱国拖垮强国，强国无法带动弱国”这一情况愈发得到凸显。欧盟内的各类矛盾在此次欧洲主权债务危机中愈发激化。欧盟内的贫富差距问题也成为欧盟亟待解决的重大课题。

欧盟内各国经济水平的悬殊恰恰增加了诸多政策执行的难度：比如，统一的货币政策在制定时就要考虑到各国的实际情况，这就增加了制定政策的难度。此外，在遭受重大经济危机时（比如此次的金融危机和主权债务危机），欧盟政策的制定就可能受到政治的影响，在少数大国的干预下，政策的制定往往倾向于照顾大国利益，而较少惠及甚至可能牺牲数量众多的小国的利益。这就难以保证政策的公信力和有效性。

（四）高福利制度的问题

这场危机在欧洲大多数国家爆发，究其本质原因，还是由于欧洲长期通过借贷以维持高福利政策，从而导致财政问题的出现。欧洲优渥的福利待遇全球闻名，生病可以免费看，平时不用加班，休假更是神圣不可侵犯的权利。但这些都有赖于充沛的信贷供给。而眼下，入不敷出的欧洲已无力支撑。

欧元区各国高额的社会福利开支使得各国的财政经常存在超支的倾向。在经济繁荣的时候，这一问题可能会被掩盖，而当经济出现衰退的时候，这一问题就会凸显并且给国家财政带来支付危机。由于高福利国家的劳动力市场缺乏弹性，导致其失业率相对一般国家高，高失业率带来的失业保障金等支出上升，但同期以税收为主的财政收入却在下降，这进一步加重了财政负担。福利资本主义的建立与发展是以国家宏观经济政策的独立性为前提条件的，而在欧元区，各成员国货币主权的丧失以及财政主权的受限对各国公共财政产生紧缩效应，使成员国不得不压缩财政赤字，削减福利开支，这给各国的高福利制度带来了很大压力。

更为严重的是，高福利制度带来了道德危机。欧洲的自愿失业率非常高，很多人宁愿失业也不愿工作，这种生活态度以及因此养成的惰性，不仅给国家带来沉重的补贴负担，而且也败坏了社会风气，阻碍了国家的经济发展。欧洲目前面临的一个重要问题就是人口问题。一方面，欧洲国家，尤其是工业发达国家，已经逐渐步入老龄化社会，二战后婴儿潮的一代基本已经到了退休的年龄。与此同时，科技的进步让人类的寿命不断延长。另一方面，许多欧洲国家的生育率不断下降。由于越来越多的人加入老年行列以及新生代的不足，年轻的欧洲人也不再愿意承担高福利制度带给他们的负担。这将导致欧洲年轻一代向国外移民。曾经让欧洲人引以为豪的高福利制度难以继续运转，劳动力严重匮乏等问题将随之得到进一步凸显，甚至成为影响欧盟未来的关键因素。

三、深化合作是欧洲走出危机的唯一选择

关于欧洲如何走下去，真正走出此次危机的阴影，学术界已经就此展开了大规模的讨论了。总结专家学者的观点，主要有以下几种：

（一）欧洲应采取扩张主义政策

法国经济形势观察所所长让·保罗·菲图西提到，欧洲面临的风险是欧洲紧缩政策和由通货紧缩政策造成的传染效应。在公共和私人债务累累的情况下，采取通货紧缩政策是最糟糕的解决办法。他认为，欧盟和国际货币基金组织要求希腊等国做出的承诺都是不可靠的，因为很少有国家能够在经济衰退的情况下迅速改善其国家财政。同时，紧缩的财政政策会将希腊逼到困境。他提议，欧盟应该通过显示欧盟预算互助来关闭投机空间，同时需要欧元区作为一个整体，担保其成员国的公债或发行欧洲债务。欧盟应建立一个具备充分合法性的权利机构来制裁不道德的成员国。比森·纳瓦罗也持同样的看法，欧盟要想尽快摆脱经济危机的影响，就应该继续采取扩张主义政策，大幅增加公共开支，创造更多的就业机会，并为新型的经济增长打下基础。

（二）修改《马斯特里赫特条约》和《稳定与增长公约》

蔡彤娟和黄瑞刚认为，欧盟有必要对《马斯特里赫特条约》进行调整。因为该条约明确规定：禁止欧洲中央银行和成员国中央银行向成员国或共同体的公共部门机构提供透支，或者类似透支的贷款；禁止欧洲中央银行和成员国中央银行直接向这些机构购买债券；禁止欧洲中央银行接受或者寻求其他机构的救助知

识。他们认为，这些规定使得欧盟在处理国际性危机问题时，总是受到牵制。在这种情况下，欧盟及其成员国只能求助于“例外条款”，即在欧盟委员会的允许下，才能接受其他成员国的财政援助。因此他们建议，应适时对条约做出调整，增加应对危机的灵活性，才能够使区域经济一体化进程的继续前进。

此外，欧盟一体化课题组科研人员奥格尼扬[①]提出对《稳定与增长公约》进行适度修改。他认为，《稳定与增长公约》的预防机制只考虑到了预算部分，而未考虑经常项目赤字部分。由于经常项目赤字能造成工作岗位流失和私营经济领域的国外负债，所以应该再加入规范经常项目赤字的规定。此外，该公约还要规定高负债成员国需制定十年期预算盈余计划，并定期向欧盟理事会报告，同时取消预算赤字占国内生产总值比例不超过3%的规定。他认为，只要严格遵守《稳定与增长公约》，持续削减债务在账面上和经济政策上都是可能的。

（三）建立新的欧洲金融体系

IMF欧洲区主管Marek Belka认为后危机时期应关注欧洲会建立怎样的金融制度，以及用怎样的公共政策确立这样的金融制度。他指出，欧洲现有的金融制度是部分失灵的，不够完善的。因此，从诸多层面上看，必须重新构建金融中介机制。同时，监管必须拥有全球视角，在处理可能的危机时应具有高效性。此外，他还指出，领导人能越快规定未来游戏的规则，金融部门参与者就能越快地制定相关新的实施策略和新的目标计划。

在提及金融一体化时，他认为，对于欧盟而言，金融市场一体化是商品和服务市场一体化的重要组成部分。欧洲主权债务危机并非由于金融一体化造成的，尽管统一的金融市场可能以难以估计的方式传递金融动荡，但这些金融动荡并非由于金融一体化

① 《欧盟的债务危机》，《科学和政治基金会杂志》6月号刊。

造成的，而是由于有缺陷的金融创新、激励机制，不完善的监管机制和不到位的宏观政策。因此对于欧洲而言，走出危机的解决方法是改革现有金融框架，而不是放弃对一体化、有弹性、有效和创新的金融机制的探索。欧洲需要做的是确保金融稳定方案必须能够促进金融体系的发展和一体化。同时，领导人不能陷入金融保护主义。除此之外，他指出，规范金融中介行为需要较为完善的管理和监督体制，领导人必须形成构建未来金融体系的蓝图。而此次危机为欧洲建立更为稳定的金融框架提供了良好的历史机遇。

在 Marek Belka 的报告中还提到了泛欧洲金融机构的建立。从金融方面来讲，他认为后危机时期是泛欧洲金融机构建立的良好机会，欧洲不应错过这个机会。他指出，泛欧洲金融机构的建立需要拥有适当的资源、独立性和国家管理者的凝聚力。一个没有话语权的机构不能够解决一体化过程中面临的问题和挑战。同时，国家机构必须要与未来的泛欧洲机构保持更为紧密的关系。做到这一点，给予超国家机构明确而有效的授权是相当必要的。

他认为，单一金融市场更有利于危机的解决。欧洲面临的挑战在于需要克服政治抵抗力，并确保跨国界的危机处理框架是具有激励效力的。对成员国而言，欧盟应该有足够的激励机制促使它们直面危机，能够继续坚持相关原则和规定。他表示，泛欧洲金融机构的建立有利于整顿和维护金融秩序，也有利于构建健康且稳定的金融体系。

（四）提议欧元改革和经济结构改革

英国《每日电讯报》刊登的一篇题为《德国和法国考察“双层”欧元的可行性》的文章提到，德国和法国考察创建一种“双层”欧元系统的方法，从而把经济更强的北欧国家和经济较弱的南欧国家区分开来。“超级欧元”区的成员国包括法国、德国、荷兰、丹麦和芬兰等，而希腊、西班牙、意大利、葡萄牙、爱尔兰则与剩下的大部分国家一起处在“二级欧元区”。法德官员认为，保护更富裕的北欧国家，帮助陷入债务泥潭的南欧人民的方法之一就是由德国带领一群国家脱离现有的欧元，创建一种新的单一货币。老欧元对德国和法国主导的新货币可能会迅速贬值，但北欧和南欧都会得到保护。因为这样，北欧国家就免受被波及的危险，南欧国家则不用担忧被抛弃而被迫单打独斗。对此，欧盟一位高级官员评论道，没人知道债务危机的结局在哪里。只有一件事是肯定的，欧元区将发生变化。

此外，在欧盟制定的“欧洲 2020 战略”中，提到解决债务危机的根本措施在于改革落后的经济结构。首先，报告中提到对社会保障体系的改革。人口老龄化及其相应支出的增加是欧洲社会保障面临的主要挑战之一。因此建立灵活的社会保障计划，促进活动型老龄化计划的发展等，成为欧洲社会保障改革的主要内容。其次，报告中还提及经济结构改革，指出欧元区成立 10 余年以来，区域生产能力并没有太大的提高，整个欧元区劳动生产率增长缓慢。因此，欧盟在“欧洲 2020 战略”中，充分强调了科技对于鼓励创新、提高竞争力的核心作用。在这一点上，IMF 总裁多米尼克·斯特劳斯—卡恩也认为，欧洲从危机中走出，正是欧洲致力于一体化和合作的时刻。为了促进长期的经济发展，必须提高竞争力，建立更为有效的劳动力市场，从而使新兴欧洲经济体能够更快地走出危机阴影。

（五）促进财政一体化

自危机爆发以来，就有人提出促进欧洲财政一体化。这类观点提出的方案主要包括设立欧洲经济政府和建立财政联邦体系。

欧洲经济政府的概念源于 1970 年的《沃纳计划》，欧洲经济政府的成立旨在加强对成员国的财政约束，推进区域财政联盟的进程。这一概念早在欧元区成立前就产生了，只是在经济稳定的时候，没有人愿意过多谈及这一话题，毕竟这牵扯到将国家预算权利转让出去的关键问题。但主权债务危机的爆发使各成员国认识到了缺乏统一财政政策的严重性，这就客观上存在了赋予欧盟“超国家预算管理”权利的必要性。Klaus 和 Busch（2010）认为，欧洲经济政府的建立能够将欧盟和成员国债务纳入统一的债务管理体系，实现区域债务的有效监管。欧洲经济政府能够通过与欧洲中央银行合作，加强区域财政政策和货币政策的协调，同时超国家的预算管理能够为反周期经济政策的实施提供保障。《欧洲社会杂志》评论员认为，欧洲经济政府的建立能够促进欧洲民主化进程，有利于债务危机的解决。但他表示，欧洲经济一体化会触及到敏感问题：如何协调欧元区的整体利益与成员国的个体利益，因为欧洲一体化的过程实际上就是成员国集体让渡国家主权的过程。

此外，有诸多学者提出，欧盟应建立财政联邦体系，以实现财政政策与货币政策的对称化。财政政策的统一意味着，欧盟建立了超越各成员国的欧盟联邦政府，实质上达到了政治一体化。这些学者认为，未来欧元区财政政策与货币政策走向对称化是必然的趋势。统一的货币政策和逐步统一的财政政策所产生的溢出效应将会继续带动欧洲一体化的进程。由货币统一到共同财政政策，再到政治一体化，应该是欧元区未来发展的方向。俄罗斯《专家》周刊上题为《一体化的边界》的文章认为，希腊危机证明了当前的欧洲一体化模式是多么脆弱。金融危机的规模及其在希腊的升级证明了欧洲体制改革的必要性。欧洲应协力推进欧洲财政体系的建立，逐步完善现有成果，并实行渐进统一。上海社会科学院研究员徐明祺也认为，欧元区推进财政政策一体化与成员国退出机制的设立是需要同步进行的。此次危机的爆发成了推进欧元区财政一体化的契机。杰盖蒂史·戈卡莱也提出建议，为了维持欧元在国际市场的信誉，欧盟国家需要进行长期的财政管理来生成所需的预算储备。

但欧洲央行行长特里谢对此却表示出疑虑。他说，联邦办法可能意味着制度上的一个大跃进，但在20世纪90年代欧洲未能把握住机会，从而未能走得更远。而已完成的政治联邦并非各国所希望看到的。同时他认为，欧洲在预算一体化方面需要走得更远，但不能进行财政合并。

随着欧洲各国紧缩财政政策的实施，经济增长动力的下降，再加上通胀风险的存在，如何走好接下来的道路，在复苏欧洲经济的同时，并进一步推进欧洲经济的发展，从而着眼于长远，选择一条真正有利于欧洲的道路，这些都将考验欧洲领导人的智慧和政治魄力。